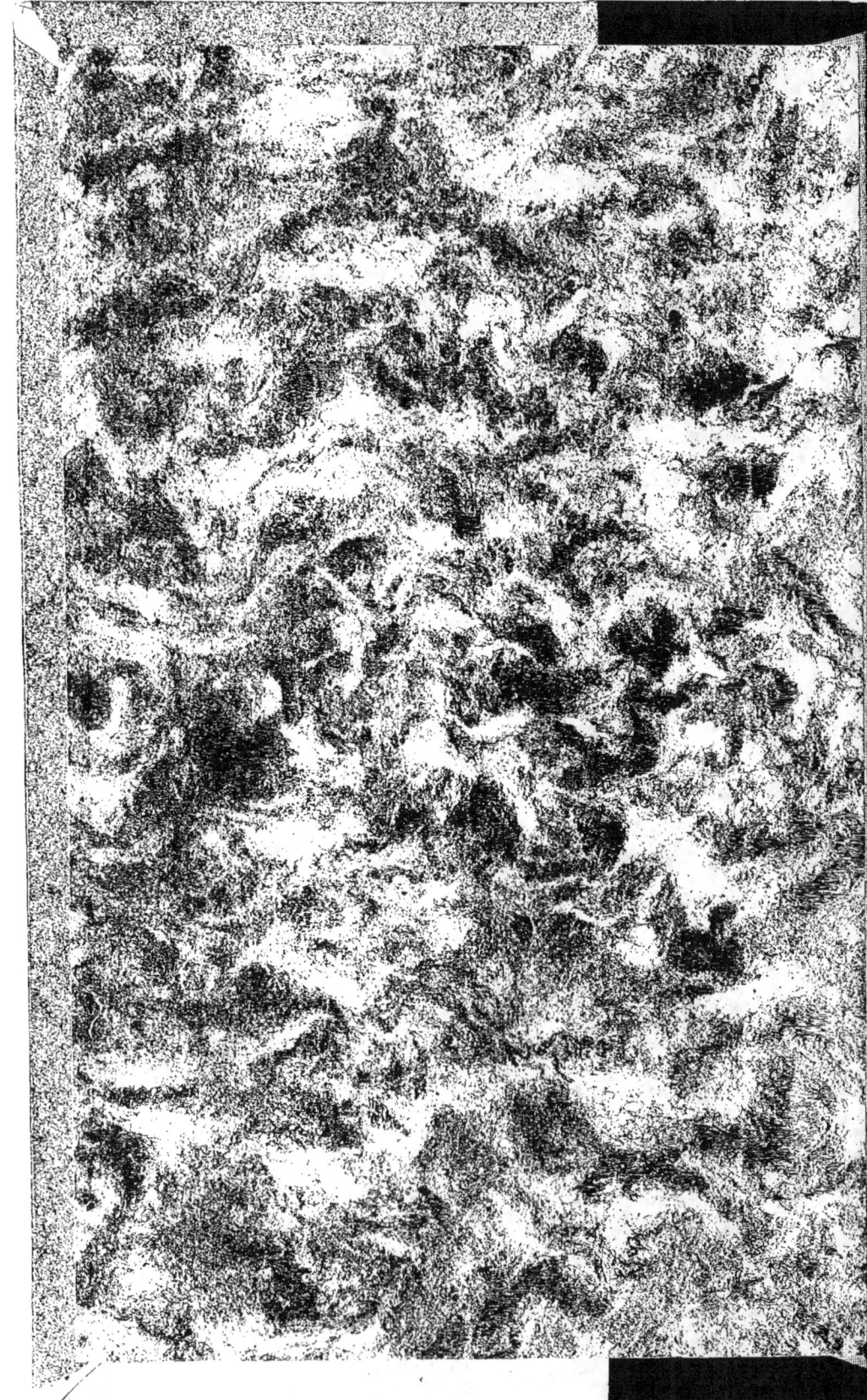

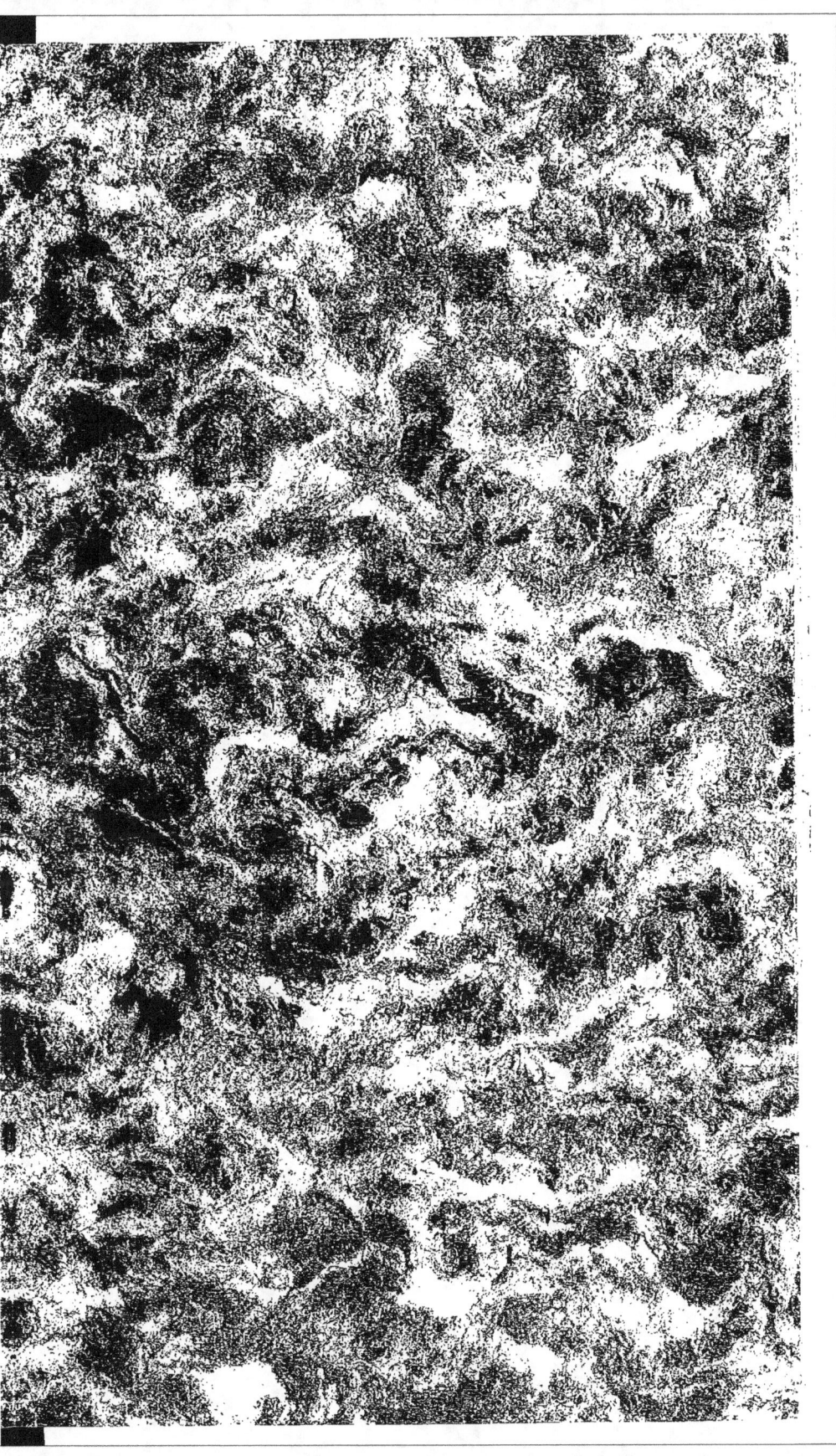

DES FONTAINES 1953

# SOUVENIRS
## ET
# CORRESPONDANCES

FAISANT SUITE A

QUELQUES ANNÉES DE MA VIE

PAR

M<sup>me</sup> OCTAVE FEUILLET

PARIS
CALMANN LÉVY, ÉDITEUR
RUE AUBER, 3, ET BOULEVARD DES ITALIENS, 15
A LA LIBRAIRIE NOUVELLE
—
1896

# SOUVENIRS

ET

# CORRESPONDANCES

FAISANT SUITE A

QUELQUES ANNÉES DE MA VIE

# CALMANN LÉVY, ÉDITEUR

## DU MÊME AUTEUR

Format grand in-8°.

QUELQUES ANNÉES DE MA VIE *(Ouvrage couronné par l'Académie française)*. . . . . . . . . . . . . . . . . 1 vol.

Droits de reproduction et de traduction réservés pour tous les pays, y compris la Suède, la Norvège et la Hollande.

IMPRIMERIE CHAIX, RUE BERGÈRE, 20, PARIS. — 19634-9-95. — (Encre Lorilleux)

# SOUVENIRS
## ET
# CORRESPONDANCES

PAR

M<sup>me</sup> OCTAVE FEUILLET

PARIS
CALMANN LÉVY, ÉDITEUR
ANCIENNE MAISON MICHEL LÉVY FRÈRES
3, RUE AUBER, 3
—
1896

# SOUVENIRS ET CORRESPONDANCES[1]

## CHAPITRE PREMIER

*Ma vie en Normandie après Fontainebleau.*

Pendant les deux années qui suivirent le séjour de mon mari à Fontainebleau et précédèrent la guerre de 1870, je fus souvent seule en Normandie, mon mari étant appelé à Paris, tantôt par ses devoirs académiques, tantôt par les répétitions de ses pièces. La création de *Julie* et la reprise de *Dalila* le retinrent pendant de longs mois hors de son foyer.

Une très douce compensation à mes heures de solitude était la présence aux Palliers d'une amie qui m'était chère comme une sœur. Je la connaissais depuis mon enfance. Quoique plus âgée

---

1. Ce volume fait suite à *Quelques années de ma vie*.

que moi, elle était aussi jeune parce que la vie l'avait épargnée et que les chagrins n'avaient creusé ni plaies dans son cœur, ni rides sur son visage. Rien de ce qui agite, mûrit et désenchante ne l'avait touchée. Elle était veuve d'un vieillard aimable et bon qui l'avait aimée paternellement et qu'elle avait vu mourir avec cette résignation que laisse l'accomplissement des lois naturelles. Elle n'avait gardé de ce rapide passage dans la vie conjugale que des sentiments sans amertume, que des pensées sereines, que des habitudes austères et douces. Tendre et sensible, elle reportait tous les mouvements de son cœur vers l'amitié. Comme elle jouissait d'une indépendance complète, n'ayant pas d'enfants, elle consacrait sa vie à ses amis, et rappelait par son dévouement ces sœurs de charité qui ne se lassent d'aider les gens à vivre que lorsqu'elles les ont aidés à mourir. Discrète et douce, intelligente et active, d'une gaîté franche, acceptant les plaisirs du monde comme elle acceptait le calme et la solitude. D'une piété d'ange, sévère pour elle-même, indulgente pour les autres, chaste comme Diane, sincère comme la vérité, elle allait semant sur sa route les dons, les charmes, les grâces paisibles qui font aimer la vertu.

Quand elle arrivait aux Palliers sortant de la

diligence de Bretagne, elle semblait quitter sa chambre, tant sa toilette paraissait irréprochable. Pas un grain de poussière sur ses vêtements, pas un cheveu soulevé sur ses bandeaux lisses. La fleur qu'elle avait cueillie en quittant son petit jardin d'A..... était encore fraîche à son corsage. Elle défaisait ses malles, rangeait son linge, secouait ses robes, trottait comme une souris dans la maison et ne se couchait que lorsque chaque chose avait repris sa place. Le lendemain au déjeuner, elle s'installait devant moi, prenant chacun des enfants près d'elle. Je la vois encore se dessinant sur le fond sombre d'un vieux dressoir avec sa belle taille un peu raide. Cette raideur pudique qui la faisait ressembler à une Anglaise nous fit l'appeler : miss Emly.

La présence de miss Emly éclairait tout dans la maison. Les enfants devenaient meilleurs quand elle était là. C'était elle qui surveillait leurs leçons et leur apprenait les histoires de la Bible. Moi je retrouvais près d'elle des éclairs de foi et le plaisir de vivre.

Lorsque mes devoirs maternels étaient accomplis, je l'entraînais dans la campagne, la conduisant triomphalement dans mon panier. Nous allions au hasard dans ces jolis chemins normands, devisant sous les ombrages, pendant que mon cheval marchait au pas en faisant sonner les anneaux de sa gourmette. On s'asseyait quelquefois dans une clairière sur un tronc d'arbre renversé pour mieux causer, et là, nous nous ouvrions nos cœurs pendant que la voiture, le cheval et le domestique somnolaient à quelques pas de nous. C'était si bon de penser tout haut l'une et l'autre !

Quelquefois nous poussions l'excursion jusqu'à un lieu de pèlerinage appelé la Chapelle-sur-Vire où depuis des siècles tout le pays venait prier et demander des guérisons. C'était un lieu poétique et doux ! La petite chapelle était bâtie sur les bords de la rivière, au pied de hauts coteaux boisés sur lesquels étaient construits quelques couvents. A l'heure des offices, les chants religieux remplissaient ces solitudes de leurs harmonies. Nous aimions nous asseoir à l'ombre de la chapelle, écoutant les chants. Miss Emly profitait du charme pieux qui nous pénétrait pour me parler de ma foi languissante. Elle me grondait d'avoir abandonné certaines pratiques religieuses qui eussent été ma force dans les mauvaises heures. Elle me reprochait aussi l'amertume avec laquelle j'envisageais la vieillesse, l'horreur que me causaient déjà mes trente-cinq ans.

— Quelle folie, disait-elle, quand je lui confiais

mon désir de me retirer du monde lorsque j'aurais des rides et des cheveux blancs.

— Ce ne serait pas par dépit, lui disais-je, ni dans une pensée de coquetterie banale ; ce serait par pudeur, par respect de moi-même. Ainsi que les Romains qui se voilaient la face pour mourir, je me cacherai pour vieillir.

— Vous ne vous cacherez pas, répondait mon amie, vous aimerez toujours la vie et les vivants qui vous aimeront toujours.

Alors, je lui disais combien je regrettais d'avoir une instruction incomplète. Je sentais que si j'avais appris davantage, mon humiliation de vieillir eût été moins grande ; en perdant les attraits de la jeunesse, j'aurais pu conquérir le charme plus profond d'un esprit cultivé.

Ma pauvre mère m'avait donné des notions sur toutes choses, sans me faire rien approfondir. Ce que je savais était plutôt à la surface. Comme j'étais curieuse et que j'avais un certain amour-propre, je tâchais de recueillir au passage quelques bribes de l'instruction des autres et de me les approprier. Cela faisait que j'avais mille faits en tête qui ne se reliaient point entre eux, auxquels je ne pouvais pas donner leur vraie place, et qui me créaient une science pleine de désordre et de lacunes, s'ébranlant comme une muraille qui n'aurait que des pierres et pas de ciment.

Nous dirigions d'autres fois nos courses en voiture vers la petite ville de P..., où j'allais voir une vieille demoiselle, mademoiselle de S..., contemporaine de mes parents et qui vivait dans la retraite depuis la mort tragique d'un homme qu'elle avait aimé. Il y avait de cela bientôt cinquante ans. Elle portait encore le deuil de cet être cher dont le portrait voilé de crêpe moisissait au fond de son oratoire. Ce deuil et ces larmes d'un demi-siècle m'intéressaient vivement, et surtout le portrait du héros qu'on n'avait jamais consenti à me montrer.

Ce qui me paraissait moins poétique, c'était l'état de décomposition de la vieille adorée. Quand je la voyais à table, sa serviette sous le menton, la servante lui faisant manger son œuf pendant qu'elle promenait ses mains tremblantes sur la table pour y chercher de petits morceaux de pain qu'elle voulait elle-même tremper dans cet œuf, je me demandais si c'était bien l'amante tant courtisée par le monsieur voilé. Cet homme avait été, à ce qu'il paraît, grand chercheur d'aventures, grand coureur de belles. Il passait sa vie dans les intrigues, et aussi quelquefois sur les toits où il était obligé de se sauver quand les maris rentraient à l'improviste. Rien n'arrêtait son humeur amoureuse. Pour lui il n'existait pas d'obstacle quand il croyait aimer. Il se servait de toutes les ruses pour pénétrer chez une femme, usait de tous les déguisements. Quand il voulut obtenir mademoiselle de S..., gardée à vue par ses parents, il passa huit jours travesti en jardinier, vivant et mangeant le jour avec les domestiques, apparaissant la nuit chez la dulcinée dans les plus brillants atours.

Le mariage allait enfin avoir lieu quand il survint une amie chez mademoiselle de S..., qui fit bientôt naître des soupçons jaloux dans l'esprit de celle-ci. Mademoiselle de S... épiait sa rivale du matin au soir, et pour mieux la surveiller fit faire un judas donnant de sa chambre dans la chambre de la jeune fille. Ce judas s'ouvrait dans une armoire et chaque fois que mademoiselle de S... prenait une paire de bas, elle pouvait se rendre compte de ce qui se passait chez sa voisine. Un jour, hélas! les soupçons se changèrent en réalité: mademoiselle de S... en ouvrant l'armoire aperçut son fiancé dans les bras de mademoiselle de N... Elle en conçut une telle colère que, sortant de l'armoire et de sa chambre, elle courut labourer le visage de son amie avec ses jolis ongles. Quant au don Juan, il reçut le lendemain un coup d'épée de l'un des frères de mademoiselle de S... et resta cloué sur le terrain.

Ces de S... étaient une famille fertile en drames. La sœur de l'amoureuse dont je viens de parler, s'était planté dans le cœur un affreux couteau de cuisine le jour où elle vit une de ses rides se refléter dans l'œil de son amant.

Les mœurs de province ne sont pas toujours aussi pures qu'on pourrait le croire, et j'aurais encore bon nombre d'anecdotes à conter à ce sujet si je ne craignais de fatiguer ceux qui voudront bien me lire.

On chassait à courre dans la forêt de Cerisy et nous suivions souvent les chasses, miss Emly et moi, non pas à cheval, mais en voiture. Rien n'était joli comme ce voyage matinal avec une belle gelée qui blanchissait les campagnes. Parfois nous devancions le départ général pour aller déjeuner solitairement chez l'un des gardes de la forêt, dans sa petite cabane qui se mettait en fête pour nous recevoir. On installait une table près de la fenêtre, tandis que le feu brillait au loin, et, tout en mangeant une côtelette grillée et un peu de fromage, on jetait les yeux sur le sentier par où devaient arriver les chasseurs. Bientôt les chiens apparaissaient deux par deux, flairant les buissons. Le piqueur les suivait en poussant des cris glauques.

Lorsque les chasseurs de Balleroy, de Bayeux et de Saint-Lô étaient réunis, on se mettait en marche au milieu d'un tumulte infernal après s'être crié de joyeux bonjours.

Nous laissions les gens à cheval s'enfoncer dans les fourrés, suivant en voiture les sentiers plus larges.

De temps en temps nous mettions pied à terre pour écouter la voix des chasseurs et le son des cors qui nous renseignaient sur les évolutions de la chasse. Quand tout restait silencieux, on entendait tomber des branches les gouttes d'eau formées par le givre fondu et les pas discrets des cerfs chassés de leurs solitudes. Après de longues heures d'attente et d'émotion, nous remontions en voiture et gagnions la grande route que la chasse traversait comme un éclair. Puis nous marchions vers les profondeurs de Balleroy où les chevreuils se faisaient généralement prendre. C'était près de la petite rivière qui passe devant l'auberge du Tourne-Bride que tout le village accourait pour assister à l'hallali et que le coup d'œil devenait réellement féerique.

Au fond de la vallée, à l'abri des derniers arbres de la forêt, devant les coteaux que couronne le splendide château de Balleroy, la bête épuisée venait mourir. Lorsque le piqueur avait planté sa dague dans son cœur haletant, les chasseurs se rangeaient autour d'elle tandis que les paysans, les femmes, les enfants montés sur le rebord des fossés, perchés sur les haies ou dans les arbres, joignaient leurs cris aux aboiements des chiens et aux fanfares des cors répétés par les échos. On revenait à Saint-Lô en troupe, laissant marcher doucement les chevaux. On causait. On regardait le soleil se coucher derrière les jolis horizons; on s'assoupissait dans le vague des premières ténèbres, rêvant de chiens, de chevreuils, de la grande forêt, et l'on ne sortait de ses rêves que lorsque les chevaux faisaient entendre leurs pas sonores sur le pavé des faubourgs.

L'un de ces hommes, qui s'en allait rêvant aux étoiles, troublait pour moi la poésie du retour quand il lui prenait la fantaisie d'escorter ma voiture. C'était une espèce d'Hercule, enveloppé de peaux de biques et faisant ployer son cheval sous le poids de son immense personne et de son harnachement singulier. Je l'avais connu enfant, quand j'étais enfant moi-même, et le souvenir de ses brutalités et de ses jeux cruels ne pouvait s'effacer de mon cœur. Jadis, j'avais une petite tourterelle élevée par mes soins, il l'avait plumée vivante sous mes yeux, riant à gorge déployée des convulsions douloureuses de la pauvre bête. Je ne pouvais oublier ce drame et ce chagrin de ma jeunesse : l'homme à la peau de bique restait l'horreur de mes années plus mûres.

Un petit cercle composé de gens aimables et intelligents se réunissait le soir aux Palliers. Mon père et mon frère m'aidaient à faire les honneurs de la maison. On causait, on riait, on n'attaquait jamais personne. L'esprit vivait sans que le prochain fût en cause. L'amitié existait sans que la jalousie la troublât. Nous étions trois ou quatre femmes vivant au milieu d'une dizaine d'hommes qui nous prodiguaient leurs admirations, et jamais l'une de nous ne trouva qu'elle en méritait plus que les autres; c'était l'âge d'or !

Les hommes de notre intimité étaient : le frère des demoiselles ***, encore beau valseur, beau chasseur, bel écuyer et toujours bon ami; puis un officier des haras, que nous appelions le prince parce qu'il avait de grands airs quand il entrait dans un salon; le secrétaire du préfet, qui faisait des vers et des acrostiches, le substitut du procureur impérial, un jeune raffiné, propre comme un chat, toujours de frais rasé, ayant de chaque côté de la tête des touffes de cheveux blonds ressemblant à des marabouts, marchant discrètement comme s'il eût eu des houppes sous les semelles, parlant lentement et disant d'un ton piteux les choses les plus spirituelles. Ce personnage nous faisait songer aux jeunes prélats du temps de Louis XV, nous l'appelions l'abbé. Enfin, venait le secrétaire général de la préfecture auquel nous ne donnions pas de nom parce que nous sentions que cela ne l'eût pas fait rire. Ce n'était pas un jeune homme, c'était un Monsieur. Les choses folâtres ne l'accommodaient point. Quand nous faisions des bouts rimés, il se pelotonnait à l'écart dans un fauteuil en roulant sa cigarette. Il avait souvent avec un ingénieur de nos amis des discussions politiques qui ne laissaient pas de me causer de l'inquiétude; c'était le point troublant de l'âge d'or. L'ingénieur soutenait le progrès et les tendances libérales. Le secrétaire général était pour le vieux monde et pour le trône. Quand les choses s'échauffaient par trop, j'arrivais près d'eux avec un bon sourire : « Messieurs, leur disais-je, faites la paix pour moi »; et ils la faisaient.

J'aimais la franche gaîté de ces réunions. J'étais moi-même si gaie dans les temps passés, qu'un de mes camarades d'enfance et de jeunesse écrivait en parlant de moi : « Sa vie de jeune fille était celle d'un papillon au soleil. » C'étaient des rires pour tout et pour rien. Quand j'étais enfant, les farces de gamin faisaient les joies de mon existence. Elles étaient quelquefois très mal placées, mes farces. Personne n'en était à l'abri. Je me souviens que M. de Salvandy, ministre de l'instruction publique sous Louis-Philippe, fut lui-même une de mes victimes. Il était venu à Saint-Lô pour visiter le collège dont mon père était l'un des fondateurs. Il déjeunait ce jour-là à la maison avec grand apparat. Le repas terminé, mon père entraîna le ministre dans le jardin et le fit monter sur notre vieille tour, d'où l'on découvrait toutes les beautés du pays. Pendant que M. de Salvandy admirait la vue, s'exprimant avec emphase, la main dans son gilet, moi qui avais suivi les invités, j'eus l'idée d'attacher avec une épingle à l'habit du grand personnage un écriteau que j'avais destiné à mon maître de français et sur lequel était écrit : « Bavard ! » L'écriteau se balançait doucement entre l'habit et le paletot du ministre, quand il partit avec mon père pour faire sa visite officielle au collège. En entrant dans les classes, ces messieurs quittèrent leurs pardessus et mon père aperçut le fameux écriteau ; il le prit discrètement et le mit dans sa poche. Le soir, lorsqu'après la fête la paix régna dans la vieille maison, mon père me fit appeler et me dit d'un ton sévère en me montrant l'écriteau :

— Connaissez-vous l'écriture du polisson qui a fait cela?

— C'est moi le polisson, répondis-je timidement.

Ce bel aveu fit que mon père me condamna à copier soixante-dix fois le verbe *punir*, et comme je le copiai en sifflant, simulant l'indifférence, je me vis doubler la dose.

Nous avions une très jolie parente dont la beauté et les charmes étaient l'attrait de nos réunions. Elle habitait l'hiver Saint-Lô et passait ses étés dans le vieux château de R... situé sur les plages sauvages de la Hague, à quelques lieues de Cherbourg. J'allais quelquefois la voir dans ses solitudes, et ma vie s'y passait agréablement entre elle et son mari qui était mon cousin.

Ma cousine n'était point pareille aux autres femmes. C'était une créature magnifiquement douée, étrange parfois, aimant aussi les choses étranges, ne se contentant pas de la monotonie de la vie, des occupations et des émotions d'un foyer terre à terre. Elle était la grâce même, mais cette grâce était mêlée à une certaine virilité ou force d'âme qui devenait parfois de l'héroïsme. Si elle se donnait avec une folle ardeur aux joies du monde, elle se consacrait avec cette même ardeur à la charité et aux bonnes œuvres. A R..., elle était adorée des paysans dont elle soignait les maladies, après s'être intéressée à leurs travaux et les y avoir aidés. Adorée des pauvres auxquels elle donnait à pleines mains, adorée du vieux curé dont elle parait l'église. Son enfance s'était passée en Autriche où elle était née. Venue en France pour terminer son éducation, elle avait connu mon cousin à Paris et l'y avait épousé. Grande, portant la tête haute sans raideur, ayant la taille souple, les mouvements ondulés, la démarche glissante, on se demandait quand elle entrait dans un salon, si c'était une apparition ou une femme. Elle avait une manière incomparable d'arranger ses cheveux. Elle les relevait en diadème sur son front en les tordant une seule fois sur le sommet de la tête, les laissant retomber en arrière comme une crinière de lion. Ses grands yeux tendres étaient du même brun que ses cheveux ; quand elle les relevait ou les abaissait, chacun de ses regards semblait une grâce accordée aux mortels.

Elle riait peu ou riait beaucoup. Parfois d'une indolence turque, on eût dit qu'elle oubliait la vie ; on la voyait étendue dans ses cachemires et dans ses fourrures, immobile, muette, enroulée dans sa léthargie comme ces animaux qui s'endorment pour l'hiver sans souci du réveil. Qu'avait-elle dans ces moments-là ? A quoi pensait-elle quand une larme traçait un sillon humide sur 'sa joue transparente? Personne ne le savait.

A d'autres heures, on la trouvait animée, se livrant avec entrain aux soins de sa ferme, allant elle-même vendre ses bêtes dans les villages environnants. Je me souviens d'un marché de moutons que je fus conclure avec elle dans le petit bourg de P... et de l'espèce de fascination qu'elle exerçait sur les paysans. Je la vois aussi conduisant son char à bœufs le long des grèves, debout, appuyée sur l'aiguillon, se dessinant comme une grande ombre sur la mer. Je croyais alors voir passer une des prêtresses de la Gaule.

Je ne sais pas si elle connaissait toute sa poésie, mais elle n'avait pas l'air de poser. A peine avait-elle rentré ses bœufs dans les étables, qu'elle courait à la cuisine et veillait au repas de ses gens. Quelquefois même, elle ne craignait pas de faire sauter le beurre dans la casserole, de battre les œufs, de nettoyer la salade. Un jour, c'était la veille d'une chasse qui devait amener quelques voisins à R..., elle s'établit complètement à la cuisine pour préparer les mets du lendemain. Le soir, elle trouva qu'il manquait quelque chose à son menu et voulut faire un pâté, et comme il était tard et que la cuisinière dormait déjà, elle se réserva la besogne pour elle seule.

J'étais près d'elle quand elle entreprit ce travail; je dis que je ne la quitterais point et que je l'aiderais même dans la mesure de mes faibles moyens. Tout le monde dormait dans le château, et nous restâmes debout toutes les deux, nous livrant à la confection du fameux pâté.

Notre travail nous absorbait; nous ne parlions point; le silence de la cuisine était si complet qu'on entendait chacun des battements de l'horloge qui marquait les heures de cette singulière nuit.

Lorsque vint le moment de hacher la viande, ma cousine parut satisfaite et se mit à fredonner un petit air uniforme et doux, s'unissant aux battements réguliers du hachoir sur le bois. Elle s'arrêtait de temps en temps, ouvrait la boite aux épices, y puisait des doigts comme un papillon prend le suc d'une fleur et saupoudrait son hachis avec tact et mesure. Elle eut bientôt fini. La pâte, que j'avais consciencieusement roulée et pénétrée de beurre, fut placée dans un moule et reçut le précieux mélange du lièvre et des épices. On posa sur le tout de belles tranches de lard et deux feuilles de laurier.

— Allons maintenant au four, dit ma cousine. Ce pâté sera meilleur si nous le faisons cuire dans le four à pain.

— Mais comment ferons-nous, lui dis-je, le four n'est pas allumé?

— Eh bien, nous l'allumerons, répondit-elle.

— Mais il est si loin, il faut l'aller chercher près de la ferme, comment oserons-nous marcher jusque-là dans la nuit?

— J'oserai, moi, dit-elle.

Puis, passant dans sa ceinture un grand coutelas, et prenant le pâté des deux mains, elle s'achemina d'un pas assuré vers la porte. Je la lui ouvris et dis que j'irais avec elle. Alors, elle me pria de prendre la lampe et de marcher en avant pour l'éclairer afin qu'elle ne trébuchât pas avec le pâté.

Nous traversâmes les pelouses et gagnâmes le sentier qui menait à la ferme. La nuit était horrible, froide, noire, agitée. Des rafales soufflaient et menaçaient d'éteindre notre lampe que je protégeais avec un coin de ma robe. Quand nous vînmes à passer près du chien qui défendait l'entrée de la cour, il se mit à grogner en s'élançant au bout de sa chaîne.

— Mon Dieu, que j'ai peur, dis-je timidement.
— Peur de quoi?
— Peur du chien.

Elle posa alors son pâté sur la barrière et s'avança vers le chien, en lui parlant et en l'appelant par son nom ; puis lui prenant la tête et l'embrassant sur ses poils fauves :

— Passez, dit-elle.

Elle revint ensuite prendre le pâté et nous atteignîmes le four sans encombre.

Il était minuit lorsque le fagot d'ajoncs se mit à flamber dans l'âtre. Nous nous assîmes toutes les deux sur un siège en bois, de chaque côté de la flamme, ne parlant point, mais écoutant le bruit du feu crépitant et le bruit de la mer qui gémissait à quelques pas de nous. Il me semblait entendre dans les bruyères perdues qui nous entouraient les voix des êtres légendaires dont parlaient les paysans aux veillées du soir, celles des sorcières allant au sabbat, celles des victimes du premier seigneur de ce domaine qui avait été, disait-on, un grand égorgeur. Je voyais toutes ces ombres sortir des souterrains du château, précédées par des feux follets, traversant les chemins que nous avions parcourus et venant jusqu'à nous dans une danse infernale. Quant à l'étrange créature qui me faisait vis-à-vis, elle ne devait pas songer aux spectres. Elle pensait plutôt aux réalités de ce monde, car je l'entendis tout à coup murmurer : « Quelle horreur que la vie ! » Comme elle disait cela, quelques larmes tombant droites et serrées vinrent mouiller ses genoux.

Presque au même instant, elle était debout et courait à son pâté qui commençait à prendre une teinte dorée.

— Il est superbe ! s'écria-t-elle.

Et elle se mit à rire d'un rire éclatant, puis, le tournant et le retournant, elle déclara qu'il était cuit et que nous n'avions plus qu'à regagner la maison. Nous revînmes avec le même cérémonial, moi, marchant avec ma lampe, elle, avec son pâté. Quand nous refermâmes la porte du château, l'horloge sonnait deux heures !

Je me souviens encore que le lendemain nous fûmes visiter l'église extérieure de la Trappe de Briquebec; elle me mena dans la voiture qu'elle conduisait elle-même à travers les grandes plaines désertes qui entourent le couvent, où quelques moines épars creusaient des sillons. Là encore, elle me dit qu'elle souffrait de la vie et qu'elle enviait le sort de ces hommes à peu près morts. Ils ne l'étaient pas autant qu'elle le pensait; nous ne tardâmes pas à nous en apercevoir. En entrant dans l'église nous nous trompâmes de porte et pénétrâmes sans nous en douter dans la chapelle réservée aux religieux. Elle était déserte. Nous nous mîmes à prier tranquillement; mais bientôt, une espèce de placard s'ouvrit et nous vîmes entrer la procession des moines recueillis, sous leurs capuchons abaissés. Ils venaient chanter *Laudes*. Les capuchons se relevèrent bientôt et lorsque tous ces yeux austères aperçurent nos jupes courtes et nos chapeaux emplumés, ils se crurent tombés en enfer. Je n'oublierai jamais les cris que poussèrent ces hommes pendant que nous courions, ma cousine et moi, pour retrouver la porte que notre émotion nous empêchait de découvrir à travers les stalles de bois sculpté.

Le curé de R... n'avait pas si peur de nous. C'était un bon vivant, un bon vieux prêtre, ressemblant à un pot à tabac, avec de petits yeux perçants et une lèvre tombant comme une lippe sur son rabat; mais sous les dehors de paysan arriéré, il cachait plus de finesse que sa ronde personne ne le faisait supposer. Il cachait aussi un cœur dévoué à ses châtelains, à son village, aux pauvres gens, à son vieux temple. Il venait dîner presque tous les jours au château et s'y rencontrait parfois en automne avec quelques chasseurs et leurs jeunes femmes qui ne demandaient qu'à s'amuser. Un soir qu'il nous voyait valser :

— Qui donc, s'écria-t-il, a dit que la valse est un péché?

Et pendant cela, son pied chaussé de gros souliers ferrés battait la mesure avec enchantement.

C'était un type amusant que ce vieux curé! Quelques années plus tard, lorsque la République succéda à l'Empire, il se vit forcé de remplacer à la messe le *Domine salvum Imperatorem* par le *Salvum Republicam*; cela lui arrachait la langue, car il n'était pas républicain. Il se résigna pourtant à entonner d'une voix terrible les prières pour la République. Les paysans déroutés par le changement ne répondirent rien à l'invite du curé. Alors le curé la recommença trois fois, et voyant que le résultat n'était pas meilleur la troisième fois que la première, il se retourna vers la foule et s'écria :

— Eh bien, bonnes gens, si cela vous embête autant que moi, nous en ferons l'économie.

Le dimanche suivant, il reprit avec chaleur le *Domine salvum Imperatorem*, et s'il vit, il doit le chanter encore!

Si j'ai parlé longuement de ma cousine, de ce qui l'entourait, du cadre dans lequel elle vivait, c'est qu'elle a tenu une large place dans notre vie. C'est que, sans s'en douter, elle a servi plus d'une fois de modèle à certaines héroïnes de mon mari.

## CHAPITRE II

Lettres de mon mari à l'Empereur. — Réponse de l'Empereur. Lettres de Montalembert et de monseigneur Dupanloup. — Je vois la mort de près.

Au retour de ses voyages, mon mari avait hâte de retrouver le calme de sa petite maison et de son verger solitaire. Les premiers jours de repos lui causaient de véritables extases ou lui donnaient des joies d'enfant. Assis à sa porte, baigné par le soleil, on l'entendait dès l'aurore chanter comme un merle. Quand j'allais lui faire ma visite, il me disait l'œil animé en me tendant les mains :

— Tu vois un homme heureux !

L'homme heureux retrouvait promptement les soucis de la vie. Non seulement il les retrouvait dans ses malaises nerveux, dans sa difficulté de travail, dans les mille riens dont son imagination faisait des mondes, mais il se torturait encore pour la politique, pour l'avenir de son pays, pour l'intérêt de ceux qui le gouvernaient, trouvant, comme il disait, que le char de l'État prenait une mauvaise route.

Il avait résolu d'écrire courageusement à l'Empereur pour le prier de tenter des réformes libérales qui devaient le sauver, selon lui. Il fut un des premiers, hélas! qui eut la pensée généreuse des fameux décrets du 19 janvier. Les poètes devraient être à jamais exclus des questions politiques. L'exaltation de leur âme, leur ignorance de la vie réelle, l'idéal qu'ils poursuivent pour créer leurs fictions, les éloignent par trop du sens pratique et de la vérité des choses. Ce sont des aveugles sublimes qui nous mènent à travers les féeries de leur esprit et les rêveries de l'âge d'or aux licences populaires et aux horreurs d'une Commune.

Dès 1867, mon mari avait écrit à l'Empereur la lettre suivante qui ne lui fut pas envoyée, paraissant trop audacieuse.

« Sire, j'écris cette lettre à l'Empereur avec tristesse, mais il me semble que je le dois. J'ai hésité bien longtemps. Je sens combien ma voix a peu d'autorité, combien il est invraisemblable qu'elle ait l'ombre d'influence sur l'esprit de l'Empereur. Je me décide pourtant à lui dire ce que je crois être la vérité, tant cette vérité me presse et me domine.

» Sire, l'Empire est ébranlé et menacé. L'expédition du Mexique, les affaires d'Allemagne, la nouvelle organisation militaire en France, fournissent à vos ennemis des armes redoutables. Le pays tout entier est inquiet et défiant. Je vis dans la région la plus tranquille de toute la France, et, même là, on sent à un haut degré le malaise et le danger. On perd confiance dans la durée de votre règne, on lui accorde à peine un lendemain. On arrange l'avenir sans lui, et cela, Sire, sans hostilité, sans passion, avec regret et avec effroi, mais avec une sorte de résignation. Sire, voilà la vérité, si on vous dit autre chose, on vous trompe.

» J'entends déjà, avec une douleur profonde, parler de l'Empire comme du passé. J'entends dire sous toutes les formes : C'était si facile pourtant ! l'Empereur n'avait qu'à se faire souverain constitutionnel. Les trois quarts et demi de la nation ne demandaient que cela.

» Sire, cela est vrai. Les trois quarts et demi de la nation ne demandent que cela, et parce qu'ils ne sentent pas assez que l'Empereur le leur donne, ils ne soutiennent pas l'Empire. Je veux tout dire à Votre Majesté : La France devient orléaniste, non pas par attachement pour les personnes, elle aimerait mieux le nom de l'Empereur qu'aucun nom français, mais parce qu'elle n'attend pas de la maison d'Orléans ce qu'elle espérait de l'Empereur comme le représentant le plus direct, le plus vrai, le plus légitime de la révolution.

» Une grande œuvre devrait tenter l'Empereur : ce serait la décentralisation de la France sur une grande échelle. Aucune diversion ne serait plus salutaire. Instituer dans tout le pays un vaste système de libertés locales, ce serait rendre la vie intellectuelle à la province qui est la France, ôter à Paris son effrayante suprématie aussi prête pour le mal que pour le bien, faire circuler dans toutes les veines de la nation un sang plus jeune, plus libre, plus fort et plus dévoué à l'Empereur. Le jour où l'Empereur aura décentralisé la France, œuvre essentiellement libérale et démocratique contre laquelle toutes les oppositions useront leurs dents, l'Empereur sera assis sur un trône d'une base immense.

» Je m'arrête, Sire. J'ai peut-être perdu votre bienveillance et pourtant je sens profondément, que jamais je n'ai pu me dire avec plus de vérité,

» De votre Majesté, le dévoué serviteur.

» OCTAVE FEUILLET. »

Les décrets libéraux relatifs à la presse, à la tribune, au droit de réunion, parurent le 19 janvier 1867, alors mon mari, exalté par le commencement de ses rêves accompli, écrivit à l'Empereur une nouvelle lettre qui, cette fois-là, fut envoyée.

« Sire,
» Il y a deux mois, croyant l'Empire menacé, j'avais pris mon grand courage et j'avais écrit une lettre à l'Empereur où je lui disais avec un respectueux dévouement ce que je croyais être la vérité. Cette lettre écrite, je n'osai l'envoyer. Que l'Empereur me permette d'en extraire quelques pensées.

» On vous dit, Sire, qu'en donnant plus de liberté à la nation votre gouvernement se perdrait. Ce danger est possible, mais le danger présent et certain, c'est de se perdre si l'on ne donne pas quelque grande satisfaction au pays. Il n'y a que la liberté qui puisse ramener à l'Empereur les esprits découragés et ôter à ses ennemis leurs griefs, leurs armes et leurs promesses. Jusqu'ici, tous les souverains ont péri en France pour s'être trop défiés de la liberté. Si l'Empereur s'y confiait largement, l'épreuve serait noble et digne de lui.

» Que l'Empereur me permette de tout oser.

Je le supplie, au nom de son fils et au nom de mon pays, de se faire souverain constitutionnel dans toute l'acception du mot, avec une tribune libre, des ministres responsables, une presse réglée par les lois. La France n'est pas républicaine. Elle veut une monarchie. Si l'Empereur lui donne toutes les libertés conciliables avec le seul régime qu'elle aime, la presque unanimité du pays, n'attendant plus rien d'une révolution nouvelle, n'en souffrira pas.

» Sire, tel était à peu près mon langage. Que Votre Majesté juge du bonheur avec lequel j'ai salué la généreuse initiative qu'elle vient de prendre. Sire, qu'aucune résistance ne vous arrête. Qu'aucune injustice ne vous décourage. Vous êtes dans la vérité. La liberté sans la licence, l'ordre sans despotisme. La France développant les principes légitimes de la révolution sous un chef issu de la révolution même, c'est ce que veulent les trois quarts du pays; et vos ennemis les plus redoutables ne lui ont jamais promis autre chose. Vous les désarmez aujourd'hui et vous pouvez voir leur embarras, Sire, persistez !

» En politique je ne suis rien, je n'ai pas l'ombre d'ambition, je suis voué pour la vie à mes modestes études littéraires. Le cri d'alarme que je poussais vers l'Empereur, l'invocation que je lui adressais il y a deux mois, l'applaudissement respectueux que je lui adresse aujourd'hui, peuvent donc être taxés de zèle malavisé, mais ne peuvent être suspects d'aucune inspiration intéressée ; aussi, ai-je cru, Sire, que Votre Majesté me pardonnerait la liberté que je prends, qu'il y aurait peut-être quelque intérêt pour elle à lire une si parfaite correspondance de sa propre pensée dans l'esprit et dans l'âme d'un homme étranger aux affaires, mais non aux destinées politiques ni au sentiment sincère des choses de son temps et de son pays.

» Sire, un seul mot encore. Que l'Empereur me permette de lui confier une idée qui m'obsède et que la réflexion fortifie chaque jour. C'est que la terrible instabilité des gouvernements en France ne tient pas seulement aux agitations politiques du pays ; je crois que l'extrême centralisation de la dictature parisienne y est pour beaucoup. Il est difficile que l'Empereur se rende un compte exact de l'état d'inertie mortelle où la province est tombée par l'effet de la centralisation. La France tout entière n'est plus que le faubourg servile de Paris. La suprématie de Paris manque aussi de contrepoids, et à chaque crise, à chaque mouvement brusque, la tête risque d'emporter le corps. Ce qu'il y a toujours de fiévreux, de passionné, d'extrême dans la vitalité parisienne ne trouve pas la compensation nécessaire dans le bon sens et dans l'équilibre de la masse nationale. Un fait à peine croyable, Sire, c'est la disette d'hommes en province. Dans un département de six cent mille habitants comme le mien, on ne trouve pas un député. C'est que la vie provinciale est tellement réduite, tellement nulle, qu'elle ne peut plus ni former des intelligences, ni tremper des caractères. La France de 89 était autrement féconde.

» Ne serait-ce pas, Sire, que la centralisation, excellente comme remède et comme moyen, est mauvaise comme régime? Que dans ce sens, la révolution a dépassé son but et faussé sa marche? L'œuvre propre de la centralisation, l'unité française, n'est-elle pas faite à jamais? Et en tout cas, la chance des guerres civiles n'est-elle pas préférable à celle d'une Commune de Paris? Ne serait-il pas temps de rendre enfin à la province, c'est-à-dire à la France, sous des formes nouvelles et appropriées au temps, la vie, le ressort, l'indépendance, l'activité propre, l'animation locale que les grandes institutions provinciales de l'ancien régime répandaient sur toute la surface de l'Empire?

» J'ai la conviction profonde, Sire, qu'aucune œuvre patriotique, plus opportune, plus française, ne saurait être accomplie ; qu'elle serait le grand fait de la dernière partie du siècle et de la seconde moitié de votre règne, et j'ose en livrer respectueusement la pensée aux méditations de votre Majesté, dont je me dis plus que jamais le dévoué serviteur.

» OCTAVE FEUILLET. »

Huit jours plus tard, l'Empereur faisait à mon mari la réponse suivante :

Palais des Tuileries, 24 février 1867.

« Monsieur,

« C'est une véritable satisfaction pour moi de voir l'œuvre que j'accomplis, sainement appréciée par des hommes tels que vous. Les études auxquelles vous vous livrez habituellement vous rendent moins étranger que vous ne paraissez le croire, à la vie politique, puisqu'elles sont une constante et fine analyse du cœur humain, et je ne saurais dire qu'elles vous ont mal inspiré dans l'expression des vues élevées et patriotiques que vous avez bien voulu me transmettre.

» Recevez, avec mes remerciements pour votre intéressante communication, l'assurance de mes sentiments,

» NAPOLÉON. »

Cette correspondance donna lieu aux conversations politiques de Fontainebleau dont il est parlé dans les lettres de mon mari pendant son séjour chez les souverains en 1868.

D'autres lettres également intéressantes venaient encore le trouver dans sa solitude. M. de Falloux et l'évêque d'Orléans n'oubliaient pas leur confrère de l'Académie, s'occupaient de ses travaux et l'encourageaient de loin.

Je rappelle ici une jolie lettre de monseigneur Dupanloup, adressée des monts de la Savoie, à mon mari.

« Monsieur, — disait l'évêque, — vous ne me trouverez pas indiscret, j'espère, si je vous envoie le panégyrique de Jeanne d'Arc, que je viens de prononcer. C'est la peinture d'une âme vraiment extraordinaire. Vous aimez ces sortes d'études et ces horizons profonds où la réalité historique atteint parfois comme ici l'idéal pur et les hauteurs que vous cherchez.

» La date de cette lettre vous dira que je suis dans ces chères montagnes de la Savoie, mon pays, au sommet desquelles vous vous souvenez peut-être que j'ai fait connaissance avec vous. Je vous y retrouve quand j'y reviens, car on vous y aime, et hier encore on me lisait pour me distraire quelques belles pages de vous. Je suis obligé de vous dire qu'elles ne m'ont pas distrait mais recueilli, car vous m'avez découvert là, au plus profond de votre nature, un bien mystérieux et admirable repli du cœur humain. Pauvre cœur humain ! Que de choses divines, cachées et inconnues il recèle ; mais il n'y a que les âmes comme la vôtre qui les découvrent et vont jusque-là.

» La paix de ce séjour m'a laissé le temps de vous écrire ces lignes dont vous pardonnerez la simplicité à ma fidèle et sincère admiration.

» † FÉLIX,
» évêque d'Orléans. »

Il y avait aussi des lettres plus lointaines qu'on revoyait le soir, au clair de la lampe. Je les lisais pendant que mon mari fumait. Que de belles pages m'ont ainsi passé devant les yeux !

J'extrais de cette correspondance une lettre de M. de Montalembert, que j'aime particulièrement.

Laroche en Bruny (Côte-d'Or), 1862.

« Monsieur et cher confrère,

» J'étais en Écosse quand l'histoire de *Sibylle* a commencé à paraître. Depuis mon retour, enfermé à la campagne, je n'avais pas songé à reprendre les numéros arriérés de la *Revue des Deux Mondes*. Devinez qui, en venant me voir ici, m'a reproché de ne pas connaître *Sibylle* et m'en a parlé avec bonheur?

» C'est notre confrère et ami l'évêque d'Orléans. Certes les évêques n'ont guère la coutume de recommander les romans, mais aussi monseigneur Dupanloup n'est pas un évêque comme un autre, et *Sibylle* est encore moins un roman comme on en voit tant. Je vous ai donc lu, monsieur, et lu tout haut, en famille, pendant huit ou dix heureuses soirées qui compteront parmi les bons moments de mon existence.

» Je m'en voudrais mortellement à moi-même, si, au risque de vous importuner par un tardif hommage, je ne vous disais que j'ai été ravi, si je ne vous remerciais des douces larmes dont vous avez mouillé ma paupière ridée. A mesure que j'avançais dans le récit, je me suis senti de plus en plus entraîné, attaché, ému. Je ne me rappelle pas avoir jamais dû à aucune lecture de ce genre des émotions plus saines et plus suaves. Vous êtes peut-être trop jeune pour vous être délecté comme moi aux romans de Walter Scott, vous me les avez rappelés, mais en les surpassant. J'ai retrouvé chez vous toutes les qualités que j'avais admirées chez lui et d'autres encore qui vous appartiennent en propre. Cette langue limpide et pure comme votre pensée, les finesses, l'ironie, l'exquise délicatesse, une sensibilité si simple et si intense, sans l'ombre de déclamation, jusqu'à ces paysages d'une touche si sûre et si sobre, tout, tout m'a charmé ; mais par-dessus tout, vous sentez bien ces grandes inspirations de la foi et du devoir chrétien, si franchement avoués, si heureusement célébrés ! Oui, je ne crains pas de le dire, la religion et l'honneur, le bon sens et le bon goût, vous sauront un gré immortel de cette œuvre bénie. Comme l'une de vos charmantes héroïnes, vous nous enseignez l'art d'être heureux et honnêtes.

» Vous l'avouerais-je, c'est encore moins Sibylle qui m'attire que la duchesse Blanche. Ma pensée me ramène sans cesse à la scène où les larmes de cette noble femme tombent sur les fleurs de la couronne qu'elle tresse dans les cheveux de sa rivale. Je voudrais être peintre pour fixer sur la toile comme elle est dans mon esprit cette scène ravissante.

» Ne me croyez pas du reste insensible à votre héroïne de prédilection. *Tout Paris pour Sibylle a les yeux de Raoul*, mais, comme lui, je suis tenté de la trouver un peu dure, un peu raide. Je ne lui ai tout pardonné qu'à son lit de mort.

Vous vous êtes surpassé dans cette dernière page, et la rougeur virginale qui se répand sur les yeux de Sibylle mourante, après qu'elle a reçu le premier et le dernier baiser de son époux, restera dans la mémoire de tous ceux dont le suffrage mérite d'être compté.

» Tous les gens de bien vous remercient de ce livre, et moi, je vous remercie tout particulièrement d'avoir justifié d'une façon si éclatante, non seulement le choix de l'Académie, mais encore certains votes auxquels vous ne vous attendiez pas.

» Ceci me rappelle que j'ai un tort à réparer envers vous; vous aviez déjà quitté Paris lorsque j'ai dû rendre compte à l'Académie de l'audience où j'avais soumis notre dernière élection à l'approbation impériale et cette formalité est si banale que je n'ai pas songé à vous en écrire. Du reste, je n'avais jamais encore rempli ce mandat, et vous me pardonnerez d'avoir été moins préoccupé de vous que de l'occasion singulière qui allait me faire revoir, pour la première fois après dix ans écoulés, *le personnage* avec lequel j'avais eu des relations si fréquentes et si graves. Il a du reste exprimé une très vive adhésion au choix de l'Académie. Il a dit que vous étiez un bon écrivain et même un grand écrivain. Il m'en coûte d'être de son avis sur quoi que ce soit, mais depuis que j'ai lu *Sibylle*, je sens bien que, du moins, sur votre compte, je ne puis pas le contredire.

» Pour vous bien prouver que je n'ai pas l'intention de vous flatter, je vous demanderai la permission, quand nous nous reverrons, de vous indiquer quelques détails insignifiants, quelques nuances d'expression ou même de situation qui m'ont fait l'effet de notes fausses dans une symphonie magnifique. Vous n'y verrez, j'espère, qu'une preuve nouvelle de la profonde et affectueuse considération avec laquelle je demeure votre très humble confrère et très obligé serviteur,

» COMTE DE MONTALEMBERT. »

Quand les joies tranquilles des Palliers ne suffisaient plus à calmer l'âme inquiète de mon mari, lorsque dans ce cadre un peu morne, l'inspiration lui paraissait trop aride pour la création d'une œuvre nouvelle, il bouclait de nouveau ses malles et entreprenait quelques courtes excursions dans le voisinage. C'était généralement le bord de la mer qu'il recherchait. Il aimait particulièrement le Havre, l'animation de son port, ses bateaux gigantesques arrivant de tous les mondes et aussi les distractions souriantes de Frascati.

Pendant l'un de ses voyages, il venait à peine de s'installer pour quelques jours dans son cher Frascati, lorsqu'il reçut de ma femme de chambre la dépêche suivante :

« Madame légèrement blessée demande monsieur. »

J'étais plus que légèrement blessée. J'avais failli trouver la mort dans un terrible accident de voiture. Des chevaux emportés m'avaient précipitée contre un mur dans l'une des rues de Saint-Lô, me laissant sans connaissance sur le trottoir, la tête ouverte, la partie gauche du corps presque dépouillée. Le sang coulait à flots de toutes mes plaies et c'est peut-être à cette effroyable hémorragie que je dus mon salut. Bientôt tous les passants m'entourèrent, un médecin et un prêtre furent appelés. Je reçus les derniers sacrements sur le pavé de la rue. Quand je rouvris les yeux et que j'aperçus le prêtre debout devant moi, je m'écriai :

— Je ne veux pas mourir ! je ne veux pas mourir !

A ces cris, chacun répondit que je ne mourrais

point, que j'étais sauvée puisque j'avais repris mes sens.

Lorsque je les eus reconquis tout à fait, on amena un landau et l'on me plaça dedans sur un matelas. Je pris ainsi la route des Palliers, escortée par deux de mes amies et par mon médecin.

Je me souviendrai toujours de la rentrée que je fis dans ces riants Palliers. De la grille du petit parc jusqu'à la maison, je fus portée par le cocher et par le docteur.

Quand nous fûmes dans l'allée des sapins, en face des pelouses et que j'aperçus la maison, ses stores agités par un vent frais, les corbeilles de fleurs tout ensoleillées et mon chien endormi sur le banc près des orangers :

— Arrêtons-nous ici, dis-je à mes compagnons, je veux revoir tout cela, tout ce que j'ai failli perdre !

— Pas d'émotion, me dit-on. Et vite on m'emporte vers ma chambre et vers mon lit.

Le soir, mon mari accourait tout en larmes. Je me rappellerai toujours ce pauvre visage noyé de pleurs et les baisers si émus qu'il me donna, à travers les bandelettes ensanglantées qui serraient ma tête.

Je ne puis dire à quel point je sentis les joies

de la convalescence, ce renouveau de la vie qui nous fait trouver des délices inconnues dans un rayon de soleil, dans le parfum d'une fleur, dans la première côtelette qui vous est permise. J'éprouvai tout cela de la façon la plus intense, disant à tout ce qui m'entourait : « Si vous saviez qu'il fait bon revivre ! »

Mes premières sorties dans les rues du vieux Saint-Lô me valurent de touchantes ovations. Les marchands apparaissaient sur le seuil de leurs magasins pour demander de mes nouvelles, quelques-uns me tendaient les mains. C'était doux d'être aimée par ces braves gens ; je sentais qu'ils m'eussent pleurée si j'avais quitté ce monde.

Les pompes funèbres, elles-mêmes, semblaient heureuses de n'avoir pas eu la peine de me conduire au cimetière. Je me souviens qu'un des croque-morts, qui exerçait à la fois le métier d'ensevelisseur et d'étameur de casseroles, me rencontra comme je venais de faire ma première visite à l'église ; lui, portait un petit mort sous son bras : « Ah ! me dit-il en passant près de moi : je suis tout de même content de ne pas vous avoir conduite là-bas ».

## CHAPITRE III

*Julie* est jouée aux Français. — Lettres de mon mari pendant son séjour à Paris.

*Julie* fut représentée aux Français le 4 mai 1869. Mon mari m'avait quittée dès la fin de mars pour monter sa pièce jouée par Favart, Febvre et Lafontaine.

Je livre ici quelques-unes des lettres écrites pendant la séparation.

Paris, 25 mars 1869.

« Ma chère enfant,

» Le voyage m'a laissé comme toujours de longues heures de fatigue et je suis tombé, pour me remettre, sur le fatal rouleau qui écrase les pierres rue de Rivoli, quand tout devrait dormir. J'ai dû aller coucher cette nuit dans un petit hôtel borgne de la rue d'Antin, où j'ai grelotté dans des draps humides et où je me suis pourtant reposé, si bien reposé que je vais y rester encore la nuit prochaine, quoique l'atroce rouleau ait terminé sa besogne.

» A peine ma toilette faite, j'ai couru chez Thierry pour lui parler de *Julie*. Il était malade et couché ; je n'ai pu le voir.

» En sortant de chez Thierry, qui demeure comme tu sais à l'Arsenal, je suis revenu à travers les rues du vieux Paris. C'est une chose extraordinaire que ce quartier de l'ancien Paris. Il y a par là des noms de rues qui font trotter l'imagination : rue des Jardins-Saint-Pol, rue du Fauconnier, etc., etc... C'est l'emplacement de l'hôtel Saint-Pol, habité par les rois de France au $xiii^e$ et au $xiv^e$ siècle. Charles V, le fou Charles VI, Isabeau de Bavière, ont foulé ce sol et respiré dans ces jardins dont il ne reste que le nom et qui formaient alors un parc immense tout plein des accessoires de la maison Royale, de ménageries, de fauconneries, de volières et de viviers. C'est très intéressant de voir au coin de chaque rue, la trace si vivante de ces temps déjà légendaires.

» Je t'envoie ci-joint un autographe de Favart. Elle fait si mal les chiffres que je ne sais pas si c'est à trois heures ou à quatre, ou à cinq qu'elle m'attend. Si j'en crois Lévy, que j'ai vu hier soir, il faudrait désespérer de voir Favart accepter le rôle d'une mère de trente-cinq ans, précisément parce que c'est son âge. Il y a un autre écueil, elle déteste Lafontaine. Me voilà, ma pauvre enfant, lancé dans les ennuis qui vont faire tomber mes derniers cheveux.

» J'ai dîné ce soir chez nos amis S... et je t'écris en rentrant de cette fête, très jolie et très élégante d'ailleurs. Il y avait le prince de Caraman, Caro, Crémieux et une foule de dames dans des toilettes prodigieuses. Madame B..., en velours rouge avec des guipures, madame M..., avec une robe de satin sombre, à traîne, sans l'ombre de crinoline et de larges rubans feu drôlement arrangés comme les décorations des pensionnaires de Saint-Denis, la taille sous le sein et le sein sous rien. Sa sœur avec les colerettes raides du premier Empire, toutes deux ensevelies dans leurs masses de cheveux sauvages, bouchonnés dans le style de la même époque. J'ai dit des mots gracieux à chacune d'elles.

» Au revoir, ma chérie, je t'aime bien.

» OCTAVE. »

Paris, 28 mars 1869.

« Point de nouvelles positives encore, ma chère petite, car les choses ne vont jamais au gré de notre impatience.

» Je suis arrivé chez Favart à trois heures, samedi ; c'était à quatre qu'elle m'attendait. Elle m'a reçu cependant, quoiqu'elle fût en compagnie et en pleine lecture de je ne sais quoi.

» J'ai eu avec elle un bout de conversation dans la salle à manger. Elle ne m'a pas caché ses grosses objections contre le rôle. Toutefois il n'y a rien d'absolu dans sa répugnance ; mais il faudrait que la pièce et le rôle lui parussent d'une séduction irrésistible. En la voyant de près, je l'ai trouvée réellement bien jeune d'aspect et il faudrait que sa fille fût bien mignonne pour être vraisemblable.

» En sortant de chez Favart, je suis entré chez madame V..., où j'ai trouvé sa mère. Nous avons bavardé tant et plus sur ma pièce et sur les acteurs qui passionnent ces dames. Après quoi, je leur ai expliqué comme quoi, ayant trouvé chez Lévy un peu plus d'argent que je ne m'y attendais, j'avais l'intention secrète de t'offrir une robe de velours. Il a été convenu que tout se ferait

dans le plus grand mystère et que madame V...
présiderait à la confection de la robe, chez la
célèbre Haubourg ; mais ayant réfléchi depuis
que tout ce micmac pourrait mal tourner, je me
suis décidé à te mettre dans le complot. J'espère
que tu seras contente.

» Tes lettres respirent une bonne odeur de
sérénité, de paix, d'affection et de primevères
qui fait ma joie. Et moi aussi, ma chérie, je
remercie Dieu que je comprends mal, mais
auquel je crois bien. Je Le remercie humblement
et tendrement d'avoir mis ma main à la tienne,
mon cœur au tien, de m'avoir doublé par toi
toutes les joies de ma pauvre vie, de m'en avoir
adouci toutes les peines, d'avoir donné à mon
foyer ce charme, cette paix et cet honneur fidèle
pour le passé, pour le présent et pour l'avenir.
Oui, je bénis le ciel, et je te bénis du fond du
cœur et les larmes aux yeux.

» Je suis allé hier soir entendre trois actes des
*Huguenots*, cela m'a rajeuni et ravi, malgré
l'insuffisance de Gueymard, qui s'est fait chuter.
Mais quelle musique !

» Bonjour, ma mignonne, je t'embrasse bien.

» OCTAVE. »

« Envoie moi deux exemplaires des *Portraits*

*de la Marquise.* Un pour les Français, l'autre pour le bon Doucet. »

Paris, 3 avril 1869.

« Je viens, ma chérie, de lire ma pièce aux acteurs, ou pour mieux dire, à quelques-uns des acteurs, car le beau Febvre était à la campagne où il semble prendre racine. Nous n'avions pas non plus l'actrice inconnue qui doit jouer madame de Cressey. Il n'y avait donc avec le régisseur et moi que Lafontaine, Favart et la petite Reichenberg qui est un vrai baby, avec les cheveux d'un blond blanc comme les petits enfants de la campagne. La mère fidèle assistait dans un coin. La lecture aurait dû être assez froide devant cet auditoire, j'étais d'ailleurs enroué et avec un commencement de grippe qui me jetait dans la rage ; néanmoins je te dirai que ton vieil époux a été couvert d'applaudissements.

» Un peu remonté par cette ovation, je suis allé faire une visite à la comtesse ***, entourée d'un luxe extravagant. Elle m'a reçu avec une bonne grâce charmante. Elle a voulu me faire voir ses appartements particuliers, sa chambre, son oratoire pour qu'il restât pénétré de mon précieux souvenir. Tout cela est orné et chamarré de tableaux de grands maîtres, de portraits étranges, de reliques mystérieuses, de cadeaux du pape, de crucifix, de bénitiers et d'anges que je n'ai pas eu le bonheur de voir. Tu sais que la comtesse prétend vivre au milieu des anges et des esprits. Elle nage dans le spiritisme jusqu'au cou. Si vous restez un peu, m'a-t-elle dit gravement, je vous mettrai en communication avec Lacordaire, qui m'a donné rendez-vous ce soir à six heures. En attendant Lacordaire qui n'est pas venu, la comtesse m'a conté ce qu'elle a voulu de son histoire, mêlant les appréciations les plus sensées aux hallucinations les plus folles, comme celle-ci par exemple : Elle prétend voir toutes les nuits un vieillard accroupi devant sa cheminée et tournant de la bouillie dans une casserole d'or. Je me suis permis de sourire devant la casserole d'or, et cela ne l'a pas fâchée.

» Mon estomac mérite des félicitations, mais c'est bien le moins que je sois tranquille de ce côté, autrement je ne serais pas à prendre avec des pincettes. Je n'ai pourtant en réalité que des misères et je suis gras comme un moine.

» J'ai dîné hier avec Michel Lévy et Noël Parfait dans un drôle de petit restaurant que Lévy m'avait signalé comme étant à la fois supérieur et pas cher (mon rêve!) Il y a une espèce de comptoir de marchand de vin à l'entrée, puis deux ou trois salons à plafonds surbaissés où grouille une foule assez convenable, principalement composée d'artistes mâles et femelles. Le patron est un singulier bonhomme qui s'appelle Maire et qui a le culte des arts. Il m'a donc accueilli avec transport. Il a voulu me servir lui-même et il a accompagné chaque plat d'un calembourg. Nous n'avons pas parlé de ma pièce, heureusement ; j'en ai déjà par-dessus les oreilles.

» Je suis bien fatigué, ma chérie, et je vais m'étendre sur ma chaise longue au coin du feu. Je t'embrasse bien tendrement avant de me livrer à cette fête intime.

» OCTAVE. »

« Vois-tu, ce que tu me dis de certain pays me donne une furieuse envie d'aller en Chine ! Enfin, ma pauvre amie, il faut nous concentrer dans nos vieux Palliers comme dans un tronc d'arbre quand il pleut, et nous trouver encore heureux de vivre et de sentir que nous sommes deux êtres prêts à mourir l'un pour l'autre. »

Paris, avril 1869.

« Ma petite amie,

» Un peu de toux cette nuit, c'est une faible grippe persistante, avec toutes ses traîtrises.

» Ces répétitions sont aussi bien éreintantes pour moi. Je m'y dépense beaucoup, je crains que Favart n'arrive jamais à la note simple, honnête et vraie, si nécessaire pour son rôle. Elle a un terrible penchant à se pâmer, à déclamer, à montrer le blanc de ses yeux, à faire tout en exagérant tout. Ce qui m'inquiète aussi, c'est la fatigue évidente de sa santé. Elle est pâle comme une cire, ce qui ne lui va pas mal, mais ce qui me fait craindre que ses forces soient à bout.

» Reichenberg n'a encore véritablement joué que sa petite scène du premier acte qu'elle dit très justement. Elle y est vraie, ce qui me charme à côté des démonstrations de Favart. Elle embrasse Favart en vraie fillette, avec sa petite bouche en cœur, d'un baiser bruyant et cordial. Dieu que le naturel est une belle chose au théâtre et à la ville!

» Febvre est excellent, Lafontaine de même, mais il fait un peu trop de geste, à mon gré. Je lui ai déjà flanqué hier un avertissement qu'il a pris comme un lion mourant; néanmoins je crois qu'il m'a donné raison.

» J'ai trouvé en rentrant à l'hôtel ta lettre aimable et gaie. Je l'aime cette lettre! J'aime aussi les tendresses de ton cœur agité; je ne saurais jamais m'en passer. Il me semble, et même j'en suis sûr, que tu seras toujours pour moi, aimable à voir comme à entendre et que mon vieil âge se reposera avec autant de douceur que l'a fait ma jeunesse dans tes mains et sur ton cœur.

» Je disais l'autre soir à madame S... combien j'étais heureux de cette disposition de plus en plus marquée chez toi, à rechercher et à trouver des joies dans le monde idéal, c'est-à-dire dans le sentiment poétique des choses. Cette disposition si salutaire, si consolante nous rapproche encore. Il n'y a que nous deux pour jouir comme nous le faisons des scènes, des spectacles les plus ordinaires de la nature et de la vie, pour dégager les petites idéalités, pour en faire sortir le petit roman secret, pour dramatiser enfin tout et rien. Car ce reproche que te fait ta famille d'avoir trop d'imagination, je t'en fais, moi, une grosse louange et je m'en fais un bonheur.

» Que j'envie, ma chérie, tes promenades à Trécœur! Hélas! que je me sens loin de ces douces campagnes dont chaque brin d'herbe m'est cher. Dieu, comme je compte m'en régaler cet été! Quelle indigestion de verdure, de petits ruisseaux, de coins solitaires, je me promets dans mon cœur! En attendant, n'y pensons pas!

» J'ai dîné hier encore quai Malaquais avec About et Caro. Le dîner a été assez gai. About très brillant, mais aggressif contre l'Empire à un degré insupportable. Il est furieux contre la *Revue* qui lui a mutilé son dernier article. Il a beaucoup grossi et a les cheveux gris, comme s'il était poudré, et il est couvert de croix malgré tout.

» Il faisait si beau quand je suis rentré, la soirée était si claire, que bravant la fraîcheur de la nuit, j'ai passé quelques minutes sur mon balcon. Ce grand jardin solitaire des Tuileries avec ses statues qui semblaient causer entre elles, au bord des bassins muets, m'a donné un spectacle étrange et charmant.

» Je suis bien fatigué. Je t'embrasse n'en pouvant plus, mais t'aimant toujours.

» OCTAVE. »

Paris, avril 1869.

« Nous avons eu hier trois heures de répétition, ma chérie! La scène de passion entre Febvre et Favart est d'une extrême difficulté. Elle demande des gradations, des atténuations infinies. Febvre et Favart sont cependant bien intelligents et reviennent vite au sentiment juste. Favart est adroite et bien douée, Febvre plaît aux dames, Lafontaine est maintenant parfait ; un peu trop sombre malgré lui, mais le matin est imposant, il a une tenue superbe, c'est un personnage !

» La petite Reichenberg n'est pas assez femme décidément. C'est un petit être jaune et blond, comme ces oiseaux tout petits qui piaillent dans les nids. Elle a l'air de sortir d'un œuf de Pâques. L'œil très fin et très éveillé, bien douée aussi, disant juste et naturellement. Loyd n'a pas répété aujourd'hui, je n'ai fait qu'entrevoir son grand corps anglais dans l'ombre des coulisses. Il paraît qu'elle était souffrante.

» Je suis d'une tristesse morne à la pensée des misères que je traverse et de celles qui m'attendent ; des attaques de journaux qui commencent déjà, de la haine, de l'envie, des trahisons, de tout cet enfer où s'agite la vie d'artiste et qui m'était déjà si pénible quand j'apportais dans ces luttes l'ardeur et les forces de la jeunesse. Je songe à mon jardinet paisible dont je me sens si loin et j'ai envie de pleurer ; cela me ferait un peu de bien. J'espère que tu pleureras un peu pour moi.

» Je pense aussi à mon cabinet et je te remercie de soigner mes livres. J'ai acheté pour ce lieu de repos, une statue de la Polymnie qui t'arrivera un de ces jours, avec une petite colonne de marbre sur laquelle tu la poseras. Tu placeras le tout devant la grande portière du fond qui servira de draperies. Je me fais une fête de ce petit monument; ne me gronde pas, je me suis donné également une armoire à glace pour ma chambre, mon rêve depuis quarante-huit ans!

» Le dîner d'About a eu lieu hier. Nous étions une dizaine d'invités seulement. Les dames décolletées à outrance. About a émaillé le repas d'un feu d'artifice permanent. Il est impossible d'avoir plus d'esprit comptant, et comme il était un peu monté par ses vins à trente francs la bouteille, c'était une vraie débauche de bons mots; mais les baguettes des fusées qu'il tirait à la diable pleuvaient sur la foule et plus il voyait de blessés sur la place, plus il riait.

» Le dîner était des plus fins et comme je viens de le dire, les vins d'un luxe extravagant. La petite hôtesse présidait avec beaucoup d'abandon et de grâce. Elle était gentille et distinguée.

» Je tousse encore, mais mon nez tarit. J'en profite pour t'embrasser.

» OCTAVE. »

« Ta lettre est un beurre d'un bout à l'autre et je la mange.

Paris, avril 1869.

« Tu n'es pas difficile, ma chérie, si tu es content de mes pauvres chiffons de lettres, et je le serais extrêmement si je n'étais pas content des tiennes et si la dernière en particulier ne m'avait pas doucement et profondément ému. Tu me dis des choses bien tendres et bien charmantes, quoique mêlées de chimères ; ton corps ne doit pas être jaloux de ton ombre, car si j'aime l'ombre c'est qu'elle est un reflet de ta chère personne qui, de près comme de loin, est l'occupation tendre et passionnée de mon cœur.

» Hier pour me reposer de mes sacrées répétitions, je m'imagine d'aller le soir à la revue du Châtelet. Me voilà donc parti avec un parapluie et ma lorgnette le long des quais, suis-moi bien ! Je traverse le Pont-Neuf, je longe la Seine de l'autre côté. J'entrevois dans la pluie les tours sombres de la Conciergerie et je pense à Marie-Antoinette. J'arrive à la place du Châtelet à travers un océan de boue, tout en cherchant un restaurant convenable. Je sens, ou je crois sentir que mes bottes de chasse sont traversées. Je ne puis supporter l'idée de passer une soirée avec cette impression. Suis-moi toujours. Je redescends la rue de Rivoli jusqu'à mon hôtel. Je change de chaussettes et de bottines, sauf ton respect, et me voilà reparti pour le café de la Madeleine. Après dîner, je reprends ma marche toujours dans la boue jusqu'au nez et je vais m'abattre sur le petit théâtre des Folies-Marigny, il ne pleuvait plus !

Comme je traversais les Champs-Élysées, j'ai senti une drôle d'odeur, pas très bonne, mais pas très mauvaise non plus, et cette odeur persistant, j'ai cru que c'était quelque flore exotique qui dégageait ce parfum étrange sous l'influence de la pluie du jour. Pour ne pas te faire languir, sache que c'était la soie de mon parapluie qui brûlait. Ce petit incendie allumé par ma cigarette allait se communiquer à mon pantalon quand j'ai eu la chance de le remarquer et de l'éteindre ; mais le parapluie, tout neuf bien entendu, est ce qui s'appelle flambé. Et voilà des aventures qui valent bien, je crois, celle de M. Vieux-Bois.

» Ce n'est pas fini ! Ce matin, au lever du jour, j'ai eu l'idée d'aller embrasser mon frère à Champigny. En arrivant, la pluie qui tombait encore me préoccupe fort à cause de mon chapeau neuf. Je traverse convulsivement les quais ruisselants. Je donne mon bulletin à la hâte et me voilà à couvert, merci mon Dieu! Mon chapeau est sauvé!

» Au moment où je me félicite de mes précautions économiques, sans lesquelles un personnage moins soigneux que moi eût compromis un chapeau de vingt francs, je m'aperçois que j'ai laissé dans le wagon une valise contenant pour trente-huit mille francs de valeurs au porteur que le notaire de mon frère m'avait chargé de lui remettre.

» Je pense que les employés du chemin de fer m'ont cru fou en me voyant tout à coup reparaître comme une avalanche dans les profondeurs de la gare, bouleversant tout sur mon passage. Les portes du quai étaient fermées, je les défonce et je m'élance de nouveau sur les quais ruisselants, me fichant cette fois de mon chapeau et cherchant dans une multitude de trains celui qui m'avait amené. Enfin, je retrouve le train et mon wagon, le tout se remettant en marche ; mais ma malle était là, tranquillement sur le petit petit bord de la portière ouverte semblant inviter à la prendre. Note que depuis deux jours je me tourmentais de cette malle et de la mission qui m'était confiée. Je t'assure que ma pauvre cervelle a une fuite de gaz. C'est ma pièce qui en est cause !

» Sais-tu que je commence à m'ennuyer de bavarder tout seul comme un phonographe. Ce n'est pas un reproche, bien entendu, je sais que je ne peux recevoir de lettre de toi que ce soir, mais cela me paraît bien long.

» Bonjour chère petite, je dévore déjà cette lettre qui est en chemin.

» OCTAVE. »

Paris, 1ᵉʳ mai 1869.

« Ma chère enfant,

» Comme j'arrivais hier pour la répétition, Thierry m'a annoncé qu'il comptait jouer la pièce mercredi. J'ai un peu pâli. Néanmoins je suis prêt à tout. Si ma pièce tombe, j'aurai mon roman. Je te prie instamment de faire de ton côté appel à ton courage et de me recevoir tendrement même si je te reviens vaincu.

» Ne compte plus sur mes lettres. J'aurai trop à faire. Je t'enverrai une dépêche le lendemain du grand jour. Je vais de ce pas chez Augier, le prier de m'aider de ses lumières pour les dernières répétitions.

» Quel gâchis dans ma tête, ma pauvre amie,

mais quelle tendresse dans mon cœur pour toi et pour les enfants.

» OCTAVE. »

Le 5 mai au matin, je recevais cette dépêche :

« Très belle soirée, succès assuré. Je reviens content.

» OCTAVE. »

## CHAPITRE IV

Quelques semaines passées quai Malaquais. — Les conférences de l'abbé X... — Nouvelle correspondance impériale. — Une soirée chez la princesse Mathilde.

L'hiver de 1870 se passa de nouveau à Paris, mon mari ayant à surveiller diverses affaires et de plus la reprise de *Dalila* au Français.

Je restai encore seule aux Palliers pendant les premiers mois, mais au printemps, mes amis S... m'offrirent l'hospitalité dans leur superbe demeure du quai Malaquais, ancien hôtel des ducs de Bouillon. Je ne pus résister au désir de vivre un peu près d'eux, et j'arrivai ! Quant à mon mari il continua d'habiter son hôtel de Rivoli, où il trouvait plus de liberté pour son travail, mais il venait me voir chaque matin chez mes amis, me confiant les soucis qu'il éprouvait au théâtre. Même pour une reprise il entrait dans des désespoirs fous. Quelquefois, se repentant de troubler mes joies, il laissait en partant, dans un coin de ma chambre, des fleurs, un bijou, quelque joli souvenir expiatoire qui remplissait mon cœur de reconnaissance.

Mon installation chez mon amie était délicieuse. Ma chambre et le petit salon tendus d'une perse pompadour avaient un aspect frais et jeune qui égayait l'âme. Le salon s'ouvrait sur un vaste balcon d'où l'on planait sur la cour pleine de fleurs, sur les quais, sur la Seine, sur l'enfilade des palais du Louvre.

Je ne recevais cependant pas de visites dans mon petit domaine. Madame S..., avec bonté, m'abandonnait pour mes réceptions ses immenses salons dont les fenêtres s'ouvraient sur le jardin du palais des Beaux-Arts.

Je me vois toujours faisant de la tapisserie et causant avec les amis devant ces grands arbres, ces jets d'eau, ces statues perdues dans les lierres.

— Combien il est malsain pour vous de vivre ici, me dit un jour un de mes compatriotes de passage à Paris et qui était venu me chercher dans ces splendeurs.

— Pourquoi malsain? lui dis-je.

— Parce que ces féeries vous éloignent d'une vie douce et simple, parce qu'elles vous feront trouver plus amer le retour au pays, parce qu'elles sont un danger pour une imagination telle que la vôtre.

Je ne me sentais pourtant pas en danger dans ce beau cadre et je pensais au contraire, que l'isolement, la placidité de la vie de la campagne, la mélancolie pénétrante de ses paysages morts, pouvaient plutôt troubler le cœur, lui faire souhaiter comme distraction un tremblement de terre ou un amoureux.

La mode était aux conférences et aux sermons d'un certain abbé X..., qui révolutionnait tout Paris et aussi la province. — Je l'entendis parler deux ou trois fois sans le suivre davantage.

Riche et de bonne famille, l'abbé X... avait mené d'abord la vie mondaine, hanté les salons et les coulisses, et mangé une partie de son bien en perdant la totalité de ses illusions. Dans cette défaite morale, il prit le parti d'entrer au couvent.

Mais il ne resta pas longtemps en face de ces murailles sévères, en face de ses austères compagnons; il préféra entreprendre au dehors une généreuse croisade, en faveur des mondaines égarées; avant de se lancer dans cette périlleuse campagne, il partit pour Rome, réclamant du pape ses bénédictions et ses lumières, et en plus, le titre d'évêque.

Monseigneur X..., revêtu de ses nouveaux insignes, prêcha d'abord à Paris, et la beauté de son langage, l'ardeur de ses convictions, l'étrangeté de son histoire, la distinction de sa personne, lui attirèrent bientôt le plus nombreux et le plus aristocratique auditoire. Il connaissait si bien le cœur humain, cet homme qui avait vécu parmi les hommes! Il était si intéressant dans cette chaire, paraissant tantôt brisé par les orages, tantôt vivifié par la foi, prêt à s'élancer dans le monde avec son crucifix, comme un soldat avec son épée sur un champ de bataille. Il était si touchant dans son renoncement aux joies de la vie, dans son humilité, dans son pauvre habit de moine, remplaçant les élégances de sa jeunesse. Son front, blanc comme l'ivoire, semblait renfermer tant de nobles pensées, sa large poitrine contenir un cœur si généreux, si dévoué, si aimant!

Celles qui sortaient de ses conférences consolées et fortifiées allaient chercher leurs sœurs tièdes ou révoltées et les amenaient par la main à cette source de vie.

Le jour où l'abbé X... prêchait, l'église était envahie par le troupeau féminin, c'était à qui se placerait le plus près de la chaire, c'était à qui serait sur le passage de l'abbé, à qui se trouverait dans le rayon de son regard, à qui pourrait frôler sa robe.

La lutte pour obtenir les places était une lutte terrible, on s'arrachait les chaises, on se donnait des coups. Quelques-unes des lutteuses, après avoir enfin conquis un siège et un peu de sérénité, sortaient un pain de leur poche et le croquaient timidement, en attendant la manne céleste.

Elle tombait enfin, cette manne, comme la rosée des cieux, elle nourrissait et enivrait les âmes. Entraînées par l'éloquence de l'orateur, toutes ces femmes, que la discussion avait séparées, se réunissaient dans une même admiration, dans une même componction, dans un même sanglot. Les mouchoirs flottaient au-dessus des têtes comme un signe de ralliement. Les soupirs échappés de toutes les poitrines ne formaient plus qu'une seule et même harmonie, à laquelle se joignait le bruit perlé des chapelets pressés par toutes ces mains s'élevant vers la chaire de grâce. Du haut de cette chaire, la pécheresse comme la femme de devoir, n'entendait que des paroles de paix, que des encouragements, que des mots de compassion pour sa destinée.

— Celles d'entre vous, mesdames, disait l'orateur, qui ont secoué leur chaîne et cherché le bonheur en dehors de la vérité, en dehors de la foi conjugale, dans les émotions d'une vie où le remords suit de près l'enchantement, celles encore qui n'ont jamais eu de foyer ni d'époux, qui ont traîné leur jeunesse de débauche en débauche et qui arrivent à l'heure où la beauté passe, ne gardant de leurs tristes équipées qu'abandon, misère et mépris, ces femmes, ces sœurs repoussées du monde, repoussées de la famille, ces sœurs sans asile et sans amour, méritent entre toutes nos prières, notre affection chrétienne et cette grande indulgence que le Christ répandait sur la Madeleine en pleurs.

De retour dans la sacristie, l'abbé se trouvait envahi par les Madeleines en pleurs, chacune d'elles voulait lui confier le secret de sa vie, le secret de ses fatales amours.

— Pas ici, disait-il ; là-bas, dans le recueillement du confessionnal.

Et pendant qu'il parlait ainsi, il décrivait sur ces têtes courbées un rapide signe de croix, que les diamants de son anneau rendaient brillant comme un éclair.

Il quitta Paris un beau jour, malgré les conversions qu'il opérait, malgré les ovations qui lui étaient faites, pour aller sanctifier la province. Il séjourna pendant quelque temps en Normandie et y prêcha des retraites. Il se forma un auditoire mouvant qui le suivait du Nord au Midi. Ces retraites avaient lieu, les trois quarts du temps, dans les chapelles en dehors des villes, où s'accomplissaient d'ordinaire des pèlerinages. Monseigneur X... partait dans la nuit pour arriver à l'heure de la première messe, et sa voiture était suivie d'une procession d'autres voitures où caquetait une escouade de femmes qui tenaient à faire escorte au saint des saints.

Les maris étaient furieux, et auraient lapidé de leurs mains le saint des saints qui les privait de leurs épouses, car pendant cela le ménage chômait, les enfants piaillaient et les domestiques couraient la prétentaine.

Quand ces dames revenaient le soir, après avoir entendu une demi-douzaine de sermons et flâné en plein vent sur la bruyère, mangeant du saucisson devant les boutiques de cierges et d'*ex-voto*, elles rentraient au logis d'une humeur de dogue.

Ce logis était pour elles l'expression de la banalité et du terre à terre, presque de l'immoralité! Ce mari, comme il était impie quand il leur reprochait leurs pieux exercices! Comme il était grossier dans ses moqueries ! Quelle différence entre ce bonhomme de province, gaillard dans ses propos, et ce bel et chaste évêque chamarré d'or qui aimait saintement, qui plaignait et bénissait de sa main blanche. Quel contraste avec la petite maison de famille, les vieux meubles, le jardin clos de murs et ces chapelles parfumées d'encens, ouvertes sur les campagnes en fleurs et où les chagrins de la vie étaient changés en divines extases. Tout devient dangereux, en province, pour les bourgeoises qui s'ennuient. Le gymnasiarque du cirque, le jeune médecin, le sous-préfet en uniforme, tous ces êtres qui garderaient leur vraie place dans un cadre moins rétréci, dans un milieu plus mouvementé, plus distrayant, arrivent fatalement à l'apothéose dans cette atmosphère mélancolique et ténébreuse où rien ne récrée les yeux, n'intéresse l'esprit et n'occupe le cœur. Monseigneur X... arriva et prit la première place dans cet olympe créé par ces femmes désœuvrées. Mais du haut des nuages où elles l'avaient placé, il redescendit un beau jour sur la terre, et si brusquement, qu'il ne se releva pas.

Monseigneur X..., sévèrement admonesté, par l'archevêque de Paris, reçut enfin l'ordre de rentrer dans la vie du monde, qu'il n'aurait jamais dû quitter.

Je n'ai jamais aimé ce qu'on est convenu d'appeler les prêtres en vogue ; ceux qui sortent de leur discrète réserve, de leur cadre austère et divin, pour se jeter dans la mêlée, sous prétexte d'y chercher des âmes. J'aime le prêtre qui attend dans l'ombre de sa maison ou de son église, les souffrants ou les pauvres. Celui qui éclaire et console dans les luttes de la fin. J'aime ces cœurs grands et modestes, cachant dans la retraite et dans la simplicité de la vie, les dons que donnent la foi et la science. Enfin ceux qui enseignent la religion et la charité sans bruit et qui meurent sans gloire.

Je me souviendrai toujours de l'une de ces âmes d'élite auxquelles je fais allusion, d'un saint prêtre ami de ma famille et qui vivait comme un anachorète, dans un petit ermitage aux portes de Saint-Lô. Il avait été d'abord vicaire de la cathédrale, puis on l'avait nommé aumônier de la prison à l'heure où sa remarquable parole entraînait la ville entière. Il avait quitté le succès sans regret pour se consacrer aux détenus, qu'il appelait ses « gredins d'amis ».

Chaque dimanche il prêchait dans leur petite chapelle et déployait pour eux le zèle et le talent qu'il eût déployé s'il eût parlé devant Louis XIV. Un jour, mon père obtint la permission de me faire entrer avec lui dans la chapelle; jamais mon cœur n'éprouva plus douce émotion. Deux des prisonniers servaient la messe à l'abbé, les autres, agenouillés, la tête penchée sur leurs livres, semblaient se livrer à des prières réparatrices.

L'heure de l'allocution arriva et je n'oublierai jamais l'épanouissement de ces visages de bandits, écoutant cette parole de paix et de régénération, cette parole si consolante et si éloquente, qui venait les chercher dans l'ornière où ils étaient tombés! Deux enfants de quinze à seize ans firent ce jour-là leur première communion; la messe dite, avant de les renvoyer dans leur cellule, l'abbé leur ouvrit ses bras.

— Je serai votre protecteur, leur dit-il, si vous marchez bien dans la vie.

Il tint parole et suivit plus tard ces enfants pas à pas.

Quelquefois, nous lui demandions :

— Eh bien, monsieur l'abbé, que sont devenus vos deux vauriens?

— D'honnêtes gens, répondait l'abbé triomphalement.

Je me rappelle encore que sa charité s'exerçait également sur des ménages interlopes qu'il finissait par rendre légitimes. Que d'enfants lui doivent un nom ! Il s'entendait pour cela avec mon père, et tous les deux mariaient les récalcitrants.

Parmi ces derniers, il y avait un vieux loup de mer venu des côtes du Morbihan sur les côtes de la Vire, appelé le père Gauthier et qui refusait absolument d'épouser une vieille tisseuse de laine dont il avait quatre enfants et avec laquelle il vivait depuis un quart de siècle. Le père Gauthier répondait toujours à ceux qui voulaient lui faire légitimer ses vieux feux :

— Pourquoi donc ? Ce n'est pas la peine.

L'abbé trouvait que c'était la peine pour conquérir l'autre monde d'abord, ensuite pour l'honneur des enfants et aussi pour satisfaire aux vœux de la tisseuse qui soupirait après le sacrement. Il entreprit donc de convertir le bonhomme.

La campagne fut rude et dura plus d'un an. Enfin, Dieu vint en aide à l'abbé, le vieux loup céda et la noce fut décidée. L'abbé se chargea des frais, aidé par mon père.

— J'allais m'acheter une soutane, dit-il à mon père, et quelques livres dont j'avais un absolu besoin, mais ce sera pour l'année prochaine.

La cérémonie eut lieu dans la petite église de l'hôpital où la tisseuse avait pris asile pendant les jours précédant le mariage. Les quatre enfants étaient là avec leurs propres enfants, tous bien habillés, grâce à l'abbé et à mon père. Les mariés étaient presque élégants. Je vois toujours, car moi aussi j'étais de la fête, la vieille tisseuse dans sa robe de droguet noir et rouge, avec sa coiffe bien blanche dont les ailes empesées tombaient pudiquement sur sa poitrine. Et le loup de mer, les cheveux bien peignés, avec son gilet à ramages et sa veste en drap luisant, sur laquelle était attachée la médaille militaire. Je vois tout cela comme si c'était hier, et j'entends encore le beau discours de l'abbé à ces époux de soixante ans. Comme il fut touchant en leur parlant des derniers devoirs de leur courte destinée, des dernières joies et des dernières épreuves qu'ils devaient partager, appuyés l'un sur l'autre! Comme il fut éloquent en les priant de donner à leurs petits enfants l'exemple du respect des lois et du grand amour chrétien! Quand il s'écria : « Faites de vos fils de bons catholiques et de bons soldats et vous serez la petite pierre qui consolidera le grand édifice de la patrie, » les larmes du vieux loup tombèrent sur la médaille militaire en entendant parler de la patrie. Il en versa aussi quelques-unes en regardant la vieille, recueillie humblement sur son prie-Dieu à ses côtés, et, quand après la messe, il entra fièrement dans la sacristie l'ayant à son bras :

— Allons, ma femme, dit-il, c'est permis maintenant, viens m'embrasser.

Et il la serra sur son vieux cœur rude.

Le soir, l'abbé dînait à la maison, au dessert, nous bûmes à la santé des amoureux.

Parmi les familiers du quai Malaquais où se réunissait chaque soir un grand nombre de littérateurs amis et d'hommes politiques, je voyais souvent Émile Ollivier que je connaissais déjà depuis quelques années. Je me souviens être allée le voir avec madame S... dans son petit appartement de la rue Saint-Guillaume, sombre et triste comme un puits, le lendemain du jour où il faillit être écharpé par la populace à la fameuse réunion du Châtelet.

Nous arrivâmes à midi, Ollivier n'était pas encore rentré. Il avait passé la nuit au club. Nous l'attendîmes. Il apparut enfin. Son visage ne trahissait aucune émotion, seul le désordre de sa toilette témoignait des luttes qu'il avait dû soutenir. Les pans de sa redingote avaient été arrachés.

— Je les ai domptés, s'écria-t-il en ouvrant la porte. Je leur ai imposé ma parole !

Il paraissait plus confiant que jamais dans l'avenir. Peu de temps après, il était ministre et avait à défendre le gouvernement contre les désordres que suscita la mort de Victor Noir.

C'était à ce moment-là que mon mari écrivait cette nouvelle lettre à l'Empereur :

11 janvier 1870.

« Sire,

» Que Votre Majesté me permette de lui apporter en ces jours d'épreuves, l'hommage de ma profonde sympathie. Il y a des heures où l'âme la plus ferme ne dédaigne pas le plus humble soutien. L'Empereur traverse peut-être une de ces heures-là. Au moment où il vient de conjurer par des efforts héroïques de sagesse et d'abnégation une des crises les plus dangereuses du siècle, après avoir prévu tout le possible et y avoir paré, l'Empereur se heurte tout à coup contre la chimère et le cauchemar. Il reçoit un coup qu'aucun jugement ne pouvait prévoir, qu'aucun courage ne pouvait écarter. La folie vient se jeter dans son jeu.

» Rien de plus amer ! mais, Sire, opposez à ce malheur votre patience et votre vaillance habituelles.

» Ce malheur sera vite oublié. Le sentiment public est empressé de l'oublier. L'impression qui se dégage de plus en plus est celle d'une sympathie respectueuse pour l'Empereur. On plaint l'Empereur de rencontrer dans sa marche sage et généreuse, les brutalités stupides du hasard.

» Sire, Votre Majesté recueille en ces douloureux instants les fruits de sa courageuse sagesse. Il y a quelques mois, j'en ai la profonde conviction, le malheur d'Auteuil eût créé une situation autrement redoutable que celle où nous sommes. Il eût été entre les mains de la démagogie, une arme sinon mortelle, du moins terrible, en face d'une opinion indécise et d'une bourgeoisie malveillante jusqu'à la complicité. Aujourd'hui, Sire, tout ce qui est honnête et sensé en France a pris confiance en vous, se sépare nettement des factions et par conséquent les isole. C'est ce qui fait que la crise de ce moment, si cruelle qu'elle soit, n'est point dangereuse, à mon sens. Les factieux peuvent s'agiter, mais ils ne sont pas même soutenus par cette neutralité taquine si chère aux Parisiens. Dans de telles conditions, une émeute est sans doute possible, une révolution ne doit pas l'être.

» Sire, veuillez m'excuser. Les sentiments qui

m'ont dicté cette lettre sont ceux du plus profond et du plus respectueux attachement.

» OCTAVE FEUILLET. »

L'Empereur répondit le 22 janvier, la lettre suivante :

« Mon cher monsieur Feuillet,
» J'ai été bien touché de votre lettre. Vous avez deviné les pénibles émotions que j'ai traversées ces jours derniers et vous avez compris en même temps que je saurais les dominer pour continuer la tâche à laquelle je me suis dévoué. Quels que soient les revers de la fortune, je marcherai vers l'avenir avec confiance parce que je poursuis une œuvre de progrès et que, pour l'accomplir, je compte sur le concours des hommes de bien. Je m'estime heureux, lorsque sur ma route, je rencontre des sympathies comme les vôtres. Elles me dédommagent de bien des soucis et me sont un témoignage du vrai patriotisme dont les nobles cœurs sont animés dans notre pays.
» Croyez, mon cher monsieur Feuillet, à tous mes sentiments.

» NAPOLÉON. »

Mon mari m'écrivait alors, en m'envoyant la copie de ces deux lettres, qu'il avait rencontré M. de Brissac, lequel lui avait dit que le pauvre Empereur, en apprenant le meurtre de Neuilly, était devenu pâle comme un marbre et avait murmuré tout bas : « Pas de chance ! »

Je fus plusieurs fois à la cour pendant mon séjour chez madame S... L'Impératrice, toujours belle, eut pour moi les mêmes grâces et les mêmes sourires. L'Empereur fut également charmant ; mais je le trouvai triste et fatigué. Il venait cependant de conquérir par le plébiscite sept millions de suffrages, mais le vent de révolte et d'indiscipline qui soufflait depuis qu'il nous avait donné les fameuses réformes libérales, commençait à l'inquiéter et à le faire douter de la durée de son étoile.

La dernière fois que je me rencontrai avec Leurs Majestés, ce fut chez la princesse Mathilde, un soir qu'elle donnait une fête espagnole en l'honneur de l'Impératrice. Cinquante jeunes gens des principales familles de Madrid, le masque sur le visage et dans leurs brillants costumes devaient chanter et danser devant leur impériale compatriote.

Rien de plus étrange et de plus entraînant

que ce spectacle. Cela se passait dans une salle en contre-bas, tout ornée de ces fanfreluches que portent les muletiers de Castille. Une multitude de bougies et de lampadaires brillaient dans ces décors et des glaces à demi perdues dans les draperies, en multipliaient le nombre et l'éclat.

Derrière des piliers, soutenant une galerie quadrangulaire assez élevée, pleine de fleurs et de feuillages qui tombaient en parasol et formaient un dôme, se tenaient les invités. L'Empereur, l'Impératrice, tous les princes et princesses Bonaparte, les ministres et les ambassadeurs étaient groupés sur des divans au fond de cet éblouissant sanctuaire.

Lorsque j'apparus entre mes deux piliers, la comtesse Primoli, qui m'aimai et me protégeait, me fit signe de venir m'asseoir près d'elle. Mais elle était à deux pas de l'Empereur et je n'osai. Ce soir-là, l'Empereur souffrait. Il était sombre et muet. Ses yeux ternes et fixes ne quittaient pas les dessins du tapis d'Orient qu'il avait sous les pieds et semblait leur demander la solution d'un problème. A ses côtés, était le prince Napoléon. D'où je le voyais, le corps perdu derrière les jupes des princesses, la tête seule émergeant, il ressemblait à Jules César.

L'Impératrice, enveloppée de flots de tulle maïs et de feuillages de velours marron, semblait aussi sombre que l'Empereur ; dans le bonjour qu'elle m'adressa il y avait une véritable tristesse. Son œil s'anima pourtant et toute sa personne revint à la vie lorsqu'elle entendit les castagnettes et la voix des hommes de son pays.

Les Espagnols ne dansaient pas tous. Quelques-uns, drapés dans leurs manteaux, se tenaient comme des cariatides contre les murailles. Les autres, par groupes espacés, jouaient de la guitare en renversant leurs corps ceints d'écharpes éclatantes. Les autres, vêtus en muletiers, en figaros, le masque noir sur le visage, le jarret tendu, le pied frappant le sol, les bras arrondis, secouant au-dessus de leurs têtes leurs castagnettes et leurs grelots, exécutaient avec une ardeur et une grâce suprêmes toutes les folies des boléros.

Ils terminèrent par des chants d'une gaîté sauvage et par un chœur d'adieu qui nous émut tous. Alors, l'Empereur se leva, les remercia d'une voix douce et reconnaissante, et se hâta de partir.

Comme il passait près de moi, je l'entendis qui dit à l'Impératrice :

— Sortons vite, je souffre horriblement !

Il avait ce soir-là, une atteinte de ces douleurs néphrétiques, qui devaient le tuer un jour. Quelques mois plus tard, cet homme frappé de mort sortait du palais de Saint-Cloud, montait à cheval, et à la tête de ses troupes, marchait comme une victime, à la rencontre de l'Allemagne.

## CHAPITRE V

*Les courses d'A... — La guerre est déclarée. — Ma vie aux Palliers jusqu'à mon départ pour l'Angleterre.*

Peu de temps après mon retour de Paris j'étais à A... chez miss Emly qui m'avait réclamée pour le moment des courses. C'était la veille du steeple-chasse, on prenait gaîment le thé chez mon amie, lorsque le maire de la ville qui était parmi les invités reçut une dépêche qu'il nous lut à haute voix et avec une grande émotion ; c'était la déclaration de guerre. Des cris de : « Vive la France ! vive l'Empereur ! » accueillirent cette nouvelle, et dans les rues, toute la nuit, on entendit ces mêmes cris, mêlés aux piétinements de la foule et aux chants de la *Marseillaise*. Ce jour mémorable était le 22 juillet 1870.

Le lendemain et le surlendemain les courses eurent lieu sous un soleil ardent, au milieu des joies et des acclamations patriotiques. On eût dit que ces Normands demi-Bretons qui composent la population de cette petite ville d'A... avaient oublié leur froideur habituelle et que le sang méridional coulait pour un instant dans leurs veines. C'étaient des élans, des expansions, des ardeurs jusqu'alors inconnues dans nos placides pays.

L'hippodrome se déroulait sur les jolies grèves d'où l'on aperçoit le mont Saint-Michel sortant des flots, et devant les souriants rivages de Vains dont les marronniers aux panaches blancs donnaient à la campagne l'aspect d'un bouquet de mariage.

Entre chaque course, je quittais ma voiture et marchais sur le sable fin, en agitant mon ombrelle aux franges roses. Quelques-uns de nos amis de Saint-Lô étaient là et se promenaient avec moi. Nous allions ainsi jusqu'à la mer, poussés par un vent frais, riant du plaisir de vivre. Pourtant, la plupart de ceux qui m'accompagnaient devaient partir le lendemain pour entrer en campagne.

Le soir il y eut un bal chez le président du tribunal. Je dansai avec tous ces malheureux. Cela me rappela que j'avais valsé avec M. de Froidefond la veille de son départ pour la guerre d'Italie et qu'il fut tué quelques semaines plus tard sur le corps du général Espinasse. Ce souvenir me traversa la pensée plus d'une fois en tourbillonnant au cotillon.

Cependant tout paraissait plein d'espoir. Les populations étaient dans l'allégresse. Au théâtre où je fus la veille de mon retour à Saint-Lô, un homme du parterre se leva et entonna la *Marseillaise*.

Sur cette reprise :

Aux armes citoyens,

toutes les loges s'agitèrent. Les femmes émues essuyaient leurs yeux du bout de leur gant et leurs voix s'unissaient aux voix populaires qui reprenaient le terrible refrain. Moi je restai fort effrayée d'entendre ce chant révolutionnaire dans tant de bouches honnêtes. Il me sembla qu'il nous ramenait sur l'aile du patriotisme aux heures sanglantes de 1793.

Dans la journée, pour fuir les conscrits qui encombraient les rues, nous étions allées, miss Emly et moi, courir dans la campagne. Nous nous étions assises dans ce joli bois de la Nafrée dont les ravins profonds descendent jusqu'aux grèves. Là, devant le grand Saint-Michel qui se détachait comme un géant dans les lumineux espaces, nous avions parlé de cette guerre, de ses triomphes et de ses douleurs.

— J'ai grand chagrin de vous quitter dans de pareils instants, dis-je à mon amie; qui sait quand et comment nous nous reverrons !

Et comme elle me voyait triste et préoccupée, elle me jura de faire un nouveau séjour aux Palliers avant l'automne pour me rendre ce courage qu'elle sentait fuir.

Je partis le lendemain. La route fut pénible. Le temps était orageux. L'air d'une pesanteur insupportable. Je m'endormais tout en conduisant mon cheval, et mon dernier fils assis devant moi, dans la voiture, s'en allait aussi dodelinant. De temps en temps nous étions réveillés l'un et l'autre par les chants de la *Marseillaise* qui nous poursuivaient en pleine campagne. C'étaient les soldats de la réserve dirigés sur Saint-Lô, qui charmaient leur voyage en hurlant l'hymne patriotique. On voyait passer ces hommes dans de grands breaks attelés en poste et faisant le bruit de caissons roulants, la tête brûlée par le soleil, le visage ruisselant de sueur, ces malheureux d'une voix enrouée et inconsciente criaient aux échos :

— Vive la France !

Ils me le criaient aussi en passant près de ma

voiture, tendant la main et réclamant une aumône qui devait les faire boire encore, triste début dans cette lutte avec la sévère Allemagne !

Les breaks s'arrêtèrent dans le petit village de Villebaudon. Moi-même je laissai souffler mon cheval. Pendant cette halte, les soldats s'éparpillèrent dans les divers cabarets. Un seul de leurs camarades resta dans l'un des chars. J'eus la curiosité de passer près de lui pour voir s'il était endormi. Le pauvre homme était bien éveillé, mais il pleurait.

— Ah ! me dit-il, ce n'est pas si gai que cela, la guerre, quand on a des petits enfants !

Non, ce n'était pas si gai que cela ! Pourtant, lorsque j'arrivai à Saint-Lô, je trouvai la ville en fête. Les rues pleines de badauds qui encourageaient et exaltaient les soldats, arrivant de tous les coins du département. On entendait encore la *Marseillaise*, jouée par la musique de la garde nationale qui accompagnait les conscrits jusqu'à la mairie où ils allaient prendre leurs billets de logement.

Les Palliers seuls étaient tranquilles. Quand j'y rentrai, j'y bus le repos ; jamais le jardin n'avait été plus frais, plus riant. Les allées bien râtissées pour mon retour paraissaient unies comme des rubans. On avait coupé les pelouses.

Les corbeilles venaient d'être arrosées et des parfums humides s'échappaient de leurs touffes serrées. La pompe avait passée sur les vignes vierges qui tapissaient la maison et les gouttes d'eau brillaient sur les feuilles comme de petits morceaux de cristal.

— Où est monsieur? demandai-je au jardinier qui venait au-devant de moi de l'air satisfait d'un homme qui a bien fait les choses.

— Monsieur arrive au-devant de madame.

En effet, mon mari apparaissait au détour de l'allée de tilleuls, dans sa belle robe de chambre.

Je saute de ma voiture pour tomber dans ses bras et je l'entraîne rapidement vers un bosquet solitaire où je voulais lui parler sans témoins des grands événements survenus depuis la séparation. Assis sur un banc l'un près de l'autre nous nous confiâmes nos impressions, nos espoirs et nos craintes. Mon mari avait plus de craintes que d'espoirs. Il pensait qu'à la première défaite la France s'écroulerait, que l'héroïsme de nos troupes ne serait rien devant la discipline prussienne et devant son artillerie.

Je me suis souvenue plus d'une fois depuis, de ces sombres prophéties. Elles ne m'attristèrent qu'à demi ce jour-là. J'étais trop heureuse de retrouver la maison.

Mon mari se retira de bonne heure après le repas du soir; moi, je restai debout jusqu'à minuit, mettant de l'ordre partout, souhaitant la bienvenue à mes bibelots, à mes livres, à nos vieux portraits, à tous ces compagnons de ma vie que je retrouvais dans leur immuable fidélité. La joie du retour n'est pas un vain mot. Cette reprise de possession des choses aimées a de véritables ivresses. On dirait que l'absence renouvelle les affections et donne aux objets familiers des charmes que l'accoutumance vous laissait ignorer. Votre table avec sa lampe, le vase où vous mettez une fleur, le petit couteau d'ivoire qui coupe les feuillets de votre livre sont des objets dont le revoir fait des amis.

La vie continua aux Palliers comme par le passé, malgré les grandes émotions que nous donnaient les événements. Nos soirées étaient animées par la présence des jeunes officiers de mobile qui venaient, après leur journée d'exercice, se reposer près de nous.

Quelques-uns avaient de jolies voix et chantaient; d'autres nous lisaient des journaux, d'autres dessinaient et faisaient d'affreuses caricatures représentant la Prusse, ses soldats et son roi. Qui nous eût dit alors que ces grotesques deviendraient nos maîtres?

Le préfet, le comte Malher, venait presque tous les soirs se joindre à nous et nous apporter les nouvelles du jour.

Lorsqu'il nous lut la dépêche de Sarrebrück, annonçant ce premier combat où nous étions vainqueurs, des larmes de bonheur coulèrent de tous les yeux et des hurrahs frénétiques ébranlèrent nos vieux murs.

Quelques jours avant la victoire, mon mari avait écrit à l'Impératrice la lettre suivante :

« Madame,

» Vous vous plaisez aux choses héroïques et voici que Dieu vous envoie des épreuves à la hauteur de votre âme. Jamais émotions plus grandes n'entrèrent dans un cœur plus digne de les ressentir. Je viens m'incliner à cette heure solennelle devant Votre Majesté et dépose à ses pieds les vœux que je forme pour la patrie. Vous en êtes en ce moment, Madame, la vivante image. On peut lire sur votre noble front tous les sentiments dont elle est animée. Tout ce qu'elle souffre, tout ce qu'elle espère, ses déchirements, sa fierté, son enthousiasme, sa foi. L'âme de la France est en vous !

» Soyez heureuse, Madame, soyez heureuse de voir vos destinées unies à celles de cette grande nation, si étroitement unies aujourd'hui par le danger, demain par la gloire !

» Que Dieu protège l'Empereur et votre fils !

» Je sais que ma voix est bien peu de choses en de tels instants, mais je connais le cœur de Votre Majesté, et je sais qu'au milieu de ses émotions souveraines, il accueillera pourtant avec bonté, l'hommage de ma pensée dévouée, respectueuse et fidèle.

» OCTAVE FEUILLET. »

Une semaine après Sarrebrück, nous apprenions la défaite de Wissembourg. Le ministère de la guerre envoyait au pays une proclamation terminée par ces mots : « La France en péril ! »

C'est un dimanche que cette fatale nouvelle nous arriva. Nous étions allés après la messe, chez la comtesse Malher, qui habitait la préfecture avec son fils. Comme nous montions les marches du perron, le préfet nous apparut, fort pâle, tenant la sinistre dépêche à la main. Lui aussi nous dit : « Nous sommes en péril ! » On entra dans le salon. On ouvrit sur une table une carte géographique, et le vieux comte Malher, père du préfet, qui avait été préfet lui-même en Lorraine, qui connaissait l'Alsace et ses frontières, nous démontra la marche des armées ennemies avec une saisissante clarté. Il nous dit comment elles pénétreraient dans le cœur de la France et la plupart de ses prédictions se sont fatalement réalisées.

L'émotion était générale dans notre petite ville. Chacun sortait de sa demeure pour voir la dépêche affichée sur les murs. La fièvre régnait déjà. Il circulait des menaces contre l'Empereur, qui n'avait pas su vaincre. On appelait lâche et traître le maréchal Le Bœuf, on attaquait les ministres. Le peuple humilié jetait les premiers jalons de cette guerre civile qui devait, dans un jour prochain, compléter nos désastres.

Quand nous quittâmes la préfecture, nous n'osâmes déjà plus passer au milieu de ces masses mécontentes qui nous regardaient insolemment à travers les grilles de la terrasse, nous associant dans leur sauvage ignorance aux fautes du gouvernement dont nous avions eu les faveurs. Il avait suffi d'une heure et d'un revers pour changer les sentiments honnêtes de la population. Le préfet dînait ce soir-là à la maison avec sa famille. Je me souviendrai toujours de ce pauvre dîner si triste. Le soir venu, nous marchâmes dans le jardin sous nos beaux vieux arbres, deux par deux, comme une procession de fantômes, souvent sans parler. Pendant cela nos deux fils nous suivaient, heureux et gais, illuminant leurs têtes de vers luisants et chantant comme deux oiseaux sans souci.

Cependant la gaîté devenait rare partout. Les angoisses les plus cruelles la remplaçaient. On était de longues semaines sans entendre parler de nos armées, puis arrivait la nouvelle d'une défaite. Nous passions presque toutes nos soirées à la préfecture, pour recueillir les dépêches; on y faisait de la charpie pour les blessés et on y pleurait. Quand il fallait rentrer chez soi, on sortait par des portes mystérieuses, les femmes enveloppées dans des manteaux sombres, car le peuple mécontent et toujours sur pied grognait quand il nous voyait descendre le perron. La révolution dressait la tête. Les ouvriers criaient en nous apercevant : « Ce sont ces poupées-là qui nous ont perdus ! »

Je sentais tout s'effondrer autour de moi. Je tâchais de me faire forte, mais la nouveauté du malheur m'accablait. Je tombai malade. Il fallut garder la maison pendant quelques jours. Je prévins miss Emly, elle accourut et me prêta, comme toujours, les secours de son cœur.

Un soir, plus souffrante que jamais, je m'installai sur le balcon de ma chambre, au milieu des clématites. Mon amie était près de moi. Une lampe, placée sur une table devant la porte, nous éclairait doucement et attirait les papillons qui venaient battre des ailes autour de nous. La soirée était chaude et pure. Le croissant de la lune semblait nager au-dessus des sapins. Il éclairait la petite statue de Vénus au fond de ses bosquets et répandait des rayons blancs sur les allées désertes. Partout le repos. Tous les bruits étaient endormis. La douce quiétude de la nuit n'était troublée que par le bouillonnement d'une cascade voisine et par le chant strident d'un petit râle de genêts caché dans un coin du jardin. Nous ne nous parlions point, nous pensions qu'à quelques centaines de lieues de nous, des milliers d'êtres s'égorgeaient pendant que le petit râle chantait.

Un peu plus tard, miss Emly partait pour rejoindre sa famille inquiète. J'étais mieux, mais toujours mortellement triste. La révolution devenait de plus en plus menaçante, et le souvenir de celle qui avait entraîné nos mères me revenait sans cesse à l'esprit. Mon mari ne savait rien de ces tourments. Je les lui cachais, voulant lui laisser la force de supporter l'adversité quand nous l'aurions dans toute sa plénitude.

Le jour du départ de miss Emly j'entrepris,

pour me consoler, une promenade en voiture du côté de la forêt de Cerisy; rien ne m'était doux, par ces temps troublés, comme le silence de ces grands bois. Je m'arrêtai d'abord chez mes cousins de S..., qui avaient un château près de la forêt. Ils étaient absents. Je fus reçue par le professeur des enfants, un jeune abbé, installé au château depuis quelques mois. L'abbé me proposa d'entrer quand même pour me reposer et m'offrit, un peu plus tard, une promenade dans le parc. J'acceptai de grand cœur et, tout en causant, nous passâmes du parc dans la forêt. L'abbé était charmant, instruit, comme il faut, et parlant à merveille. Je passai avec lui de très agréables instants. Il me ramena ensuite vers ma voiture et m'aida à monter sur mon haut coussin, avec la grâce d'un gentleman.

Le soir, en rentrant de mon excursion que j'avais prolongée jusqu'à Balleroy, j'appris, avec stupéfaction, qu'on venait d'arrêter et de conduire en prison mon abbé distingué. C'était un officier prussien et un espion!

La mobile se renforçait de plus en plus; Saint-Lô était rempli de troupes qui faisaient l'exercice dans tous les coins de la ville. C'étaient les fils de famille, officiers d'un jour, ne sachant pas plus le métier militaire que leurs hommes, qui instruisaient et commandaient cette jeune armée.

Deux fois par jour nous avions cinq cents hommes sur la place des Palliers apprenant le tir et la marche. Dès l'aube, on était réveillé par la voix des instructeurs et par le cliquetis des armes. Qu'était devenue la paix de nos bocages?

J'assistais quelquefois à ces exercices militaires par-dessus les murs du jardin; mais je donnais des distractions aux conscrits et je les faisais gronder par leurs capitaines. Un matin, voyant ces pauvres gens bien fatigués, j'eus la pensée de leur offrir du vin et des fruits. J'ouvris la grille du jardin et traversant les rangs, je fus demander au commandant qui paradait à cheval, s'il m'autorisait à rafraîchir ses hommes. Il m'accueillit avec bienveillance et me donna toute permission, Alors, mes domestiques dressèrent des tables, versèrent le vin, et mes fils l'offrirent aux soldats. La compagnie défila et chacun des hommes leva son verre en passant devant nous. Je remarquai beaucoup de jeunes visages abattus. Comme je refermais la grille, après avoir remercié le commandant, j'aperçus un ouvrier mal vêtu, assis au pied d'un arbre et qui avait vu circuler le vin sans en avoir eu sa part, je remplis un verre et m'acheminai vers lui avec un bon sourire : « Buvez

comme les autres, lui dis-je, c'est pour la France ! »
Il but et me rendit le verre sans dire merci,
sans même soulever sa casquette, je pensai que
si jamais le drapeau rouge flottait quelque part,
cet homme me ferait payer cher ma délicate
attention.

Après la défaite de Reischoffen et nos désastres
autour de Metz, mon mari prévoyant des désordres et des dangers pour Paris et pour la
souveraine que le devoir y retenait, résolut de
partir pour offrir ses services à cette femme
abandonnée ; je ne pus qu'approuver ses projets.
Le pauvre homme arriva aux Tuileries le cœur
dans les mains et le courage dans le cœur ; mais
on lui dit que l'Impératrice ne recevait personne ;
cependant le suisse le reconnaissant le laissa
monter. Il pénétra dans les galeries désertes et
jusqu'aux appartements particuliers de Sa Majesté.
Dans le salon, précédant le boudoir de la souveraine, il trouva mesdemoiselles d'Albe et madame
Reidel qui écrivaient à la fenêtre. Le voyant
entrer, ces dames lui firent signe de marcher
doucement, désignant la porte du boudoir qui
était entr'ouverte.

— L'Impératrice dort, dirent-elles, elle est
morte d'épuisement.

En effet, la pauvre femme venait de passer

trois nuits debout au Conseil des ministres. Mon mari causa longuement à voix basse avec ces dames, puis l'Impératrice ne se réveillant pas, il partit, suppliant ses nièces de dire qu'il était venu et qu'il attendait à Paris les ordres de Sa Majesté.

Des jours passèrent au milieu de l'agitation populaire qui croissait toujours, et les ordres ne vinrent point. Mon mari n'osa pas renouveler ses offres de service et après avoir réglé ses affaires, recueilli quelque argent pour faire face aux terribles éventualités du moment, il regagna la Normandie.

Il y eut un grand nombre de blessés à la bataille de Gravelotte et on envoyait ces malheureux jusque dans les hôpitaux des provinces de l'Ouest. Un soir, il nous en arriva une soixantaine dans les fourgons de marchandises. Je me rendis tout de suite à l'hôpital pour leur porter des secours et leur donner mes soins. Je les trouvai rangés dans un long dortoir où les religieuses circulaient comme des ombres. Leurs gémissements faillirent me clouer à la porte. J'entrai pourtant, le cœur agité et me dirigeai vers les plus souffrants. L'un d'eux, chassé de son lit par la fièvre, se tenait debout entre les rideaux, un bandeau enveloppait sa tête; je lui pris la main et lui demandai doucement de se recoucher ; alors, il souleva son bandeau et me montra à la place de l'un de ses yeux un trou béant. C'était un tout jeune homme et qui avait dû être un joli garçon. « J'aimerais mieux mourir », me dit-il en se remettant avec soumission dans son lit. J'en vis d'autres avec les jambes brisées par les obus. Un autre avait le cou fracassé par une balle que l'on n'avait pu extraire, sa tête et son visage avaient triplé de grosseur. On ne distinguait aucun de ses traits sous cette horrible enflure. Des larmes ruisselaient sur ses joues luisantes, semblant plutôt sortir du cerveau que des yeux qu'on ne voyait plus. Et celui-là avait chanté comme les autres en quittant le pays!

Les moins malades se brossaient dans la cour ou lavaient à la fontaine leurs visages noircis. Je remarquai dans ce groupe un sergent bavard et prétentieux qui tendait la jambe devant ses camarades pour leur faire admirer une paire de pantoufles vertes dont la supérieure venait de le gratifier. Quand je passai près de cet homme, lui demandant ce qui pouvait lui être agréable, il me pria, en redressant la tête, de lui donner un peigne à moustaches. Je dois avouer que le lendemain je lui en glissai un dans la main.

Je passais presque toutes mes journées auprès de ces malheureux, leur contant des histoires, disant des prières aux mourants. Le 4 septembre, ma visite fut encore plus triste qu'à l'ordinaire. Depuis cinquante-huit heures on ignorait le sort de l'armée. On savait qu'une grande bataille avait dû se livrer, mais un silence mystérieux, effrayant, avait succédé à la nouvelle répandue. Les blessés du fond de leurs lits s'inquiétaient aussi du sort de la patrie. Ils demandaient à chaque visiteur : « Des dépêches ! des dépêches ! » C'était un cri qui se répétait de dortoir en dortoir et avait une étrangeté sinistre dans la paix de cet hôpital.

Vers le soir, comme je regagnais la maison, un orage formidable éclata. Des nuées rouges et bizarres couraient sur ma tête. On eût dit que les arbres de la route, les petites maisons du faubourg, l'horizon tout entier disparaissaient dans un vaste incendie ou dans une sanglante aurore boréale.

Le lendemain 5 septembre, à quatre heures du matin, j'étais éveillée par un bruit de pas dans l'escalier et par des portes qui s'ouvraient et se fermaient sans précaution. Je sonnai ma femme de chambre, redoutant un malheur. Mon mari parut en même temps que cette fille. Il était d'une effrayante pâleur.

— Il n'y a plus de France, me dit-il, l'Empereur a rendu son épée...

Puis, éclatant en larmes et ne pouvant plus parler, il me jeta la dépêche que venait de lui envoyer le préfet et qui contenait ces effroyables mots :

« L'Empereur a capitulé à Sedan. L'armée de soixante-dix mille hommes est prisonnière. »

Moi, je ne pleurai point. L'horreur avait séché mes yeux. Je me levai, m'habillai en toute hâte et courus chez mon père que je ne voulais pas laisser seul en de tels instants. Je le trouvai courageux, prêt à tout, malgré les années et les infirmités qui arrivaient. Nous fûmes tous les deux à la messe, car c'était un dimanche que l'horrible nouvelle nous parvint. Je trouvai un peu de détente dans la paix de notre vieille église et dans l'entourage des fidèles qui pleuraient et priaient pour ce qui restait de notre malheureuse patrie.

Lorsque nous sortîmes de l'église, nous trouvâmes la foule errant tristement par les rues. On se parlait à voix basse des événements politiques qui devaient surgir après de tels désastres. On ne discutait point. La commune humiliation semblait avoir effacé la haine des partis. Vers la nuit il y eut plus d'agitation, on attendait dans chaque carrefour des nouvelles de Paris. On accusait avec violence les autorités de cacher les dépêches. Quelques amis vinrent encore ce soir-là nous voir aux Palliers. On avait besoin de se rassurer les uns les autres. A dix heures, mon valet de chambre qui était allé faire une course dans les faubourgs, rentra tout effrayé, disant que la république venait d'être proclamée, qu'il y avait grand bruit dans la ville, et qu'en regagnant la maison il avait été poursuivi par une bande d'ouvriers qui l'avaient appelé : « Chien d'habit noir. » Il n'avait pas fini de discourir que nous entendîmes au loin les cris de la multitude et le chant de la *Marseillaise*.

La panique se répandit parmi nous. Chacun voulut regagner son domicile, ne sachant plus comment tournerait la crise. Mon mari, brisé par les émotions de la journée, s'était retiré de bonne heure dans sa chambre. Je ne voulus pas qu'on troublât son repos et défendis qu'on l'avertît de ce qui se passait au dehors. Quelles heures funèbres je passai dans ces salons abandonnés! Par la porte ouverte sur le jardin, j'entendais toujours le murmure lointain des voix, et les cris de « Vive la République! » qui se détachaient comme un glas au-dessus des autres bruits. Cela me rappelait les souvenirs de mon enfance, le fatal 1848 et les histoires de ma grand'mère sur la première révolution. C'étaient de terribles cauchemars flottant dans mon esprit. Rien autour de moi n'était changé pourtant. La maison, le jardin, les chemins environnants avaient le calme et le silence des jours précédents. La nuit était brillante et étoilée comme les autres nuits. Je me demandais s'il était possible qu'à dix pas de ces solitudes et dans la paix des choses immuables, l'on proclamât la déchéance du souverain et la destruction de la France.

Pendant cela, les hurlements populaires semblaient se rapprocher de nous. Je courus alors vers la chambre de mes enfants, m'imaginant qu'on venait me les prendre. J'étais près d'eux quand j'entendis frapper des coups discrets à la porte de la maison. C'étaient quelques-uns de nos amis qui venaient nous annoncer la démission du préfet et la formation du nouveau ministère, où le nom de Rochefort figurait. Après avoir commenté longtemps l'événement, tout le monde se serra la main et se dit encore une fois : « Adieu ! »

## CHAPITRE VI

Départ pour Jersey. — Les adieux. — Installation chez Mrs Doyle.
Premières lettres de mon mari.

La marche de nos ennemis, déjà près de Versailles, épouvantait la Normandie. On s'attendait à les voir apparaître, sinon en bataille rangée, du moins en fortes escouades pour les réquisitions, les richesses du pays étant pour eux un puissant objectif.

Mon mari me dit, un soir, qu'il était décidé à m'envoyer en Angleterre avec les enfants, sentant que les communications avec Paris allaient être coupées, que l'on ne serait pas prévenu à temps de l'envahissement de nos contrées, qu'il ne voulait pas avoir à la dernière minute le souci de nous sauver de l'invasion, et qu'à la moindre alerte il nous ferait partir. Devant ces formelles intentions, je me révoltai. Je dis que je ne bougerais pas, que je voulais faire mon devoir et rester à mon poste. Que de le quitter dans de pareils instants me ferait mourir de honte et de chagrin ; à tout cela mon mari me répondit énergiquement : « Tu obéiras ! » et deux jours après, j'étais forcée d'obéir.

Ce fut le 8 septembre au soir que mon sort fut décidé ; je dus faire mes tristes préparatifs de départ pour le lendemain. Je passai la nuit à parcourir ma pauvre demeure, enlevant les objets, qui m'étaient particulièrement chers, pour les emporter en exil, fouillant dans mes papiers, brûlant mes lettres, écrivant mes recommandations à mon mari, tout cela avec résignation, mais avec la plus grande souffrance.

Quand le jour parut, j'ouvris les fenêtres, je voulais respirer cet air du jardin pour la dernière fois. Il était si joli le jardin, ce matin-là ! La pluie de la nuit avait rafraîchi les feuilles qui exhalaient d'étranges parfums. Je ne me lassais pas de plonger mes yeux dans ces fouillis humides éclairés par un soleil naissant, de considérer au fond des allées la ville lointaine, l'église, cette vieille église où je m'étais mariée, où avaient été baptisés mes enfants. Et ce coin de rempart appartenant à la maison paternelle. En reportant mes regards vers les salons bouleversés, vers les places vides, vers cette cheminée où j'avais vu les bons feux d'hiver et les amis groupés autour, mon cœur se sentit défaillir, mais j'arrêtai cette faiblesse. Il me semblait que tout mon courage se fût noyé dans une larme !

Lorsque la maison fut réveillée, j'appelai les domestiques, les priant de veiller sur mon mari et sur tout ce que j'abandonnais. Ces pauvres gens ne pouvaient cacher leur émotion ; d'une voix entrecoupée par les larmes, ils me juraient un dévouement sans bornes, un fidèle souvenir. Il fallut enlever les enfants à ces pénibles scènes, car ils étaient eux-mêmes bien ébranlés. Mon dernier fils s'en allait tristement à travers les appartements, glissant dans les malles quelques-uns de ses joujoux épars. Je me souviens que le pauvre enfant me dévoila son bon cœur d'une façon qui me toucha profondément. Comme je réglais mes comptes avec le valet de chambre, lui remettant un peu d'argent pour une femme qui m'élevait un jeune chien : « Tenez, lui dis-je, avertissez la femme que je ne peux plus rien pour le chien, qu'elle le donne ou qu'elle le tue à son gré. » Richard entend l'arrêt et suit le domestique quand il sort. « Je vous supplie, lui dit-il, ne faites pas tuer Trim, je vais donner mes économies pour qu'il soit nourri en notre absence ; »

et il tira de sa petite bourse une pièce de vingt francs, la seule qu'il possédât. Cette histoire faillit faire déborder la coupe. Je tins bon pourtant. Je déjeunai tranquillement avec tout mon monde, avec mon père et mon frère que j'avais fait prévenir de ma fuite. Quand j'entendis la voiture qui devait nous emporter, tourner autour de la maison et s'arrêter devant la porte, une sueur froide passa sur mon visage. Je regardai mon mari qui était en face de moi, il me sembla que la même douleur s'imprimait sur ses traits. N'ayant pas le courage des adieux, il se leva sans mot dire, quitta la salle à manger, je ne le revis plus ! Il avait laissé en partant sur la table, une lettre qui m'était adressée. Elle était pleine de tendresse et de conseils. Elle me parlait avec déchirement de la séparation. La séparation ! horrible mot dans lequel je m'ensevelis tout entière en embrassant mon pauvre vieux père, et en voyant disparaître la demeure où mon mari pleurait.

Je me dirigeais vers la ville d'A... où je comptais demander l'hospitalité à miss Emly et partir le lendemain au point du jour pour Granville. Là, je devais prendre un bateau se rendant à Jersey. Lorsque la voiture monta la première côte de la route de Bretagne et que j'eus perdu de vue Saint-Lô, je fis semblant de dormir pour que les enfants et la femme de chambre que j'emmenais avec moi ne troublassent pas ma pensée par leurs questions ou par leurs regrets. Dans ce recueillement qui n'était pas le sommeil, je me rappelai les différentes phases de ma vie déjà longue ; ses joies, ses fêtes, ses luttes, ses amertumes. Et ceux que j'avais aimés et que j'avais perdus et tout ce passé rivé à la patrie et dont il me semblait que j'abandonnais aussi le souvenir...

Nous fûmes reçus chez notre amie à bras ouverts. Les enfants soupèrent et se couchèrent presque gaîment. Pendant cela, nous nous enfermâmes, miss Emly et moi, dans ma chambre, nous confiant plus que jamais l'une à l'autre. Je lui dis que je la priais de m'aider à mettre en sûreté quelques papiers précieux que je lui laissais, redoutant les investigations de la police granvillaise qui traquait fort les émigrés. Ces papiers contenaient les lettres que mon mari m'avait écrites pendant ses séjours à la cour. Il y avait aussi des lettres de l'Empereur et de l'Impératrice. Quant à la tabatière que l'Impératrice avait donnée à mon mari, et sur laquelle était son portrait, je l'avais enveloppée de ouate et cousue dans ma crinoline, voulant l'emporter avec moi.

Il fut convenu qu'on emploierait les dernières heures de cette mystérieuse nuit à trouver une cachette pour le volumineux paquet que je confiais à miss Emly. Elle-même craignait un jour les visites domiciliaires. Nous nous mîmes à parcourir la maison avec une lampe. Nous fûmes même dans le pigeonnier où les pigeons dormaient la tête sous leur aile, sans s'inquiéter des révolutions ; mais aucun endroit ne nous parut assez sûr. Alors, nous dirigeâmes nos pas vers le jardin, préférant y enterrer les papiers scellés dans une boîte de plomb. Le jour allait paraître, il fallait se hâter. Je courus chercher une pelle dans le cellier et me mis à creuser la terre au fond d'un massif pendant que ma compagne, tout en portant la lampe, soutenait les branches des arbres tombant sur ma tête. Au moment où j'allais descendre mon trésor dans le trou creusé, la lune qui s'était dégagée des nuages avant de faire place à l'aurore, nous laissa voir à la fenêtre de la maison voisine, un monsieur en déshabillé de nuit qui paraissait suivre avec intérêt nos manœuvres nocturnes. Tout était découvert ! Nous ne devions plus continuer nos travaux. Je jetai la pelle avec découragement et repris la boîte que nous glissâmes de guerre lasse dans l'office derrière la provision de pains de sucre. Elle n'y resta pas longtemps; miss Emly avec son dévouement habituel me l'apporta quelques semaines plus tard à Jersey.

La voiture qui devait nous mener à la dernière étape s'arrêta à notre porte aux premières lueurs du jour. On partit, notre amie voulut nous accompagner jusqu'au bateau. Je me serrais contre elle pour me réchauffer, l'aurore étant glaciale. Je finis par m'endormir sur son épaule, bercée par la voiture qui s'en allait doucement. Alors, je rêvai que je rentrais chez moi, que je revoyais le pays et les gens aimés, qu'il n'y avait plus de guerre, que tout le monde était heureux ! Je fus rendue à la triste réalité lorsque nous arrivâmes en ferraillant sur le pont de Granville. Le bateau allait se mettre en marche. Miss Emly s'occupa de l'installation des enfants et des colis. Elle fut ensuite trouver le capitaine, nous recommandant à ses soins. Moi, je suivais tous ses mouvements avec hébêtement, il me semblait qu'elle travaillait à creuser ma tombe.

Il y avait un grand nombre d'émigrants sur le pont, on s'arrachait les places. Les nourrices installaient leurs enfants dans des couvertures sur le haut des bagages. Des vieillards aux visages mornes s'étendaient au soleil; ils étaient piétinés par les matelots, courant d'un bord à l'autre pour préparer le départ, mais comme à moi, tout leur semblait égal.

On commençait à lever l'ancre quand la voix de mon amie murmura un adieu qui me fit tressaillir. J'ouvris les bras et m'accrochai à son cou comme si j'eusse voulu l'empêcher de regagner la rive ; se dégageant de mes étreintes, elle se glissa dans la foule, s'arrêta sur la passerelle qui nous retenait encore au rivage, m'envoya de là un long baiser, puis descendit sur le quai où j'aperçus sa jupe flottante se dirigeant vers un petit roc, d'où l'on pouvait suivre pendant quelque temps le navire dans sa course. Nous étions bien loin en mer et je voyais toujours la jupe blanche se détachant sur les brumes de l'horizon. Lorsque je perdis complètement sa trace, je mis les deux mains sur mon cœur et j'éclatai en sanglots.

Les enfants pendant cela s'amusaient avec les chiens qu'une actrice, mademoiselle Crénis, traînait après elle. Cette femme s'exilait comme nous. Quand la dernière bande de la côte française s'effaça de l'horizon, je la vis essuyer une larme. J'en eus pitié et, sans la connaître, je lui tendis la main.

La traversée dura trois heures. Nous entrâmes dans la baie de Saint-Hélier par la mer la plus belle et la plus ensoleillée. Les enfants battirent des mains devant cette jolie ville de Saint-Hélier s'étendant en éventail au-dessus des flots avec son couronnement de verdure et ses maisons blanches. Nous gagnâmes les quais dans une barque conduite par des matelots coiffés de bonnets rouges, qui nous déposèrent en sifflant sur la rive étrangère.

Je louai provisoirement dans Regent-Street deux tristes chambres faisant partie d'un logement d'ouvriers dont les fenêtres donnaient sur une cour fermée par de hautes murailles. C'étaient les plombs de Venise, mais cela me coûtait très peu cher, et il me fallait faire des économies, étant partie avec six cents francs seulement. Mon mari devait m'envoyer des fonds quand il en toucherait lui-même, dans le désordre régnant.

Mes fils furent saisis de tristesse en entrant vers la nuit dans cette demeure étroite et sombre, à moitié démeublée et sentant le moisi. Ils se mirent à sangloter. Je ne trouvais rien à dire pour les consoler, pour les soustraire au dépaysement que je ressentais moi-même ; je les fis coucher, espérant que le sommeil leur donnerait l'oubli. Mais quand ils furent dans ce grand lit sans rideaux, devant ces murailles nues et qu'en jetant les yeux vers la cour ils n'aperçurent que les pierres grises et les tuyaux des cheminées voisines, ils pensèrent aux arbres, au ciel des Palliers, à leur petite chambre pleine de livres et de joujoux, et voilà que leur désespoir fut plus fort que jamais et qu'ils me dirent en levant des mains suppliantes :

— Maman, en grâce, ne restons pas à Jersey !

— Mes petits, leur dis-je, il faudra au contraire que nous y restions. Votre père nous y envoie pour notre bien.

— Est-ce que ce sera long, la guerre? demanda Jacques.

— Non, mon enfant, ce ne sera pas long ; mais quand même ce serait long, il faudrait, tout petits que vous êtes, savoir être malheureux le temps que le ciel voudra. Si vous n'avez pas de courage vous me verrez mourir.

Cette pensée leur fit rapprocher leurs deux visages du mien.

— Nous n'aurons plus de chagrin, s'écrièrent-ils en m'embrassant.

Puis fermant les yeux, ils tâchèrent de dormir.

Il y avait longtemps que je ne savais plus prier, que mon cœur se fermait quand mes lèvres cherchaient à murmurer des paroles de grâce. Dans ce moment où je vis mes enfants souffrir pour la première fois, je m'élançai vers ce Dieu oublié, qui seul pouvait les faire heureux et je lui dis : « Mon

Dieu, je vous reviens, soyez clément pour mes enfants! » Ma pauvre tête était perdue, il me semblait que je devenais folle! Toutes les douleurs amassées éclataient dans leur intensité à l'heure où la douleur maternelle était venue s'y joindre. Je me sentais enfin désarmée et la proie du malheur. Je marchais dans la chambre, puis je tombais à genoux, puis je me relevais pour m'affaisser encore. Il y eut un moment où je restai comme évanouie sur le parquet.

Ce fut alors que Mrs Doyle, mon hôtesse, eut la pensée de venir voir si je me trouvais bien chez elle. M'apercevant ainsi, elle fut effrayée et se précipita vers moi. Elle me releva, me plaça doucement dans un fauteuil, étendit mon manteau de voyage sur mes genoux, s'assit à mes côtés et me consola comme un petit enfant. Je regardai alors cette femme compatissante que le ciel m'envoyait, et trouvant en elle un brave cœur qui m'arrachait à l'abandon, je l'attirai plus près encore et me laissai glisser dans ses bras. Mrs Doyle pleurait et passait sa grosse main sur ses yeux et même sur les miens pour effacer nos communes larmes. Quelquefois je sentais sa joue sur ma joue. Elle était laide, la pauvre Mrs Doyle, mais sa laideur finissait par me paraître chère et respectable.

Je repris courage sous ces étranges baisers. Je me mis à ouvrir mes caisses, aidée de la pauvre Doyle, car ma femme de chambre restait sous l'influence du mal de mer et se trouvait impuissante à me servir.

J'espérais dormir quand le travail fut accompli et que mon hôtesse eut regagné son gîte ; mais la fièvre me prit dès que je fus au lit. Chacune de mes pulsations rouvrait comme par un ressort mes yeux appesantis. Je laissai brûler ma bougie malgré mes projets économiques, ne pouvant supporter les ténèbres, et pourtant je n'apercevais pas sans horreur ces murs dénudés, cette chambre encombrée de malles, cette fenêtre sans rideaux et le vieux fauteuil sur lequel Mrs Doyle m'avait jetée quelques heures auparavant. C'était alors que je revoyais dans un nuage d'azur la chère maison des Palliers et son maître abandonné. On eût dit que le ciel m'envoyait ces souvenirs pour éprouver mon cœur.

Sur le matin, les petits Doyle qui couchaient sur ma tête se mirent à pleurer au moment où j'avais oublié qu'il avait existé des joies et qu'il existait des peines. Leur père pour les faire taire se mit à les injurier et à crier mille fois plus fort qu'eux. Tous ces cris se confondirent bientôt avec ceux d'un malheureux porc, qu'un bou-

cher matinal égorgeait dans la cour voisine.
C'était à se croire tombée en enfer. Je me levai
avec la pensée d'errer par les rues désertes pour
trouver le calme qui me fuyait. Mais mes fils
dormaient paisiblement, je ne devais ni les
réveiller ni les quitter. Je me résignai donc à
prendre place dans le fameux fauteuil et attendre
que les cris des Doyle et du cochon fussent
apaisés.

Les environs de Saint-Hélier sont un véritable
Eldorado; mais la ville elle-même est triste et
grise; ses longues rues uniformes, ses maisons
ornées de fenêtres à guillotine, ses temples en
pierres sombres, ses cimetières qui prennent
place entre les magasins et les cabarets, vous
jettent dans la cruelle nostalgie.

La population n'est pas plus avenante. C'est
une population grouillante qui n'a ni type, ni
nationalité, qui n'est ni anglaise, ni française, ni
*elle* non plus. Une population composée de marchands, de soldats et de filles. Le tout augmenté
de ce que les pays voisins contiennent de banqueroutiers et de mauvais drôles.

Je me trouvai perdue au milieu de tout cela
quand, le soir du second jour, je courus à la
poste chercher la lettre que j'attendais de mon
mari. Elle était là, cette lettre bénie. Je me sau-

vai avec elle vers la maison et la lus à la lueur de la lampe de Mrs Doyle, car jusqu'à nouvel ordre, nous faisions ménage commun.

Saint-Lô, 14 septembre 1870.

« Enfin voilà un rayon et un coin bleu. Je reçois ta dépêche. Elle m'a tiré du trou noir où je me débattais vainement contre des fantômes. Je l'ai lue et relue toujours en parcourant ma petite allée entre mes prairies et mes pois à rames. Comme le malheur a du bon! Comme le cœur jouit de tout! Comme il savoure les moindres détails, les moindres paroles! Ces terribles événements sont plutôt faits pour ramener l'âme aux hautes croyances que pour l'en écarter. Ils ont à un tel degré l'apparence d'un fléau de Dieu, d'un châtiment! Mon âme à moi est agitée jusque dans ses profondeurs par ces coups de foudre et je ne sais si la foi n'en sortira pas. Je ne crois pas que notre nation soit condamnée à périr, mais elle est condamnée à se retremper moralement et à reconnaître qu'il y a un Dieu qui ne veut pas être trop longtemps oublié.

» Nous avons, il me semble, trop de grandes qualités, trop de vitalité généreuse, pour être menacés d'une décadence définitive, peut-être même, sortirons-nous plus puissants que jamais de ces effroyables épreuves, si le caractère national y puise, comme je le crois, le sérieux, et la vitalité morale qui l'avaient trop abandonné.

» Je me félicite de plus en plus de vous avoir éloignés, malgré le déchirement. Songe donc, ma chérie, à la complication de mes inquiétudes et de mes tourments, si j'avais attendu le jour qui sera demain, où sans journaux, sans dépêches, sans nouvelles enfin, livrés à tous les bruits, à toutes les paniques, nous avions vu s'agiter autour de nous une population effarée, qui nous aurait communiqué toutes ses impressions. Comment aurais-je pu conserver mon sang-froid? J'aurais perdu la tête. Non, ne regrette pas l'acte énergique que je t'ai demandé. Il fait ma force. Montre-toi bravement à la hauteur des circonstances. C'est le moyen d'en triompher!

» Tu m'as souvent parlé avec admiration de ces femmes du temps de la Révolution, qui savaient si bien lutter, s'aider, vivre et mourir, soit dans la tourmente, soit dans l'exil. Tu disais que dans un temps pareil tu saurais être brave comme elles. Eh bien, nous y sommes parfaitement dans un temps pareil; seulement, Dieu merci, il ne s'agit pas de mourir, au contraire, il s'agit de vivre. Il y en a tant de plus éprouvés que nous. Songe aux mères qui ont depuis un mois leurs fils devant les canons prussiens.

» Au reste, j'ai la conviction que tu vas retrouver toute ta vaillance une fois le premier moment de nostalgie et d'éblouissement passé. Alors, tu vas m'écrire de ces bonnes lettres que j'attendrai si impatiemment, qui me laisseront la force, qui me rapprendront le sourire. Tu me diras ce que tu fais, dans ce petit pays singulier. Tu me distrairas gentiment, en brave petite commère, par ces récits détaillés que tu fais si bien. Ah! comme j'aimerai ta premiere lettre un peu rassise et sereine.

» Notre ville n'est pas plus gaie que Jersey. Plus personne. Les mobiles sont partis. Delambre est toujours en fonction. Son frère est prisonnier et blessé. Son beau-frère de même. L'autre jour, à Sourdeval, on lui a amené un espion prussien, dont les lettres qu'il a lues rendaient le compte le plus détaillé de l'état du pays, des routes, des habitations importantes. Delambre allait le faire fusiller quand un ordre d'ici l'a fait transporter je ne sais où.

» Nous avons demain une grande revue de la garde nationale en armes! Ce sera terrible! Mon fusil astiqué par Auguste brille comme un soleil; mais il paraît que ces malheureux fusils qu'on nous a donnés se chargent par le canon et qu'ils partent par la culasse. On nous promet des chassepots qui feront exactement le contraire. J'ai jusqu'ici pour tout uniforme un képi, car il y a encore des doutes sur la question de savoir si on portera la tunique ou la vareuse.

» Allons, ma chérie, une petite risette et envoie-la-moi. Ce sera une nuit de bon sommeil et la pensée que tu me l'as donnée te fera dormir toi-même paisiblement.

» Tous mes baisers les plus tendres pour toi et les petits.

» OCTAVE. »

Trois jours plus tard je recevais une seconde lettre.

Saint-Lô, 17 septembre 1870.

« Non, de grâce, ne songe pas à me faire une visite. Cela me ferait perdre le courage dont j'ai besoin. Ne multiplions pas les secousses inutilement. Si tu revenais il faudrait repartir aussitôt, ce serait un déchirement nouveau. Du reste, s'il y avait péril imminent, comment se débrouiller au milieu de la panique et de la bousculade ? Nos enfants, d'ailleurs, ne peuvent être abandonnés par toi, même pour une heure. Je les veux absolument sous ton aile.

» J'espère que le repos physique va relever ton moral ébranlé. Je sais que tu as le cœur vaillant, mais les circonstances extérieures, la mise en scène des choses t'affectent beaucoup, comme tous les gens à imagination vive. Le courage manque là-dessus, mais se retrouve bientôt, Dieu merci. Je suis donc convaincu que j'ai, à l'heure qu'il est, une brave petite femme de tête et de cœur, sur laquelle je puis compter pour m'épargner toute inquiétude derrière moi et ne me laisser que les soucis d'en face. Partageons-nous le fardeau, ma chérie, et j'ai la ferme confiance que nous le porterons ainsi jusqu'au bout, sans en être écrasés ni l'un ni l'autre. Je suis à mon devoir, toi au tien. Je t'assure qu'il y a une satisfaction fière à se sentir capable de lutter contre le malheur et de le vaincre. Je l'éprouve chaque jour. J'ai eu des défaillances ; je les ai mises sous mes pieds. Je me tiendrai debout dans la tourmente et je me retrouverai debout après.

» Mais pour cela il ne faut pas un effort d'un moment, un coup de collier. Il faut un effort continu, le plus difficile de tous. On le croit même d'abord impossible et peu à peu, crois-moi, on en prend l'habitude, et l'héroïsme devient la manière d'être.

» Il y a des moments d'exaltation fiévreuse qui touchent à l'égarement. Il semble, en effet, qu'on ne pourra jamais vivre en face de telle situation, de telles idées. Un trouble profond vous traverse les moelles, cela est si nouveau, si étrange. Mais le nouveau et l'étrange deviennent l'accoutumance quand on les regarde résolument en face et aussi quand on s'abandonne à Dieu, car il y a un Dieu, vois-tu, sous quelque forme qu'on l'adore, et il secourt ceux qui se remettent entre ses mains.

» Les Prussiens sont devant Paris ou tout comme. Les trains s'arrêtent aujourd'hui. Cela va être ennuyeux d'en être réduits aux rumeurs. Enfin, tout cela finira ; c'est ce que je me répète vingt fois par jour. On s'occupe beaucoup de la paix. Elle n'est pas impossible. En attendant on fortifie les environs de Cherbourg. Il y a aujourd'hui plus de deux mille ouvriers qui élèvent des redoutes au-dessus de Carentan, à Saint-Côme. On inonde tout le pays, mais notre propriété est au-dessus de l'inondation. Enfin, on forme une ligue de tous les départements de la Bretagne et de la Normandie avec un général pour commander les guérillas. Tout ce remue ménage aura tout au moins un bon effet moral et nous évitera peut-être l'invasion de ce côté-là. En tout cas je me félicite de plus en plus du parti que nous avons pris.

» Au revoir, ma chérie. Je t'assure que c'est un petit roman qui va renouveler notre vie. Nous trouverons tout bon après cela et les souvenirs terribles seront le doux entretien de notre vieillesse.

» A toi de tout mon cœur.

» OCTAVE. »

« J'ai reçu une longue et très intéressante lettre de Laforge. Il n'accepte aucune place. Il veut défendre Paris. Il me dit des choses cruelles à propos de Sedan, mais hélas ! ! ! »

Saint-Lô, 22 septembre 1870.

« Ta lettre de ce matin me charme absolument, malgré quelques teintes sombres trop naturelles pour que j'en sois inquiet. Du reste, elle est vivante et vaillante. Elle me remplit de calme et de confiance. Je puis la relire et la relire encore, sans que mon cœur en soit amolli, tout au contraire, je te sais gré de ton courage.

» Le mien est complet maintenant, ma santé

même est excellente, je dors bien, je mange bien et je fais deux lieues à pied chaque matin. Le temps est adorablement beau par-dessus le marché, ce qui achève de me rasséréner.

» Le présent cependant est toujours bien sombre. On nous annonce que les uhlans sont à Mantes. Les digues de Carentan sont réellement coupées, les marais inondés. Les hauteurs de Saint-Côme se hérissent de canons. Pauvre France ! Quel présent et quel avenir ! L'invasion, la ruine publique, la révolution sombre et menaçante, mais toutes ces pensées accablantes, je les supporte gaillardement depuis que j'ai reçu ta lettre.

» A la nouvelle que les Prussiens étaient à Mantes, la générale a battu dans les rues et a mis la ville en émoi. On a formé une compagnie de francs-tireurs dont je ne suis pas, bien entendu, n'étant pas tireur du tout. Puis on nous a fait manœuvrer sur le Champ de Mars. Le bataillon est revenu en épaisses colonnes, tambours en tête sur la place de la Préfecture et toute cette masse d'hommes armés, défilant au milieu d'une population sérieuse et muette, avait assez de caractère.

» Je vais avoir aujourd'hui ma vareuse d'uniforme qui ressemble beaucoup à celles des mobiles. Elle est en droguet, c'est fort laid. Néanmoins je me ferai photographier dans cet attirail et je te l'enverrai, voulant te régaler de la chose.

» J'ai reçu un billet de garde pour ce soir. Je vais donc passer ma nuit au corps de garde et faire une ou deux heures de faction sous les étoiles. J'en prends gaîment mon parti et je n'en dormirai que mieux les nuits suivantes. Peut-être serai-je de garde à la prison, peut-être à la poudrière dans le petit chemin du cimetière. J'aimerais assez ce dernier poste mélancolique et poétique par ces belles nuits. J'en suis venu, Dieu merci, à jouir innocemment des côtés romanesques de cette existence étrange.

» J'ai vu ton père et ton frère. Ton père est merveilleux d'entrain. Sa santé même est comme exaltée. Il est remontant comme un rosier. Il m'a raconté que, hier, Thiers s'était arrêté à Lison, revenant d'Angleterre. Il l'a vu et il assure que Thiers paraissait assez satisfait du résultat de sa mission.

» Moi je ne suis pas satisfait de mes finances. Je n'ai pas vu mes fermiers sur lesquels je comptais pour t'envoyer des fonds. Ton père n'a pas été plus heureux et il m'a fait pressentir qu'il ne pourrait me payer ta pension ce mois-ci. On ne trouve plus à emprunter d'argent qu'à soixante ou à cent pour cent, et on n'en trouvera bientôt plus du tout. Tu vois s'il faut de la tête et du cœur.

» Au revoir chérie, encore des lettres pareilles à celle qui vient de me rendre la vie.

» OCTAVE. »

## CHAPITRE VII

Je vends mes bijoux. — Installation à Rouge-Bouillon. — Nouvelles lettres de Saint-Lô. — Quelques types anglais. — Le gouverneur. — Miss Touzel.

Les jours passaient et les six cents francs que j'avais emportés passaient aussi. Cette dernière lettre de mon mari touchant l'état de mes finances m'inquiéta tellement que je résolus de vendre mes bijoux et mes cachemires pour assurer à mes enfants et à moi le pain de chaque jour. Un vieux bijoutier de Queen-Street me paya quinze cents francs ce qui en avait coûté quinze mille. Mes châles furent achetés par une brocanteuse qui m'en donna cinq cents francs et je revins ravie chez Mrs Doyle.

Le même jour, Mr Doyle qui était mécanicien avait fait une livraison de ferrailles qui le mettait en belle humeur. C'était un robuste gaillard ce master Doyle et un homme excellent.

Je le vois toujours avec sa forêt de cheveux roux. Les favoris plus rouges encore tombant en cascade sur sa chemise de laine rayée de bleu, et ses dents de nègre apparaissant comme un clavier de piano au milieu des noirceurs de son visage, couvert de la poussière de ses fourneaux.

Aux heures où il ne soufflait pas le feu de ses forges, il sortait avec son cabat pour aller au marché, alors j'étais sûre qu'il avait une pensée pour moi et les petits boys comme il appelait mes fils. En rentrant et en me montrant son clavier jusqu'aux oreilles, il déposait sur mes genoux de belles poires enveloppées de mousse ou des grappes de raisin doré.

Chaque soir, il jouait aux dominos avec sa femme dans l'arrière-boutique pendant que j'écrivais dans ma chambre. Donc, le jour dont je parle, le bonhomme dans son contentement d'avoir fait de bonnes affaires, vint me prier, chapeau bas, de faire une partie de dominos avec lui. « Cela vous fera passer le temps », me dit-il. J'aurais aimé le passer autrement, mais pour ne pas blesser le pauvre homme, je me rendis à son invitation. On ne joua pas d'argent, nous n'en n'avions à perdre ni l'un ni l'autre; notre enjeu fut des haricots rouges que Mr Doyle sortit du fond de son cabat. Il gagna tout le temps, ce qui le fit rire de façon à ébranler la maison, et ce qui lui valut de plus, une nourriture saine pour le lendemain.

J'étais en train de remuer mes haricots, quand on m'apporta une lettre de mon cousin de R..., qui m'annonçait qu'il m'envoyait sa femme et ses petites filles, redoutant également pour elles l'invasion de la Normandie. Elles devaient quitter R..., le lendemain et arriver le soir à Saint-Hélier par un bateau à voiles qui les amènerait de Portbail. Mon cousin me suppliait de les protéger et même de vivre avec elles. Ce ménage commun serait pour nous, disait-il, un bonheur et une économie. J'acceptai ce projet avec enthousiasme, et le lendemain je louai dans le quartier de Rouge-Bouillon une petite maison dans laquelle eut lieu la réunion.

Mon brusque départ terrifia les Doyle; père, mère et enfants vinrent me conduire en procession jusqu'à ma nouvelle demeure, ou Mr Doyle glissa en partant tout ce que la Grande-Bretagne contenait de poires et de raisins.

La façade de notre maison de Rouge-Bouillon dominait le square du consulat de France. La route la plus fréquentée passait devant mes fenêtres et menait à ces jolis faubourgs bordés de villas et de jardins dont les plantations rappellent celles de Nice et des côtes méridionales. Toute la journée défilaient devant nous des voitures élégantes, de grands breaks à quatre chevaux, emportant des misses ornées de voiles flottants et des cavaliers galopant à côté et flirtant avec elles. C'était plus consolant que les affreuses chambres des pauvres Doyle. Il y avait aussi derrière la maison un petit enclos qui faisait le bonheur des enfants. On y voyait deux poiriers auxquels était suspendue une balançoire et dans le fond une basse-cour où ma cousine installa les poules et les canards qu'elle avait apportés dans son bateau à voiles. Elle avait amené aussi quelques moutons dont nous prîmes la laine pour rehausser nos matelas.

Avec son goût artistique, ma cousine fit de cette maison, grande comme une coquille de noix, un séjour confortable et souriant. Je l'aidai avec ardeur, semant partout les quelques bibelots préférés que j'avais enlevés à l'invasion. Puis nous mîmes des feuillages dans des vases de grès qui servaient à faire bouillir le pot-au-feu et nous nous crûmes chez nous.

On était en octobre et le temps était beau, presque chaud. Nous passions la plupart de nos journées sur la jolie plage de Saint-Aubin avec nos quatre enfants. Le soir, nous travaillions à l'aiguille, ma cousine et moi, ou bien nous lisions les journaux et les lettres de France. Les nouvelles devenaient de plus en plus sombres, on sentait que cette terrible guerre durerait au delà de toutes les prévisions.

Nous reçûmes un matin une lettre du curé de R... nous apprenant la capitulation de Strasbourg.

« Quatre mille Prussiens, disait-il, sont à Mantes. Le général Ulrich est à Tours.

» Trois cercueils couverts de drap d'or ont passé au milieu de l'armée prussienne qui leur a rendu les honneurs militaires. Le deuil était sur tous les visages. Que renfermaient ces cercueils ? On l'ignore.

» Bazaine est résolu à se défendre jusqu'à la fin. »

Comme note gaie le brave prêtre ajoutait :

« Notre village est tranquille. La garde nationale s'est réunie hier au nombre de quarante dans la prairie appelée la « Pierre à l'homme » ; tout s'est bien passé !

» Rien de nouveau ici, si ce n'est que beaucoup de pommes sont pourries.

» Je vous prie, mesdames, d'agréer mon profond respect.

» GODEFROID,
curé de R.... »

Je recevais également de mon mari un paquet de lettres tous les quatre ou cinq jours. C'étaient des espèces de mémoires retraçant sa vie et les événements. Je les lisais d'abord en famille et puis je les relisais avec une piété recueillie, la nuit, dans la paix de ma petite chambre.

« Il y a pourtant encore de doux moments dans la vie, me disait une de ces lettres, malgré cette existence endiablée, le bonheur se niche partout. J'en ai goûté un véritable tout à l'heure en trouvant ta grosse correspondance pour me faire accueil comme je rentrais de notre promenade militaire du dimanche. Il était une heure de l'après-midi. Je n'avais pu grignoter jusque-là que quelques croûtes de pain que j'avais fourrées dans ma cartouchière avant le départ. Juge avec quel délice je me suis installé devant une cuisse de poulet, tout en lisant doucement ta lettre, ouverte à côté de mon assiette. Enfin, j'ai oublié pour un instant toutes mes douleurs et tout a souri autour de moi.

» Les nouvelles de Paris et de la guerre sont stationnaires. Cependant il me semble que la situation est plus tendue que jamais. On vient d'appeler à un service actif en colonnes de marche tous les gardes nationaux de vingt et un à quarante ans, non mariés. Cette mesure pourrait avoir une grande efficacité si on avait des armes, mais on n'en a pas, quoique tous les conseils généraux votent des sommes énormes pour les achats de fusils. Pendant ce temps-là, l'invasion s'étale. Les Prussiens qui sentent venir l'hiver s'exaspèrent et la guerre prend de leur part un caractère plus méchant.

» En Normandie ils n'ont pas dépassé Mantes et Rambouillet. Estancelin les harcèle avec des corps de garde nationale. Ils brûlent et saccagent tout.

» Nous avons fait ce matin l'exercice à feu pour la première fois. On nous a distribué des cartouches sur la place des Palliers, après quoi, notre compagnie s'est mise en marche sur la route de Carentan. Un peu après l'auberge de la « Bonne Femme sans tête », nous sommes entrés dans une prairie où, en bataille rangée, nous avons chargé nos grands diables de fusils pour tout de bon. C'était la première fois de ma vie que je me livrais à cet exercice, et je n'étais pas le seul dans les rangs ayant cette inexpérience. J'étais au premier rang et j'avais derrière moi des gaillards qui me paraissaient fort novices. Il y a une chose qui gêne d'abord pas mal, c'est de voir passer sur chacune de ses épaules le canon et la baïonnette des deux camarades du second rang. Quand on arrive au feu de peloton, tout le monde tire en même temps, et cela produit une détonation qui vous stupéfie. On voit alors passer des éclairs et les papiers des cartouches volent comme des feuilles mortes autour de vous; du reste, c'est amusant.

» Après l'exercice à feu, il y a eu un repos, pendant lequel nos hommes ont envahi l'auberge. Pendant qu'ils buvaient et mangeaient, les uns attablés dans les salles, les autres assis à l'ombre des pommiers, je suis entré tout seul dans le petit verger de l'auberge; je m'y suis reposé sur un vieux fagot à l'abri du toit de chaume, et j'ai croqué une pomme qui était tombée par-dessus la haie; je pensais à vous, dans ce petit endroit solitaire et je priais le bon Dieu de nous réunir bientôt.

» Tu me demandes des nouvelles des gens de la maison, ils vont tous bien; mais tu sais que je n'en ai plus que trois. J'ai gardé ta vieille amie la mère Philémon. Sois tranquille, elle nettoie tes casseroles comme si tu étais là !

» Adieu, mes chers amis, grands et petits, je vous aime bien.

» OCTAVE. »

Saint-Lô, 5 octobre 1870.

« Nous respirons ce matin, ma chérie, après avoir traversé deux ou trois jours de cruelle anxiété. Comme il était aisé de le prévoir, la fausse nouvelle de la capitulation de Metz a soulevé à Paris de terribles émotions. Une insurrection a éclaté, des masses armées se sont portées sur l'Hôtel de Ville où les membres du gouvernement étaient réunis. Ils ont été retenus prisonniers jusqu'à trois heures du matin pendant que les insurgés nommaient un comité de salut public dont les principaux membres étaient Ledru-Rollin, Victor Hugo et Flourens. A deux heures de la nuit de nombreux bataillons de la garde nationale ont délivré les captifs et la tranquillité a été rétablie.

» Notre petite ville est toujours très paisible, mais triste. Cette cruelle situation, qui ne se détend pas, finit par énerver les plus vaillants. Les journées sont longues et pénibles. Les matinées seules passent assez bien parce qu'on reçoit quelques nouvelles qui occupent un moment l'esprit, et puis parce que la beauté et la fraîcheur du temps rendent un peu de ressort. On cherche en ces heures-ci la moindre diversion aux obsessions de la journée. Croirais-tu que j'en suis à désirer les jours d'exercice.

» Triste temps, où l'on a mille soucis et pas une joie. J'ai eu cependant grand plaisir à recevoir tes trois lettres. Parle-moi de plus en plus de ce que tu fais et de ce que tu vois. Parle-moi encore du révérend Gilles et fais-moi rire. J'en ai envie, mais il me faut un sujet et toi seule peux me le fournir.

» Le frère Eugène m'est arrivé de Mantes. Il a vu sur la route de très sérieux préparatifs de défense. Des troupes, beaucoup de mobiles, de redoutes et de canons. Il me paraît malgré tout bien douteux que l'ennemi pousse jusque-là, parce qu'il lui faudrait détourner une trop grande partie de ses forces. Il continue d'ailleurs à s'étendre sur la haute Normandie et la pille, sans rencontrer, hélas! grande résistance. Il occupe Pacy-sur-Eure et le charmant village de la rivière Thibouville où nous avons fait notre voyage de noces. Le chemin de fer ne va plus que jusqu'à Conches. Quelques gardes nationales et quelques francs-tireurs opposent, çà et là, une ombre de défense, mais cela est misérable. Ces petites résistances locales, partielles ne peuvent avoir aucune efficacité. Il aurait fallu jeter au-devant de l'ennemi la masse des gardes nationales de la région et le nombre aurait pu lutter contre la discipline et l'armement supérieur ; mais chacun attend l'ennemi à la porte de son village et c'est ainsi que huit ou dix mille hommes se promènent en conquérants à travers une population de deux cent mille gardes nationaux. O misères !

» Et malgré tout j'espère toujours. Paris, semble vraiment résolu à une défense héroïque. Il me semble impossible qu'on n'ait pas formé, après tout ce temps entre la Loire et le Rhône, une armée capable de marcher soit sur Paris soit au secours de Metz. Dans les deux cas, cela changerait la fortune. De plus, les campagnes pillées et saccagées ne montrent plus la fatale inertie qui les a livrées à l'ennemi. Les paysans réduits à l'extrême désespoir et n'ayant plus rien à perdre que leur peau, deviennent féroces. Ils se cachent dans les bois, coupent les convois, égorgent les traînards et commencent à faire cette guerre sauvage qui nous fut si funeste à nous-mêmes en Espagne.

» La mauvaise saison aidant, la pluie défonçant les chemins, les nuits froides fatiguant les hommes, il y a là de quoi user et ruiner en deux mois les armées allemandes et leur faire crier merci ; mais il faut que Paris tienne, que les armées s'organisent et que les provinces résistent avec plus de méthode. Il faut surtout que la France ne s'énerve pas dans les dissensions civiles. Je déplore, quant à moi, la réunion de l'Assemblée constituante dans ces circonstances. Elle ne sera qu'un foyer de récriminations, de désordre et d'anarchie. Quelle que soit sa majorité, elle ne sera pas respectée. J'aurais cent fois préféré, quant à moi, la continuation du provisoire pendant la durée de la lutte.

» Ce sont là de bien vaines paroles, ma pauvre enfant, et j'ai même peur de t'ennuyer; mais excuse-moi. Je bavarde comme une commère pour passer le temps qui est long entre le lever et le coucher du soleil.

» Ce qui est admirable au milieu de tout cela, et même la seule chose admirable, c'est mon admirable santé. Un estomac d'autruche et un sommeil d'enfant; mais plus de cheveux du tout par exemple; je n'ai plus qu'une faible couronne sur l'occiput, et qui tend même à disparaître. Je ne serai pas beau quand tu me reverras, il faut t'y attendre. C'est une chose étrange comme ces temps-ci sont peu favorables à la pousse des cheveux.

» J'ai voulu hier profiter du dernier beau jour de la saison et je suis allé me perdre dans les prairies les plus inconnues et les plus solitaires de Candol. J'ai pêché et j'ai pris un goujon en six heures. J'ai beaucoup rêvé en face des collines boisées qui s'éclaircissent déjà comme mon vieux front et au bord des mares couvertes de feuilles jaunies. Malgré la mélancolie et la solitude du lieu, mes pensées n'avaient pas le fond triste, je crois à l'avenir !

» De plus, comme rafraîchissement, ton père m'a payé ce matin ta pension. Je pourrai donc t'envoyer quelques fonds pour mettre à l'abri.

» Bonjour, enfant chérie, tu sais si je t'aime.

» OCTAVE. »

« Quel brave homme que ton père ! Je ne dis pas cela, parce qu'il m'a payé ta pension, mais je le dis pour toutes choses. »

Saint-Lô, 9 octobre 1870.

« J'ai lu ce matin dans les petits chemins de Grimouville, tes deux lettres. Je me suis un peu attendri sous l'ombre des haies ; mais doucement et sans faiblesse. Oui, mes pressentiments me montrent l'avenir au delà de cette tempête sous des couleurs heureuses. J'ai la conviction qu'en ne nous abandonnant pas, en soutenant nos courages personnels, nous gagnerons le rivage et que nous y élèverons, au milieu de nos débris, un petit édifice de paix et de bonheur. Nous ne serons pas difficiles, hélas! après avoir tant souffert. Il nous suffira de vivre, de nous aimer, d'être contents l'un de l'autre, de respirer l'air et de voir pousser l'herbe pour être heureux.

» J'ai donc savouré la douce lecture de tes lettres dans mon petit coin. Elle m'a transporté un instant, loin de cette terre maudite. Je n'ai pu lire sans émotion, la scène de l'invocation pour la France dans cette vieille église irlandaise. Je vous ai suivis sur vos bruyères, en me rappelant mes stations heureuses sur les côtes sauvages de la Bretagne. Oui, bien heureuses, quoique le bonheur de ces voyages, de ces impressions partagées ne fût pas senti par nous comme il le sera un jour, quand ces temps douloureux ne seront plus pour nous qu'un souvenir.

» En attendant, nos ennemis continuent leur marche envahissante. Ils se sont étendus jusqu'à Orléans. C'est une inondation de lave. Et toujours des bruits de guerre civile dans Paris. Lyon et Marseille sont dans une complète anarchie. Depuis les plus mauvais temps du moyen âge, depuis les Armagnacs et les Bourguignons, la France n'a jamais été dans un pareil état, livrée tout entière à une anarchie dissolvante, à demi conquise par l'étranger, pillée et saccagée par des bandes ennemies, et en même temps par les débris, les traînards, les maraudeurs des armées nationales. Pauvre patrie ! Ah ! une petite maison dans une vallée paisible entre toi et mes chers enfants !

» J'ai dîné avant-hier chez nos amis P... Ce dîner a été émaillé par la présence du père B... très démoli et de G... qui ne l'est pas du tout. Il était sous-préfet. Il s'est fait aide de camp. Il a un uniforme coquet et flambant neuf. Les moustaches bien cirées, joli, joli enfin. Mais un peu trop gai pour mon goût, et trop dédaigneux de nos pauvres gardes nationales et trop admirateur de cette admirable armée prussienne et trop parfaitement convaincu qu'il est impossible de lui résister et trop résigné à voir le père Guillaume passer sous la barrière de l'Étoile. Drôle d'aide de camp ! Si son général est du même acabit, la défense du pays est garantie. Personnellement intrépide et spirituel, charmant garçon, mais trop blagueur à l'ancienne mode et trop décourageant pour les naïfs comme moi. De temps à autre, à travers les feux d'artifice de monsieur G..., s'élevait comme un psaume la voix mélancolique du père B...

» — J'espérais, répétait-il, j'espérais que mes dernières années seraient paisibles ! »

» — Les Prussiens, reprenait G..., ils ont peur de nos baïonnettes, bien plus peur que du canon.

» — J'espérais, reprenait le père B..., que mes dernières années seraient paisibles et comment l'espérer maintenant ?

» Je termine aujourd'hui sur cette note gaie. C'est pour t'engager à me parler encore plus des gens que tu vois, des visites que tu fais ou que tu reçois. Tu écris comme si rien ne t'intéressait. Ne sois pas comme le père B... Compte sur des jours paisibles et peut-être très prochains.

» Mille baisers tendres.

» OCTAVE. »

Je faisais peu de visites et n'en recevais guère. Cependant les Français abondaient à Jersey. Par l'entremise du consul de France, le baron Chazal, je fis la connaissance de quelques préfets et fonctionnaires de l'Empire auxquels l'âge et la maladie avaient enlevé la possibilité de défendre leur pays. Je retrouvai également dans notre île mesdames Gimet, de Dampierre, de Lareinty, de Puységur et plusieurs autres amis de Saint-Lô, qui me furent toujours d'un grand charme et d'un grand secours dans mes tristesses.

Je revis également les Baroche sur cette terre d'exil. M. et madame Baroche habitaient près de nous, dans une très petite maison qui ne rappelait guère les beaux jours du ministère. Les pauvres gens avaient fui, n'emportant que de très faibles ressources. J'entends toujours madame Baroche me disant :

— Je voudrais bien avoir des draps moins rudes que ceux que nous avons en location, mais je n'ai pas d'argent pour en acheter.

Ma cousine prêta deux paires de draps à madame Baroche et ce fut dans ces draps d'emprunt que mourut l'ancien ministre.

Cette mort fut douloureuse pour tous. Nous ne quittâmes guère la pauvre madame Baroche pendant la cruelle agonie de son mari et pendant les jours qui la suivirent. Plusieurs Français, ceux-là mêmes qui devaient leurs situations brillantes d'autrefois à M. Baroche, eurent l'ingratitude de ne pas suivre le mort jusqu'à sa dernière demeure.

Quelques-uns se ménageaient l'avenir pour leur rentrée en France, d'autres étaient effrayés par une protestation des républicains de l'île qui avaient annoncé qu'une pluie de pierres et de pommes cuites serait lancée sur le cortège. Il n'en fut rien pourtant. Le très grand nombre de fidèles qui accompagnait le corbillard arriva sans encombre à la chapelle Saint-Thomas, où l'on déposa le cercueil à terre sur les dalles, entre une douzaine de cierges qui brûlèrent à peine le temps que dura la cérémonie. Rien de plus, qu'un *Dies Iræ* chanté par une voix magnifique. Ce fut l'enterrement d'un pauvre. Et pourtant, le corps qui était là, était celui du garde des sceaux de France !

Quelques Anglais s'occupant de littérature demandèrent à m'être présentés. Le nom que je portais les intéressait et leur faisait croire que je serais capable de juger et de corriger leurs œuvres.

Je cherchais à les détromper en raccommodant mes torchons devant eux, tâchant de leur prouver que j'étais plutôt une ménagère qu'une femme de lettres ; rien n'y faisait ! Ils arrivaient tous avec un poème dans leur poche qu'ils me lisaient bon gré mal gré. L'un d'eux, un petit gentleman à lunettes, avec un teint glabre, ayant sur la tête au lieu de cheveux un duvet comme en ont les jeunes merles, réclamait particulièrement mes lumières. C'était le frère de deux dames veuves que j'avais rencontrées au consulat de France. Un jour, le jeune merle me demanda un rendez-vous pour me lire une pièce de vers qui semblait passionner son cœur. Elle avait pour titre : *la Fille du Pasteur*. L'Anglais me dit en rougissant que ces vers lui avaient été inspirés par la beauté d'une demoiselle A... qui était en effet la fille d'un ministre ayant une grande situation dans l'île et qu'il comptait lui déclarer son amour dans ces vers, mais qu'il ne les lui adresserait que si je les trouvais dignes d'elle.

Il arriva donc avec son manuscrit et s'installa dans notre petit salon, perché sur une chaise comme le fils Diafoirus du *Malade imaginaire*. Il commença sa lecture. La sueur perlait sur son duvet. Ses joues blanches s'empourpraient à mesure qu'il décrivait les charmes de la fille du pasteur. Au moment où il disait ce vers :

> L'ange descend des nues et vient chercher mes lèvres

je m'écrie : « Ah ! la vilaine bête ! » Le chien de la maison, étendu à mes pieds, venait de s'oublier sur ma robe. Le charme était rompu ! Le poète amoureux se leva brusquement en bousculant sa chaise, ce qui fit aboyer le chien et même ce qui le fit mordre. Malgré mes efforts pour le retenir, l'animal effrayé essaya d'attraper les jambes grêles du pauvre garçon qui ne trouva son salut qu'en gagnant la porte de la rue. Je fus des semaines sans entendre parler de lui, ni de la fille du pasteur; mais un beau jour il revint les yeux pleins de larmes et cette fois-là sans ses vers. La fille du pasteur les avait lus pourtant, mais elle avait préféré la prose d'un major de l'armée de la reine et s'était fait enlever par lui.

Cela me rappelle une autre lecture qui eut aussi ces phases troublées. Ceci se passait à Paris. M. Henry de Bornier était venu un certain jour, me lire avec une bonne grâce infinie, un roman qu'il allait publier et dans lequel il parlait de mon mari dans les termes les plus flatteurs. Très touchée de cette confiance, très heureuse de la bonne fortune, j'avais tout préparé dans mon petit domaine pour donner le plus de prestige possible à cette fête intime et littéraire. Une table avec la carafe et le verre traditionnels, un bouquet sur la table. Un bon feu dans la cheminée. Des rideaux demi-fermés jetant un faible jour sur les tentures et sur les tableaux, enfin un air de mystérieuse poésie répandu sur toutes choses. M. de Bornier fait son entrée. Il commence sa lecture, j'écoute de toutes mes oreilles et mes oreilles sont ravies. Lorsque nous arrivons au passage d'amour, aux déclarations brûlantes du héros à l'héroïne, voilà la pendule Louis XV ornant la cheminée, qui se met à sonner tout à coup, sans repos ni trêve, comme un réveil-matin détraqué. Cette pendule qui n'avait pas sonné depuis 1776 ne s'arrête plus. M. de Bornier se tait, moi je m'agite, murmurant des excuses, essayant de couper court à cette sonnerie infernale.

Rien, toujours le même vacarme ! Enfin je suis forcée de prendre la pendule dans mes bras et de la porter au fond de la cuisine où elle continue son odieux carillon. Je suis encore à me demander ce qui était advenu à cette horloge d'un autre siècle, si elle ne renfermait pas un de ces malins esprits dont parlent les légendes. La lecture reprise, terminée, applaudie, je retrouvais ma pendule muette et elle n'a jamais sonné depuis.

Je fus mise en relations, toujours par notre consul, avec le général Guy, gouverneur de l'île et lady Guy. Tous les deux furent pour moi d'une grande bonté et quoique je n'acceptasse aucune invitation mondaine, je dus, pour ne pas blesser leur insistance, aller plusieurs fois dîner chez eux.

La maison du gouvernement était un simple cottage, situé sur la route de St-Saviour, au fond d'un parc qui descendait jusqu'à la mer.

Quand on avait quitté la route et franchi la grille, défendue par un poste de horse-guards, on pénétrait dans des allées ombreuses où les arbres les plus rares s'entrecroisaient. Quelques-uns de ces beaux arbres, isolés au milieu des pelouses, prenaient vers le soir avec leurs grandes ombres, l'aspect de monuments. On eût dit des pagodes ou des minarets égarés dans ces bocages.

L'intérieur de l'habitation n'avait aucun luxe. Dans l'antichambre, quelques meubles en acajou verni et une panoplie de cannes et de parapluies. Dans le salon, des chaises capitonnées rangées en bataille. Quelques divans, une grande table, deux vitrines où étaient enfermées des curiosités chinoises et indiennes d'un grand prix. Sur les tapis, des toiles jetées partout pour empêcher les pieds d'user la laine.

Lady Guy recevait dans le salon aux toiles protectrices. Elle écrivait presque toujours à l'ombre d'un bouquet bien raide qui ornait la grande table, ou se chauffait les pieds à un petit feu qui brûlait derrière un garde-étincelles, représentant un monstrueux éventail. Comme j'aurais aimé, à sa place, donner un coup de talon dans l'éventail et rôtir mes bottines sur deux bons petits chenets.

On voyait que lady Guy avait été de la plus

grande beauté. Ses traits étaient encore d'une pureté parfaite, quoiqu'ils eussent vu cinquante printemps. Elle avait le tort de dédaigner la mode, d'enfermer ses belles hanches dans un fourreau de soie, pareil à la chemise d'une momie, de relever ses beaux cheveux en petit monticule sur le sommet de sa tête et de placer, sur le petit monticule, un bonnet ressemblant à une assiette. Mais tout cela disparaissait devant son intelligence supérieure, devant une éducation exceptionnellement distinguée, devant une âme bonne et tendre.

Quant au général gouverneur, c'était un grand beau général en cire. Quand il avait son uniforme rouge, son chapeau à panache blanc, et qu'il se tenait raide, bien brossé, bien frotté, bien luisant, on eût pu croire qu'il sortait du cabinet de madame Tussaud, de Londres. Néanmoins, très grand air. Un beau visage calme, de longues moustaches blanches, de belles mains un peu goutteuses, mais très soignées, beaucoup de grandeur dans les manières, beaucoup d'élévation dans les sentiments et, de plus, une grande bonté, s'abritant sous les apparences d'une froideur mortelle.

Il parlait très peu notre langue et la comprenait très mal, mais comme il était très poli, quand il recevait des Français, il se donnait une peine pour discourir, qui lui faisait perler la sueur sur le front. Il m'a raconté ainsi plus d'une fois ses guerres de l'Inde, les fameux combats des cipayes et leurs horribles massacres. Un jour, étant entré dans l'habitation d'un officier anglais, comme les cipayes venaient d'en sortir, après avoir tué domestiques, femmes et enfants, il trouva les salons encore remplis de sang. On voyait de grandes nattes de cheveux collées aux murailles par des lambeaux de chair. A terre, des petits souliers d'enfants avec les pieds coupés restés dedans, et sur les meubles, d'autres fragments humains dévorés par les insectes et répandant une odeur de charnier qui fit évanouir plus d'un soldat.

C'était plutôt en dînant que le général me régalait de ses effroyables récits, aussi je ne mangeais guère. La table était cependant magnifiquement servie et à la française. Il y avait aussi un grand luxe de cristaux, de fleurs et de vaisselle plate. Avant de commencer le repas, le général debout, la tête baissée, entouré de ses convives, disait au nom de tous le *benedicite*. Hélas ! ce n'est pas en France, que nous saurions mêler ainsi le devoir au plaisir !

Sur cette route de St-Saviour, devant le

palais du gouvernement, s'élevaient de grandes haies, toujours vertes, derrière lesquelles se cachait une petite maison blanche et proprette, appartenant à une vieille demoiselle charitable qui élevait de jeunes aveugles. Elle s'appelait miss Touzel et je la rencontrais parfois chez ses voisins, les Guy. Je conquis bientôt son affection et elle finit par m'introduire dans son ermitage et m'initier aux mystères de sa basse-cour et de son potager. Puis elle me parla des malheurs de la France avec une sympathique bonté m'encourageant à lui dire mes propres peines.

— Venez, me dit-elle, venez souvent vous reposer dans la paix de ma petite maison.

Elle avait une servante qui me rappelait la Pegotty de Dickens. Quand cette brave fille me voyait pleurer, elle s'essuyait les yeux avec son tablier et courait me chercher des gauffres dans l'office pour me consoler.

Miss Touzel faisait de longues courses dans la campagne. Elle avait toujours des pauvres à visiter ou des révérends à consulter. Quelquefois, elle m'entraînait dans ses pieux voyages ; alors je montais avec elle dans son panier, attelé d'un cheval qu'elle conduisait elle-même, et nous disparaissions toutes les deux sous les berceaux d'arbres entrecroisés, qui abritent les routes de Jersey.

Chemin faisant, elle m'ouvrait son cœur. Elle me racontait son enfance, privée de ses parents, sa jeunesse attristée par la mort de son fiancé. Elle me parlait de ses bonnes œuvres, qui étaient désormais tout l'intérêt de sa vie ; et quand l'émotion la gagnait, elle abaissait sur son visage son grand chapeau de bergère, pour me cacher sa faiblesse.

Tout en trottant sur la route, elle m'encourageait à aimer Dieu, ce Dieu qui l'avait sauvée du désespoir. Elle récitait des prières qu'elle avait composées dans des jours de deuil et des versets de la Bible, propres à calmer la douleur. Quand elle en était aux versets, c'était un fleuve qui roulait. Elle s'animait comme si elle eût fait un sermon, et se levant et gesticulant, elle oubliait de diriger son cheval qui s'en allait dans le fossé et se mettait à ruer pour se dégager de l'ornière. Les dangers que nous courions, les cris que je poussais, n'arrêtaient pas la psalmodie et les inspirations de miss Touzel. Le nez tourné contre la haie, le corps secoué par les ruades de la bête, elle continuait à crier : « Jérusalem ! Jérusalem ! »

Un jour, il y eut gala en mon honneur chez miss Touzel. Elle invita six vieilles filles de ses amies à dîner avec moi, et pour égayer la fête, donna à chacune d'elles le nom d'un brillant cavalier. Moi, je ne perdis ni mon nom, ni mon sexe, et dus recevoir les hommages des six demoiselles transformées en gentlemen. L'une d'elles s'appela le colonel le Couteur. L'autre Mr Grove, en souvenir de l'aide de camp du gouverneur. Une troisième prit le nom du général Guy lui-même. Le général était une petite bossue, ce qui fit rire la servante Pegotty, qui assistait à cette comédie en mettant son couvert.

Le salon, qui ne s'ouvrait qu'à Pâques et à Noël, s'ouvrit pompeusement ce soir-là. Il était rempli de coquillages et d'animaux empaillés, que le frère de miss Touzel avait rapportés de ses voyages. C'était un marin distingué. Tous ces squelettes exhalaient une odeur qui faisait éternuer le colonel le Couteur, assise dans un fauteuil, en face de Mr Grove, qui tricotait.

On passa dans la salle à manger. Pégotty avait fait de merveilleuses pâtisseries, que les six gentilshommes dévorèrent à belles dents! On but du vin du Cap, rapporté par le marin distingué, en même temps que les squelettes. On prit le thé. On chanta debout le *God save the Queen*. On rentra dans le salon où nous attendaient les coquillages. Miss Touzel, après avoir déposé un abat-jour à dessins diaboliques sur la lampe au pétrole, courut chercher des petits brins de paille, avec lesquels nous dûmes tresser des chapeaux, pour les jeunes aveugles que miss Touzel protégeait. Pendant que je me livrais à ce travail, en compagnie des vieilles filles et des animaux empaillés, je me rappelais les bals des Tuileries, le souper de la duchesse d'Albe, les chasses de Compiègne et tous les souvenirs de ma vie heureuse.

## CHAPITRE VIII

*Nouvelles lettres de mon mari.*

En échange des pauvres récits que j'envoyais régulièrement aux Palliers, je recevais toujours d'intéressantes lettres de mon mari :

« Tu te trompes bien, me disait-il dans l'une d'elles, si tu crois que les détails que tu me donnes me paraissent insignifiants et ennuyeux. Ces petites choses me charment, au contraire. Je les lis avec bonheur, comme j'écoute quelquefois des chants d'oiseaux, qui me bercent l'âme et me font oublier un moment les douleurs poignantes du temps présent. »

La lettre datée du 17 octobre, continuait ainsi :

« J'ai peur que les tempêtes de ces jours passés ne retardent l'arrivée du courrier de Granville. Le temps est plus beau ce matin, il a même gelé cette nuit, ce qui nous a donné le signal du déménagement des orangers et des bancs du jardin. Tout cela est en train de s'installer dans nos salles basses, où je ferai faire du feu quand le besoin s'en fera sentir. Je te dirai que le petit géranium, qui avait poussé sous la table rustique, devant la porte du salon, a été recueilli précieusement par mes soins, et que tu retrouveras cet objet aimé avec tous les autres.

» Revenons à cette triste guerre. Les nouvelles de Metz sont défavorables aux Prussiens. Bazaine et son armée se portent bien et déciment l'ennemi par des coups de chien répétés. Le bruit court que le prince Frédéric-Charles aurait été tué. Le roi de Prusse en est réduit à appeler de nouvelles levées et à demander à l'Allemagne jusqu'aux enfants de dix-huit ans. Il est de plus en plus clair qu'il ne peut se tirer de là que par une victoire complète et définitive ; c'est-à-dire par notre écrasement absolu. Autrement, l'Allemagne, exaspérée de tant de sacrifices, s'ils n'étaient pas payés d'immenses résultats, le vomirait, lui et sa race.

La lutte dans ces conditions prend un caractère

effroyable et qu'aucune guerre européenne, dans les temps modernes, n'a présenté au même degré. L'ennemi sent de plus en plus qu'il y va de sa ruine ou de la nôtre. Il agit en conséquence et nous fait une guerre impitoyable, dont nous ne nous relèverons pas de cent ans. Tous les ménagements usités dans les guerres modernes sont méconnus de plus en plus dans l'exaspération mutuelle des peuples. Il n'y a plus de droit des gens, du moins pour les Prussiens qui brûlent, volent, violent et fusillent à tort et à travers. Pour nous, jusqu'ici, notre tempérament bienveillant, chevaleresque, nous fait encore respecter les vieilles lois de l'honneur militaire ; mais il est impossible que de tels procédés n'amènent pas prochainement des représailles féroces et trop légitimes.

» Nous avons reçu ce matin des nouvelles du petit combat de Pacy-sur-Eure et sur l'occupation de ce bourg par les Prussiens. Un seul garde national d'Évreux a été tué, c'était un pauvre coiffeur.

» Et pendant cela, les discordes civiles ne se calment pas dans le Midi. Les comités révolutionnaires y ont remplacé à peu près partout les conseils municipaux. On ne sait au reste que vaguement ce qui se passe. Ce qu'il faut craindre le plus, c'est la misère, qui pourrait fournir une armée terrible au désordre. Déjà, tout est hors de prix et l'ouvrage manque dans les pays que la guerre a épargnés comme dans le nôtre. J'entendais hier, des femmes pleurer et crier dans la rue, derrière le tambour qui annonçait l'élévation du prix du pain. Quand on songe que nous sommes au temps des semailles et que tant de terres foulées par l'ennemi vont rester en friche, cela fait frissonner. Il est presque impossible que nous n'ayons pas l'an prochain, pour tout couronner, une disette sans exemple dans les temps modernes, une vraie famine, comme au moyen âge pendant les guerres des Anglais.

» Oui, je le sens et je le vois, il y a dans ces grandes catastrophes où nous nous débattons, un signe manifeste de l'intervention providentielle dans les choses humaines. Cette soudaine explosion de barbarie, au milieu de notre civilisation raffinée, cette guerre sauvage aux portes de Paris, ces parcs, ces jardins, ces villes, ces palais ruinés et ensanglantés, cette nation superbe et charmante, la première du monde, foudroyée en un instant et foulée aux pieds des chevaux barbares ; tout cela n'a-t-il pas au plus haut degré le caractère d'un fléau surhumain ? Tout cela ne fait-il pas songer à ces grands cataclysmes de la nature, qui éclatent brusquement pour couvrir d'un déluge d'eau ou de feu, quelques terres maudites? N'est-ce pas comme une nuée, un abîme qui s'entrouve tout à coup dans la profondeur du ciel et qui laisse voir Dieu? Y a-t-il dans l'histoire des mondes, dans les pages légendaires où la main divine s'appesantit sur les nations coupables, y a-t-il rien de plus saisissant?

» Point de société sans Dieu! La nôtre a voulu s'en passer, c'est l'impossible même, car tous les autres sentiments qui forment les liens sociaux sont liés aux mêmes sentiments religieux. Si notre nation se relève de ce désastre, ce sera par une puissante réaction religieuse; autrement, ma conviction est qu'elle ne se relèvera jamais. Mais le malheur est un grand maître.

» Bonjour, mes enfants chéris, je vous embrasse de toute mon âme.

» OCTAVE. »

« Le pauvre Mérimée vient de mourir à Cannes. La tristesse des événements aura hâté sa fin. »

Saint-Lô, 22 octobre 1870.

« Je monte la garde demain, au point du jour, près de la demeure de ta sœur Julie. Je lui ai donc écrit le billet savoureux que voici :

>Ma très chère Julie
>Ton frère te supplie
>De consacrer ce soir tes soins hospitaliers
>Au militaire des Palliers.
>Dis à la Justine
>Qu'elle serait divine
>De mettre mon matelas
>La tête haute et les pieds bas.
>Et là-dessus, ma très chère,
>Ormeau dont je suis le lierre
>>Excuse-moi
>>Et tout à toi.

» Le tout, ma chérie, pour te prouver que cette vieille gaîté française trouve encore son heure, et que je ne suis pas du tout disposé à me suicider, comme tu me fais l'honneur de le croire. Quelle bête d'idée, par parenthèse! Je te jure que je ne fais pas si bon marché de ma peau, et que je suis prêt, au contraire, à la défendre comme la plus sainte des reliques.

» La dépêche d'hier soir parle d'un combat assez sérieux sous Besançon, dont le résultat ne serait pas encore connu. Cela n'a pas une mine très favorable, mais l'ensemble des nouvelles données par les journaux du matin est plus rassurant que de coutume.

» Voici, en particulier, une dépêche qui n'a pas un caractère tout à fait officiel, mais qui semble pourtant authentique. Je te la donne textuellement, d'après l'agence Havas :

Tours, 23 octobre. — Londres, 22 octobre, soir.

« Après le conseil des ministres qui a été tenu jeudi, le gouvernement anglais, prenant l'initiative, a fait vendredi, à Tours et à Berlin, une proposition d'armistice. Toutes les personnes neutres approuvent la démarche de l'Angleterre. Les dépêches de Vienne et de Londres expriment l'espoir que les négociations aboutiront à un heureux résultat. »

« Je n'ai pas besoin de te dire l'extrême gravité de la nouvelle si elle se confirme. Il ne faut cependant pas se faire trop d'illusions, la paix est bien difficile; mais enfin, pour la première fois, on semble s'en occuper sérieusement. C'est déjà quelque chose. En attendant, il paraît qu'on va appeler tous les hommes valides, mariés ou non, et j'entendais hier dans la rue, des femmes du peuple crier qu'elles se feraient tuer, plutôt que de laisser partir leurs maris. Elles me criaient même cela aux oreilles, avec affectation, comme si j'avais été le gouvernement. Cette irritation si rare dans nos mœurs locales est un symptôme sérieux. Il en est pour l'argent comme pour les hommes; les paysans récalcitrants pour le paiement de l'impôt, parlent de se révolter si on les presse.

» J'ai vu hier un bonhomme de Batignolles, réfugié ici avec sa famille. Il m'a dit que Paris est à toute extrémité, qu'on y éprouve déjà les horreurs de la famine, que les femmes ne peuvent plus allaiter leurs enfants. Bref, que Paris n'aurait plus qu'à se rendre un de ces matins. Attendons, et espérons toujours, malgré le bonhomme.

» J'ai vu aussi de Bonnemains, engagé comme officier dans les éclaireurs de la Manche. Il a l'air complétement découragé. Il m'a dit qu'il était dans une vraie détresse, ne sachant plus comment vivre, ni comment faire vivre sa femme et ses enfants qui sont en Suisse.

» Pour moi, j'ai dû suspendre le paiement des gages de mes domestiques. Je ne sais vraiment pas, avec la tournure que cela prend, comment je soutiendrai les charges, si réduites pourtant, qui me restent. Mais allons, encore une fois, ne tournons pas au drame, cela s'arrangera.

» Portez-vous bien, mes chers bien-aimés, et aimez bien votre pauvre exilé, car c'est moi qui le suis.

» OCTAVE. »

Saint-Lô, 1ᵉʳ novembre 1870.

« La douloureuse nouvelle de la capitulation de Metz est venue hier nous consterner. Il semble que l'abîme où nous tombons, de chute en chute, n'ait pas de fond. Aucune des stations de ce calvaire ne nous est épargnée.

» C'est encore une douleur pour moi que de t'apprendre ce nouveau désastre, et c'est pourtant une consolation que d'épancher avec toi les sentiments dont mon cœur est plein. Plus que jamais, ma chère bien-aimée, n'ayons l'un pour l'autre que des paroles de tendresse et de confiance, en ce moment de deuil, d'affliction et de danger.

» Nous avions passé la journée d'hier à la campagne, mon frère et moi. Nous avons trouvé, au retour, la ville agitée par cette nouvelle sinistre. Elle a été annoncée à la France par une proclamation du gouvernement de Tours, très violente contre Bazaine, qu'elle accuse de trahison. Du reste, aucun détail sur le fait en lui-même, mais les journaux du matin, confirmant le désastre dans toute sa plénitude, contiennent des renseignements qui représentent l'armée de Bazaine comme réduite aux dernières extrémités. C'est Changarnier qui aurait traité avec le prince Frédéric-Charles, et Changarnier ne peut être suspect de complicité avec le gouvernement déchu. Tous ces faits sont encore bien obscurs, mais le malheur est trop certain. Je ne puis croire à la trahison d'un homme qui s'est battu en héros depuis plus de deux mois, et auquel je ne vois aucun intérêt à trahir, car pour qui cela est-il bon? Toutefois, je ne comprends pas que Bazaine n'ait pas essayé d'un coup de désespoir qu'on attendait de son énergie.

» Il est à craindre que cette catastrophe, surtout présentée comme acte de trahison, ne surexcite terriblement les passions populaires. Il est difficile d'espérer que la guerre civile ne vienne pas à bref délai couronner nos misères. Quelle fin à tout cela? Il est impossible d'en concevoir une vraisemblable. Les négociations entamées pour l'armistice vont être probablement rompues par cet événement, qui va rendre les prétentions de la Prusse plus écrasantes. Je pense qu'on va faire un appel désespéré à toutes les énergies nationales. Nous nous battrons encore comme la malheureuse Pologne, jusqu'à la destruction, et peut-être, est-ce ce qu'il y a de mieux pour notre honneur.

» Redoublons de courage, ma chère enfant, devant ces redoutables complications. Pour moi, je nourris encore quelques illusions. J'ai été d'abord atterré par ce coup de foudre, mais je me suis vite remis et j'ai repris ma fermeté.

» Notre correspondance quotidienne, si douce et si précieuse d'ailleurs, a un inconvénient que les longues intermittences des courriers aggravent encore. Je te fais partager mes impressions à mesure qu'elles se produisent; ces impressions de chaque jour, toutes fraîches, non digérées et non réfléchies! Je t'envoie ainsi des espérances, de petites gronderies auxquelles je ne songe plus quand elles t'arrivent. Il n'y a plus que les tendresses qui restent toujours vraies et inaltérables.

» Nous avons trouvé hier soir, en rentrant, une carte de P... qui nous priait à dîner, mon frère et moi. Ce fut un bonheur pour nous de ne pas rester en tête à tête sous cette récente et cruelle impression. Nos amis étaient consternés comme tout le monde. G... avait reparu et dînait avec nous. Il était lui-même triste et grave. Il s'était dépouillé de son bel uniforme peu convenable dans la circonstance. M. K... dînait aussi. Il parle bien, avec esprit et s'écoutant beaucoup. Son pessimisme est atroce et démoralisant au suprême degré. Il voit les Prussiens au Mans dans huit jours, à Caen dans quinze, à Cherbourg dans un mois; bref, la France absolument conquise, asservie, et dévorée en même temps par la plus horrible guerre civile; et tout cela dit d'une voix douce, d'une voix de ténor, avec un sourire glacial de diplomate, et ce quart de moustaches poivre et sel qui devait faire l'admiration des grisettes quand il était officier de cavalerie, et qu'il croit encore adorables.

» — Enfin, que reste-t-il donc à faire? lui a demandé P... timidement.

» — Se faire tuer, a répondu le grand homme avec son aimable sourire et son timbre douçâtre.

» Il est certain que la crise n'a jamais été si forte, mais ce n'est pas avec ces mines de mouton enragé qu'on conjurera le danger. C'est en espérant toujours, en s'encourageant soi-même, et en encourageant les autres à outrance!

» Ma chérie, je suis bien à toi de tout mon pauvre cœur.

» OCTAVE. »

Saint-Lô, 7 novembre 1870.

« Chère enfant,

» Je suis resté trois jours sans t'écrire parce que j'ai été envoyé à Avranches par notre conseil municipal pour quêter des canons. Ton père est à Mortain pour le même objet. Dans tous les coins du département il se forme des souscriptions pour un achat d'armes, mais jusqu'ici les bourses épuisées ne fournissent pas grand'chose.

» A peine arrivé à Avranches, j'ai reçu l'ordre d'interrompre mes négociations et de rentrer à Saint-Lô, où j'ai reparu à la nuit tombante. J'ai eu un moment d'émotion en apercevant nos Palliers, nos sapins et cette vieille maison solitaire où le silence et les ténèbres me faisaient accueil.

» Ce voyage d'Avranches m'a laissé de bons souvenirs. J'ai été heureux d'abord de me trouver en rase campagne, de voir des fermes, des poules, des villages paisibles, de sortir un moment de cet enfer d'agitations et de soucis où nous vivons. Heureux de voyager dans cette même voiture qui vous a emportés, avec les mêmes chevaux, tout mauvais qu'ils sont. J'ai déjeuné dans cette auberge de Villebaudon à laquelle ton souvenir était aussi attaché. J'ai voulu m'asseoir sur le bord de cette route où tu as versé tant de larmes. J'ai été heureux encore de retrouver cette bonne miss Emly, affectueuse et attendrie, m'attendant à la porte de l'hôtel de Londres, où elle avait bien voulu me retenir une chambre. Le lendemain, quand j'ai été déchargé de ma mission, elle m'a proposé une promenade à l'île Manière et nous nous sommes embarqués tous les deux dans la voiture qui m'avait amené. Le temps était malheureusement très brumeux et très sombre et plus malheureusement encore nous venions d'apprendre qu'il ne fallait plus compter sur l'armistice, ce qui nous consternait l'un et l'autre. J'ai donc peu joui de la promenade qui, sous de meilleures impressions, m'eût intéressé.

» Cette propriété de l'île Manière est un domaine princier. Le parc est plein d'arbres rares, de ponts rustiques, de grands vases en marbre blanc, et dominé par cette magnifique futaie que tu dois te rappeler et qu'on aperçoit de deux ou trois lieues à la ronde. Une rivière, où la mer monte aux grandes marées, fait mille plis et replis tout autour de ce beau lieu, et des troupeaux de belles vaches lustrées paissent dans les immenses prairies, entre les massifs, comme dans les grands parcs d'Angleterre. Le château, un peu triste et bas, est habité en ce moment par un abbé allemand, précepteur, ou plutôt gouverneur des quatre enfants tout jeunes, du propriétaire M. Marquis. Miss Emly a fait demander cet abbé qu'elle connaît, et nous avons vu paraître un grand jeune homme élégant et distingué n'ayant d'un abbé que les souliers à boucles d'argent. Il nous a promenés dans les serres, dans le parc, dans la chapelle avec une grâce et une obligeance parfaites. Quoique Bavarois, il déteste les Prussiens, mais comme les gens du pays sont peu capables de saisir cette nuance, il lui est recommandé de vivre avec la plus grande prudence. Il ne sort jamais de ce château sombre où il veille avec une vieille gouvernante sur les babies qui lui sont confiés. Madame Marquis, enfermée avec son mari dans Paris, n'a pas eu de nouvelles de ses enfants depuis six semaines. Elle ne sait s'ils sont morts ou vivants. Elle écrit des lettres désespérées, auxquelles il aurait été impossible de répondre jusqu'ici, mais précisément, le jour de notre visite, l'abbé venait d'apprendre qu'on pouvait envoyer des dépêches à Paris par les pigeons voyageurs et il s'apprêtait à profiter de cette voie fantastique pour rassurer cette pauvre mère.

» Nous sommes rentrés à Avranches à la nuit et, un instant après, j'allais prendre ma part d'un véritable banquet que notre amie m'offrait chez son père. Ces gens d'Avranches sont moins malheureux que nous, au lieu de perdre leurs amis, ils ont fait des recrues. Leur jolie petite ville se trouvant à l'extrémité de la pauvre France et près de la mer est un refuge assuré où l'émigration afflue de préférence. Ils ont du mouvement, des distractions, et ne sentent pas ce vide affreux qui s'est fait partout. Mais d'autre part, ils ne sentent pas leur bonheur, n'ayant pas éprouvé le pis, ils sont aussi misérables que d'autres.

» Cinq lettres de toi, hier, au débotté, c'est-à-dire une pluie d'étoiles, un vrai bouquet d'artifice. J'en ai encore les yeux et le cœur éblouis.

» Merci, je t'aime bien.

» OCTAVE. »

Saint-Lô, 2 décembre 1870.

« Ah! ma mignonne, quel vilain ciel sombre aujourd'hui! Il n'est pas trois heures et je suis obligé d'avoir une bougie allumée pour t'écrire. Un froid noir avec cela et, brochant sur le tout, de continuelles détonations comme si la bataille était à nos portes. Ce sont les mobilisés qui font des feux d'ensemble sur la route d'Isigny. Il y a des décharges qui font le bruit d'une maison qui s'écroule. Tout cela, sous ce ciel gris, sur cette terre gelée, dans le crépuscule polaire est d'une gravité terriblement mélancolique.

» Par-dessus le marché, nous voilà encore une fois tombés du haut de mes espérances. La dépêche d'hier soir annonçant la retraite de l'armée de la Loire sur Orléans nous a consternés. Il est impossible qu'un mouvement de découragement, si contraire aux combinaisons clairement indiquées par les exigences de la situation, se soit opéré sans quelque demi-désordre inavoué. Et cependant, nous sommes depuis cinq jours sans nouvelles de Paris. Que se passe-t-il par là? Si notre armée est forcée de rentrer non ravitaillée, Paris est perdu et nous sommes au dernier fond des plus profonds abîmes.

» Au milieu de ces cruelles anxiétés, ma pensée reste calme. Je vous sais, non pas heureux, grand Dieu, mais à l'abri, mais entourés de paix, de sympathies, de douces prévenances; mon cœur se repose sur cette idée, sur ces images et y trouve la force dont il a besoin.

» Et dans ta lettre d'hier, tu me parles de revenir si la guerre se prolonge; mais, ma pauvre enfant, c'est maintenant qu'il faudrait partir si ce n'était fait. L'invasion s'étend sérieusement en Normandie. Rouen a été pris comme tu sais. Cette grande ville avec ses immenses ressources est au pouvoir de l'ennemi. Elle s'est rachetée du pillage par une rançon de dix-sept millions, qui n'empêchera pas les réquisitions ni les graves désordres civils. Déjà, quelques conseillers municipaux ont été massacrés, dit-on. L'ennemi a lancé son corps d'armée sur Dieppe et sur le Havre ; Évreux et Elbeuf sont pris. On signale les Prussiens près d'Yvetot et de Pont-l'Évêque ; les voilà donc dans le Calvados marchant sur Mézidon. La trésorerie et la banque de France se sont repliées sur Saint-Lô et sur la Bretagne, tous les chevaux et tous les bestiaux sont également dirigés vers nous. On fait dans les environs immédiats les préparatifs commandés. On coupe les routes et on mine les ponts.

» J'espère que les Prussiens, même s'ils viennent à Caen, n'iront pas plus loin ; mais quoi qu'il en soit, sans rien exagérer, il est évident que le danger peut venir d'une heure à l'autre, et dans ce cas je me consulte pour savoir quelles précautions je pourrais prendre, non pas pour ma peau bien entendu, je ferai comme tout le monde, mais ce qui est embarrassant c'est la maison, ce sont les meubles et l'argenterie. Quant à la maison il faut bien la laisser sur place, mais le reste, qu'en faire ? Mon intention, à te dire vrai, est de laisser toutes choses comme elles sont, à la grâce de Dieu. Mais permets-moi de sourire quand tu exprimes la crainte qu'un de tes chers bibelots soit ébréché par un domestique. Il s'agit en effet de toute autre chose. Si nous avions des Prussiens à loger, même en les supposant de bonne humeur, ils ne nous laisseraient pas une casserole. Si tu en doutes, c'est que tu ignores absolument la manière dont ces messieurs procèdent et entendent la guerre. Lis la circulaire du comte de Chaudordy et tu en auras une légère idée. Comme c'est une pièce officielle, je te la recommande en particulier ; quant aux détails, ils foisonnent dans les journaux et dégoûtent de l'humanité, de l'humanité allemande surtout.

» Bonjour, ma chère petite, mes doigts sont gelés, mon cœur, pas.

» OCTAVE. »

Saint-Lô, 9 décembre 1870.

« Chère enfant,

» Nous avons passé la matinée à faire l'exercice et à manœuvrer sur le Champ de Mars, dans six pouces de neige et par huit degrés au-dessous de zéro. Je n'ai cependant pas eu très froid, grâce à mes précautions multiples, qui me faisaient ressembler à ces farceurs du cirque qui se dépouillent de trente-six vestes et gilets, debout sur leur cheval. Mon frère ne pouvait s'empêcher de rire quand je suis rentré pour déjeuner et que j'ai ôté successivement toutes mes nippes.

» N'est-il pas étrange qu'un hiver exceptionnel vienne s'ajouter à toutes nos misères, comme si les fléaux connus étaient déchaînés à la fois contre notre malheureux pays? Rien n'y manque : la peste, sous la forme de la petite vérole noire ; la guerre ; la famine ; le froid. Tout ce que la terre et le ciel, les hommes et les éléments peuvent fournir de maux, nous l'avons !

» La manœuvre des Prussiens en Normandie n'est pas très claire encore. Ils ont pris Rouen, qui leur donne des quartiers d'hiver inespérés et un véritable grenier d'abondance. Ils ont pris Dieppe. Ils menacent le Havre et Trouville. Quel cauchemar de les voir dans ces lieux de plaisance, au milieu de tous les riants souvenirs !

» En lisant hier leur apparition à Longueville, je me rappelais, avec une lucidité cruelle, cette jolie vallée que nous parcourions si gaîment. Ces maisonnettes entourées de vergers, ce village où nous avons mis pied à terre avant de monter aux ruines du vieux château, la vieille église, où sonnait un baptême, et ils étaient là ! Quelle tristesse !

Enfin, ma pauvre chérie, l'horizon ne s'éclaircit

guère, et pourtant j'ai encore bon espoir, bonne volonté. Soutiens-moi et je ne m'abandonnerai jamais.

» Je te dirai qu'avant-hier je me suis vu avec stupeur revêtu d'un habit noir et d'un gant paille, le dernier ! Il s'agissait de faire fête à la comtesse de G..., qui dînait chez les P... Elle est jolie, avec de grands yeux clairs. Elle parle bien et simplement, mais elle a une si singulière diablesse de maladie que l'imagination en est troublée. Elle a, comme moi, une horreur nerveuse des bruits nocturnes et se couche comme moi à neuf heures; mais elle a, de plus que moi, une affection bizarre de l'estomac, en vertu de laquelle il faut qu'elle mange des masses de viande à tout instant. Qu'est-ce que tout cela devient ? On frémit d'y penser !

» Je reçois à l'instant tes deux lettres du 25 et du 26 que je commençais à attendre avec angoisse. J'ai été si seul depuis quelques jours, avant le retour du frère ! Et le besoin de sentir vivre une affection auprès de moi m'oppressait quelquefois si cruellement ! Tes lettres m'apportent tout ce qui me manquait. Elles me détendent le cœur et le visage. Mes yeux se voilent en les lisant et je suis heureux, même d'être grondé.

» Ne me gronde plus pourtant. Ces collèges

anglais, mille fois pires que les nôtres, me causent une frayeur mortelle pour notre petit Jacques. Je comprends parfaitement que tu t'inquiètes de voir ses études si longuement interrompues et que tu te sentes impuissante, malgré ton dévouement maternel, à poursuivre plus loin l'éducation de l'enfant ; mais je t'assure que mon idée de t'envoyer ce père oratorien pour te seconder est une très bonne idée. L'évêque me l'a choisi entre mille. C'est, d'ailleurs, un abbé très agréable. Jeune, aimable, distingué, et qui ne pourra que donner du charme à votre intimité. Il doit partir dans deux ou trois jours et il vous portera toute une caisse de couvertures et de vêtements pour vous garer du froid. Le froid, mon ennemi mortel ! La rigide température qui s'accentue m'effraie beaucoup plus que le reste, pour moi et pour les autres. Contre ce danger-là, il n'y a pas de courage qui tienne, quand on n'est plus tout jeune, surtout, et qu'on a une santé habituée aux ménagements. Je t'assure que, quant à moi, la pensée de bivouaquer dans la forêt de Cerisy par douze degrés de froid et dans un demi-pied de neige est littéralement *crevante*, et j'enragerais, à part moi, de penser que, le cas échéant, ma pauvre bête tremblerait de tous ses membres, si solide que pût être le moral. J'aurais beau dire à mes camarades, comme Bailly : « Mes amis, c'est de froid ! » je n'en serais pas moins humilié.

» Bonjour, chérie, qui est-ce qui t'aime ? C'est moi.

» OCTAVE. »

« Pardonne-moi l'abbé et dis-moi vite comment vous l'avez trouvé ? »

## CHAPITRE IX

Arrivée de l'abbé Le Campion. — Nous visitons l'île avec lui. — Une promenade à Sainte-Brelade. — Noël. — Le 1er janvier.

L'arrivée de l'abbé fut pour toute la maison un grand événement. Nous fûmes, les enfants et moi, l'attendre au bateau. Malgré tout ce que nous en avait dit mon mari, nous avions peur tous les trois, de voir apparaître un prêtre sévère, sermonneux, attristé et attristant; nous fûmes très agréablement surpris de trouver dans notre voyageur un homme doux, modeste, d'une humeur charmante. Il avait quitté l'habit ecclésiastique, venant dans un pays protestant et revêtu la longue redingote et le col carcan des jeunes pasteurs. Les enfants n'osaient pas l'appeler : « Monsieur l'abbé. » Ils l'appelèrent, d'abord « Monsieur », tout court.

Le soir on défit la grande malle venant des

Palliers. On y trouva les couvertures et les vêtements annoncés, puis trois petites violettes poussées sous la neige, je ne sais comment et glissées dans un volume de *Sibylle*, que mon mari destinait à Mrs Doyle pour la remercier des bontés qu'elle avait eues pour nous. Il y avait aussi un panier contenant des galettes et des pastilles à la fleur d'oranger, triomphe de notre vieille cuisinière, la mère Philémon. Tout cela fit mon bonheur et tout cela me fit pleurer.

Le lendemain je présentai l'abbé Le Campion au curé de la chapelle irlandaise, qui était ma paroisse, et le dimanche suivant, l'abbé eut les honneurs de la grand'messe. Nous y assistâmes tous avec beaucoup d'émotion. Cette voix française s'élevant sur la terre étrangère pour appeler les bénédictions de Dieu sur nos soldats, remua bien des cœurs.

J'aimais beaucoup cette chapelle irlandaise. On y célébrait les offices avec une piété et une sévérité monastiques. On y chantait des psalmodies qui rappelaient les lamentations des Juifs en exil. Point de cohue comme en France, point de chantres grotesques autour du lutrin. Point de Suisse important, traînant les quêteurs dans la foule. Point de sonnette criarde à l'élévation. Au moment où s'accomplissait ce mystère, un vieux timbre sonore frappait seulement trois coups dans le silence. Quand arrivait l'heure de la communion, de merveilleux cantiques s'élevaient des profondeurs de l'orgue et accompagnaient ceux qui marchaient vers la table sainte; c'était l'instant où mon cœur s'ouvrait. En voyant ces âmes paisibles recevoir ce petit pain blanc que le prêtre sortait de sa coupe d'or, je m'écriais : « Mon Dieu, donnez-moi leur foi, donnez-moi leurs joies! »

L'église avait deux nefs : une, en contre-bas où était le peuple, une autre, plus élevée, où les personnes riches avaient des bancs. Les côtés de ces deux nefs étaient vides et obscurs, quelques prie-Dieu espacés, couverts de tentures, allongeaient leurs ombres sous les voûtes, et, comme dans les décors d'opéra, semblaient attendre les héros de quelque drame. Au milieu de la foule prosternée apparaissaient les habits rouges des soldats de la Reine. On eût dit des coquelicots dans un champ de blé. Il y en avait aussi qui se groupaient en petites escouades autour des piliers, priant la tête basse et un genou sur les dalles.

Que d'heures j'ai passées dans ce vieux temple, agenouillée sur l'un des prie-Dieu solitaires, le visage dans mes mains, la pensée vers les absents, me souvenant et regrettant!

Le programme des études fut rapidement

organisé par l'abbé. Jacques reprit son travail avec discipline et régularité. Quant au plus jeune de mes fils, trop jeune encore pour apprendre le latin, il allait chaque matin, en compagnie de la fille aînée de ma cousine, à une petite école mixte, dirigée par une vieille dame française échouée à Jersey. Les deux enfants partaient dès l'aube, leur petit panier sous le bras, emportant leur déjeuner. On ne les revoyait que vers le soir.

Les jours de congé, tout le monde, malgré le froid, montait dans un grand break, attelé de quatre chevaux, qui faisait faire le tour de l'île pour quarante sous. L'abbé dirigeait la bande dont nous faisions également partie, ma cousine et moi. On retrouvait un peu de gaîté dans ces courses lointaines. On admirait aussi les magnifiques paysages, ces gorges terribles, ces plages hérissées de rocs noirs battus par l'Océan.

Nous visitâmes ainsi la Grève-de-Leck, Noiremont, Plymout's cave, Sainte-Brelade, le château de Montorgueil, d'où la vue est incomparable. A vos pieds, vous avez Gorey, avec ses riantes maisons, ses petits jardins, ses coteaux couverts de champs et de verdures; sa baie tranquille, où les bateaux de pêcheurs viennent reposer leurs voiles. Plus loin, la mer sauvage et ses récifs, pareils à des monstres endormis. Puis le petit golfe du Rozel et les monts boisés, sur lesquels se dressent le manoir des Lamperrière, son parc et ses immenses prairies.

La famille des Lamperrière est une des plus vieilles familles jersiaises. Ce fut à la douairière de cette maison que l'on confia, il y a quelques années, l'honneur de recevoir la reine d'Angleterre, lorsqu'elle vint visiter son île de Jersey. Par un antique usage du pays, le plus noble personnage de l'île doit marcher à cheval, à travers les flots, au-devant du navire royal. La vieille dame, alors âgée de quatre-vingts ans, fut donc hissée sur sa haquenée et entra dans la mer, soutenue par ses valets, jusqu'à ce que les vagues vinssent battre sa selle brodée d'or. Madame Lamperrière vivait encore lorsque nous longions dans notre grand break les hautes futaies de son domaine.

Du Rozel, on gagne Bon-Nuit-Bay, lieu sinistre où la mer s'écrase furieusement contre un entassement de rochers. On descend jusqu'à la plage à travers des rocs énormes, recouverts d'une mousse jaune, qui semble avoir été dévorée par le feu du ciel et sur laquelle glissent des lézards effarés. Rien ne dévoile dans ces lieux le passage d'un être humain. Quelques barques, échouées et renversées sur le galet, semblent avoir été jetées là par la tempête et oubliées par les hommes. Un grondement sourd, causé par la mer qui s'engouffre dans la baie rétrécie, comme dans une caverne, vous ébranle de la tête aux pieds. On dirait qu'un volcan bouillonne sous la terre où vous marchez.

Au-dessus du gouffre, sur une plate-forme dépouillée, apparaît un fort avec son canon solitaire tourné vers la Normandie. Quelques chèvres broutent les lianes qui s'échappent de ses murs crevassés et bêlent tristement devant l'Océan sans limites.

On faisait ordinairement souffler les chevaux dans une petite auberge située sur la pointe aiguë du roc. Pendant que les voyageurs se réchauffaient aux grands feux de l'hôte, j'allais au dehors, rêver tristement devant ces paysages sinistres. Quand je me voyais seule sur ces falaises, entre ces déserts arides et l'immensité de la mer, ayant le vide à mes pieds, entendant le vent siffler à mes oreilles, voyant les mouettes tourbillonner au-dessus de ma tête, je me disais : « Où suis-je, et suis-je bien moi ? » Quelque chose d'infernal et d'attrayant comme le chant des sirènes m'attirait en avant vers ces abîmes profonds où était la mort et où j'entrevoyais la paix ; alors, me rejetant en arrière, j'appelais mes enfants !

Un jour, pendant l'une de ces haltes, marchant sur la falaise, je rencontrai le gardien du fort, je le questionnai sur ces lieux sauvages et lui demandai s'il savait d'où leur venait cet étrange nom de Bon-Nuit-Bay. Alors, le vieux, dans son patois demi-anglais, demi-normand, me conta la légende suivante :

Deux amants se promenaient un soir sur ces pics désolés, l'un était pêcheur et regagnait son bateau, l'autre, une jeune fermière retournait au village. Ils se séparèrent quand la lune apparut au ciel. « Que Dieu vous guide, cria la jeune fille. — Bonne nuit, » répondit l'amant. Et au détour du sentier, ils se répétèrent bonne nuit. Mais le sentier qui menait à la mer était étroit, et l'amoureux était distrait. Il ne vit pas à ses pieds le vide immense et disparut pour jamais dans l'abîme. Pendant de longues années, une folle erra le soir sur la falaise, et les bergers attardés lui entendaient répéter : « Bonne nuit ! » Alors, on donna ce nom aux lieux où la folle venait rappeler ses amours.

On rentrait généralement de ces excursions par les jolies vallées de Saint-Pierre et de Saint-Jean. Les yeux se reposaient avec charme sur les arbres, sur les étangs, sur les bois, sur les hauts pâturages où dormaient les troupeaux. On finissait par oublier cette mer éternelle et agitante, par se faire l'illusion qu'on tenait à la terre ferme et qu'au bout de l'une de ces longues promenades, on arriverait à nos routes de Normandie, à nos fermes, à nos villages, à nos rivières si calmes. Les chevaux trottaient allègrement entre les coteaux boisés, d'où se dégageaient les pénétrantes odeurs de feuilles mortes. C'étaient les odeurs des vieilles avenues de Trécœur. Dans un demi-rêve favorisé par la nuit naissante, je revoyais le château maternel avec ses balustrades, le perron où se disait la prière du soir, le salon où dormaient les portraits de mes vieux pères. Je revoyais l'ombre vaillante de mademoiselle de Sainte-Suzanne revenant dans ces lieux abandonnés et cherchant les enfants qu'elle avait laissés sur la terre de France. Il me semblait que si elle les eût retrouvés, elle leur eût reproché d'avoir quitté la patrie au moment du danger. C'était alors que le remords m'oppressait, que je m'en voulais d'avoir obéi à celui qui m'avait dit de partir, que je le maudissais presque de m'avoir séparée de lui et de mon devoir.

Sainte-Brelade, ce joli village ensoleillé, avait toutes mes affections. J'y allais quelquefois seule, dans un petit cab, dont le cocher m'était connu, un vieux brave homme ami des Doyle. Je ne pouvais m'empêcher de penser, quand je le voyais dans sa raideur britannique, perché à l'autre extrémité de sa voiture, aux singes du Jardin d'acclimatation qui circulent gravement sur la bosse d'un dromadaire.

Ces promenades étaient ma récompense quand j'avais bien raccommodé les bas et les chemises de toute la maisonnée. J'accourais alors vers cette plage souriante, unie comme un miroir et qui me rendait l'image de la paix des jours heureux.

Une fois que je m'étais attardée à chercher des coquillages pour les enfants, je ne repris la route de Saint-Hélier qu'à la nuit tombante. Comme nous gravissions une côte tracée dans des bruyères perdues, le cheval s'arrêta tout à coup, refusant de continuer sa marche. Le vieux cocher descendit de son siège, palpa sa bête et déclara qu'elle était malade et ne pouvait aller plus loin. Que faire alors? Et nous étions justement dans un lieu que je ne traversais même pas en plein jour sans appréhension, car on le disait hanté par les esprits. On disait qu'un vieux pan de mur, resté debout au milieu des ajoncs, était le débris d'un château incendié par les mêmes esprits. Personne n'approchait du vieux mur, si ce n'étaient les renards qui se poursuivaient aux alentours.

On dit que le danger attire. Il me prit tout à coup l'envie, pendant que le cheval se tordait sur le chemin, de pénétrer dans cette bruyère désolée et d'en étudier les mystères.

La muraille hantée entr'ouvrait devant moi ses crevasses, laissait voir ses coins noirs, ses pierres calcinées, ses guirlandes de ronces desséchées par l'hiver. En approchant des ruines et à la lueur des premières étoiles, j'aperçus des corbeaux perchés sur les corniches effritées, j'entendis, sortant des décombres, la respiration sifflante des chouettes endormies.

Au pied d'un contrefort à demi écroulé, un âne décharné, broutait son repas du soir. L'âne me rassura. C'était une bête qui n'avait rien à faire avec le monde surnaturel. Près de lui, était un orgue de barbarie et dix pas plus loin se tenait accroupie comme une divinité indienne, une pauvre saltimbanque berçant un enfant sur ses genoux.

— Qui va là? dit-elle.

— Une voyageuse comme vous, ne craignez rien.

— Le petit va mourir, reprit-elle. Il meurt de froid et de faim. Je n'ai plus de lait et je n'ai rien pour allumer du feu.

Je courus vite vers le cocher pour lui demander des allumettes et je revins près de la saltimbanque avec quelques broussailles recueillies dans le fossé. A l'abri des ruines, j'allumai mes broussailles qui flambèrent joyeusement, et prenant l'enfant des mains de la mère découragée, j'ouvris ses langes et tentai de réchauffer ses pauvres membres raidis.

En effet, il allait mourir. Il râlait presque. Je sentais sa poitrine haletante. Je sentais que la mort était là, se cramponnant à ce pauvre être qui n'avait pas demandé à connaître la vie. Et que faire pour le sauver ? Comment appeler un médecin ? Et comment porter l'enfant jusqu'à lui ? Le cheval fourbu ne pouvait partir encore, sans cela j'aurais transporté le mourant dans mon cab, jusqu'à la ville, pour demander du secours.

— Nous avons bien la petite charrette et l'âne, dit la mère, mais je ne pourrai conduire l'âne avec le petit si mal.

— Où est la charrette ? dis-je à cette femme. Attelons-y l'âne et je le conduirai.

La charrette m'apparut derrière la muraille avec sa tente de toile et ses brancards disloqués. Nous y attelâmes la bête. J'installai la mère et l'enfant dans le fond du char sur des couvertures que je fus chercher dans le cab, puis je m'assis sur le devant de la voiture, les pieds pendants, le fouet à la main, secouant les guides et nous voilà partis.

— Et mon orgue? s'écria la saltimbanque, lorsque nous eûmes fait quelques pas.

Il fallut revenir prendre l'orgue que nous attachâmes à l'arrière de la charrette. Je pris également la lanterne oubliée qui devait éclairer notre chemin.

Ce fut dans cet équipage que nous arrivâmes à Saint-Hélier, deux heures plus tard, à la nuit profonde. Le petit se mourait de plus en plus. Il fallut s'arrêter à la première auberge des faubourgs, un bouge affreux, où grouillaient des ouvriers ivres. Cependant l'hôtesse fut pitoyable et envoya vite un de ses gens chercher un médecin. Quand il arriva, l'enfant rendait l'âme. Je verrai toujours ce petit corps flétri sur les genoux de cette femme en pleurs et l'air égaré de cette malheureuse, demandant ce qu'elle devait faire de ce pauvre cadavre.

— Où allez-vous? demanda-t-on.

— Je ne sais pas.

— D'où venez-vous?

— Du Piémont.

— Et le père de votre enfant?

— Il m'a abandonnée!

— Menons tout cela à l'hôpital, dit le docteur.

Et je suivis le cortège, après avoir donné un peu d'argent à l'aubergiste pour la garde de l'âne.

L'hiver était venu. Noël et ses poétiques fêtes s'annonçaient partout. Les magasins de Queen-Street et de Regent-Street avaient leurs arbres enrubannés et leurs guirlandes pour le Christmas. Nous menions les enfants flâner devant les boutiques, et les pauvres petits disaient en passant devant les merveilles étalées derrière les glaces : « Ça ne sera pas pour nous. »

Cependant ma cousine acheta la veille de Noël un petit sapin qu'elle planta dans un pot et qu'elle orna de rubans. Chacun y trouva son cadeau, l'abbé comme les autres. Moi-même j'y découvris, suspendu à la plus grosse branche, un flacon de cristal, contenant de la glycérine pour adoucir les mains. Je fus ravie ! On n'était pas difficile dans ces temps-là !

Le soir de ce même jour, par une neige épaisse, nous fûmes prendre le thé chez Alexandre Batta, le violoncelliste célèbre, dont j'ai déjà parlé dans mes *Souvenirs*. Batta m'avait vue tout enfant chez mon père, alors qu'il donnait des concerts à travers le monde. Il avait conservé une grande affection pour ma famille et pour moi. C'était un de nos assidus de l'exil. Il habitait avec sa femme un petit cottage près de Colomberie House, où il recevait quelques Français dans la plus stricte intimité. Je lui avais souvent demandé de reprendre sa basse et de me jouer un des airs qui avaient charmé mon enfance. « Non, m'avait-il toujours répondu, je ne jouerai plus rien tant que durera la guerre. » Le soir de Noël, lorsqu'il nous vit groupés tristement autour de son feu, enviant le sort de ceux qui pouvaient célébrer gaîment la fête, de ceux qui avaient une patrie, un foyer, un avenir, il voulut nous arracher à nos amères pensées et oubliant ses serments, il courut chercher son instrument, resté muet depuis si longtemps. Nous nous rangeâmes au fond du salon, tandis que lui s'asseyait plus loin devant nous. Il joua d'abord le *Noël d'Adam*, puis les *Adieux de Marie Stuart* de Niedermeyer. Quand il arriva à cette phrase : « Adieu donc, belle France », ses cordes vibrèrent avec tant de passion, son archet fit entendre des sons d'une harmonie si douloureuse que nous éclatâmes tous en sanglots. Lui-même, s'arrêtant tout à coup, abandonna sa basse pour pleurer avec nous.

La nuit fut pleine d'émotions jusqu'au bout. En regagnant Rouge-Bouillon, nous tombâmes dans ces sérénades que les Jersiais vont donner à chaque porte pendant la nuit de Noël. Il y avait dans l'air un bruit de castagnettes, de grelots et d'instruments qui vous mordait les nerfs. Comme j'entrais dans ma chambre dont les fenêtres donnaient sur la route, un groupe de ces musiciens vint s'installer devant la petite grille de la maison, mêlant à ses boléros, les cris de : « Vive la France ! » Malgré mon émotion, je dus me mettre à la fenêtre et remercier ces gens de leur concert et de leurs sympathies. L'un d'entre eux se hissa jusqu'au sommet des arbustes qui tapissaient la muraille, pour arriver jusqu'à moi et toucher ma main.

A côté de la maison, il y avait une espèce de bal public, hanté par toutes les femmes de chambre et par tous les artilleurs de l'île. On y jouait, ce soir-là, la *Valse des roses*, cette valse que j'avais tant de fois dansée dans la tiède atmosphère de nos salons de France, alors que j'étais entourée d'hommages et de jolies fanfreluches ! Quel contraste ! Quel cadre triste remplaçait le cadre enchanteur de ces élégances dont j'évoquais le souvenir ! Le froid, la neige, l'obscurité. Un vieux manteau à la place de mes robes soyeuses, enguirlandées de fleurs. L'exil, l'absence de ce que j'aimais et le malheur planant sur tout ! Pendant cela, les couples épris dansaient toujours dans la guinguette, et une procession de chats passait sans bruit sur la terre glacée. De ma fenêtre où je grelottais toujours, je voyais briller dans l'ombre les yeux fantastiques de ces animaux, fascinés comme moi par la *Valse des roses*.

# CHAPITRE X

Dernières lettres de mon mari pendant l'exil.

Saint-Lô, 19 décembre 1870.

« Ma chérie,
» Je ne t'ai pas écrit hier parce que j'ai été absorbé tout le jour par des manœuvres militaires, suivies d'un tir à la cible, sur la route d'Isigny. Je pensais à toi, sur cette route que tu aimais, en face de ces ravins profonds et de ces coteaux pittoresques que l'été remplit de fleurs et d'ombrages. Mais tu aurais à peine reconnu ces jolis sites par cette triste journée d'hier, et tu aurais encore moins reconnu ton mari avec ses grandes bottes plaquées de boue et son vilain uniforme ruisselant de pluie, car il a plu à torrents pendant une bonne partie de nos exercices.

» Tu m'aurais vu déchirer nos cartouches mouillées en les préservant de mon mieux dans un coin de mon manteau, appuyer ma grande botte sur le talus de la route et faire un feu d'enfer sur les monts Cosnard. Te dire que j'ai atteint la cible, ce serait téméraire ; mais enfin, ma dernière balle n'a pas été bien loin et le tambour m'a honoré d'un sourire.

» Nous sommes rentrés à la nuit tombante, par une boue affreuse, nous avions l'air d'une bande de voleurs, et je ne sais pourquoi j'ai été pris d'une tristesse morne en apercevant dans l'ombre lugubre, dans le brouillard d'hiver, les vieux tilleuls décharnés des vieux Palliers. J'étais un peu trop trempé, il est vrai, pour un soldat qui n'en a pas l'usage. Enfin, mon frère m'avait quitté le matin pour quelques jours et ma solitude me paraissait plus lourde encore que de coutume. Mais enfin, ma santé se maintient à travers tout. Mon seul mal est une sorte d'irritation nerveuse permanente qui m'aigrit un peu le caractère, et contre laquelle je suis forcé de lutter sans cesse pour ne pas m'emporter follement à la moindre contrariété.

» Je viens de recevoir la visite de P..., qui m'arrive très aimablement à travers la neige fondue, pour me montrer une très intéressante lettre de Delambre. Il est dans l'état-major de je ne sais quelle armée de la Loire, celle de Chanzy, je crois. Il paraît que la retraite de cette armée sur le Mans serait un véritable désastre. Il donne là-dessus des détails navrants. Quant à nous, rien de nouveau. Il y a eu à Beaumont-le-Roger un petit combat à la suite duquel une dizaine de prisonniers ont été amenés à Bernay.

» On s'étonne et on s'indigne ici de la méthode, ou plutôt du défaut de méthode, qui continue à présider à la défense de nos contrées. Il y a des forces assez considérables réunies à Cherbourg. Ne serait-il pas plus raisonnable de porter ces forces en avant et de défendre le terrain pied à pied avec toutes les troupes dont on dispose, quitte à les replier peu à peu jusqu'à Cherbourg si on y était contraint. N'y a-t-il pas impéritie flagrante à éparpiller toutes les forces le long de la route par petites troupes qui se font battre en détail, l'une après l'autre? L'esprit de vertige et d'erreur continue, hélas! d'être notre général en chef.

» Malgré tant d'apparences contraires, je ne désespère pas d'une paix possible et prochaine. Notre honneur national est dans une certaine mesure désintéressé après les héroïques efforts des armées improvisées de Paris et de la Loire.

Une paix, même cruellement onéreuse au point de vue matériel, ne nous semblerait pas aussi pénible aujourd'hui, qu'elle l'eût été après les aplatissements de Sedan et de Metz. Nous conserverions dans notre malheur, aux yeux du monde, quelque prestige et quelque grandeur. C'est ce qui me fait regarder la paix, sinon possible, du moins probable ; mais j'aime mieux la guerre tant que nous n'aurons pas épuisé nos dernières chances.

» En attendant, notre pauvre ami Houssin est blessé. Il a une balle dans l'épaule, mais on m'assure que la blessure, quoique grave, est d'une guérison certaine. Il est bien soigné chez lui où on a pu le rapporter.

» Encore une fois du courage, ma chérie. L'avenir nous paiera peut-être de toutes ces peines. Nous ferons alors gaîment tous les sacrifices nécessaires, et toutes les privations nous seront légères après de si dures épreuves. Il nous suffira d'être ensemble et de nous aimer, n'est-ce pas, ma chère petite ?

» OCTAVE. »

« Je reçois à l'instant ton billet où tu me racontes l'histoire du manchon que les enfants t'ont donné pour ta fête. Je tiens mon cœur à deux mains pour qu'il ne fasse pas de folies. »

Saint-Lô, 24 décembre 1870.

« Il y a bien longtemps, ma chère enfant, que je n'avais pas eu un bon accès de fou rire, comme celui que m'a procuré, hier matin, ta très jolie lettre. Les murs de ma vieille chambre en étaient stupéfaits et les échos de mon hilarité me causaient à moi-même une sorte d'inquiétude, cela tournait à la convulsion. J'ai régalé ton père de ce dialogue si vrai, si caractéristique et si humain et il en a été égayé comme moi, jusqu'à la suffocation. Aussi, nous t'avons voué une adresse de félicitations et de reconnaissance.

» Quant à ton petit portrait bouffon très spirituellement torché, tu espérais à tort qu'il me ferait rire. Il m'a plutôt attendri. Je voyais sous cette caricature une certaine touche de vérité et de nature qui me remuait le cœur.

» Je vois que tu n'as pas reçu la lettre où je t'annonçais qu'Auguste et le jardinier allaient être appelés sous les drapeaux d'ici huit jours. Cela ne laisse pas de les préoccuper fort et moi aussi. Que vais-je faire avec leurs femmes désolées? Pauline commence à pleurer dans mes sauces, ce qui les allonge terriblement. Je te demanderai conseil sur la manière dont je devrai m'arranger sans mes hommes. Peut-être faudrait-il saisir cette occasion pour restreindre encore notre train de maison qui reste bien lourd, tout réduit qu'il est déjà. Les existences seront bouleversées plus profondément encore qu'on ne pouvait le supposer d'abord. C'est un monde fini, et à un point qu'on n'imagine pas bien encore. Oh! si le bon Dieu me fait la grâce de me réunir avec toi et les enfants dans un petit coin, si sombre qu'il soit, comme je Le bénirai! Mais il ne faut pas pleurer n'est-ce pas, ma chérie? J'en ai pourtant bien envie quelquefois.

» J'espère, en revanche, que tu as reçu samedi soir les fameuses caisses contenant nos objets précieux. Je me suis décidé à te les envoyer à tout événement. J'ai dit à Pauline d'y mettre la moitié de notre linge outre les objets désignés par toi. Tu y trouveras les couverts à dessert, mais pas les autres que j'ai cru devoir garder et qu'il sera aisé de cacher à la dernière heure. J'ai mis les saucières, les cafetières, les théières, la truelle, etc., etc... tout cela vous fournirait quelques ressources au besoin.

» Ta cachette pour les faïences n'est pas mauvaise; mais les domestiques en ont imaginé une qui me paraît meilleure. De plus, comme elle est de leur invention, ils y mettent de l'amour-propre et en feront leur affaire personnelle. Songe au besoin que nous avons de les ménager en ce moment !

» J'ai vu hier l'ami X..., qui m'avait semblé plus rassis pendant quelque temps et qui est retombé dans ses désespoirs comiques, entrecoupés de lueurs d'optimisme également plaisantes. D'un jour à l'autre et presque d'une heure à l'autre, il voit tout perdu ou tout sauvé. On le laisse à la cave, on le retrouve au grenier. Il nous abrutit de ses hauts ou de ses bas désordonnés, de ses bas surtout. Je vais quelquefois assister au commencement de son dîner. Avant-hier, X... voyait je ne sais quelle teinte bleue à l'horizon, hier je le trouve exalté, en sens contraire, furieux, amer, n'écoutant rien, ne comprenant rien, bavardant comme un fou, parlant de la famine menaçante en découpant un chapon odoriférant, de la petite vérole, des fautes du gouvernement, de la f.... garde nationale. Il fait pleurer les domestiques de peur, et note bien, qu'au point de vue de la guerre et au point de vue de la politique, il est assurément la personne la moins exposée de France.

La paix dont je te parlais il y a quelques jours me semble bien loin aujourd'hui. Si la victoire nous revenait. La victoire ! ce beau mot français !

Je me figure qu'on voudrait la pousser loin et pousser l'Allemagne épuisée jusqu'à crier merci. Si nous étions toujours battus et si Paris était pris, quelles complications sans nom, sans issues ! Quelles ruines par-dessus les ruines ! Quel avenir indéfini de dangers et de misères !

» Le froid est terrible ici. Je ne puis penser sans émotion à nos pauvres soldats qui couchent sur cette terre rigide avec un lambeau de toile sur leurs têtes. Quelles souffrances ! Et comme je plains aussi les parents qui rêvent la nuit de leurs enfants mourant de faim sur la glace. Dieu nous épargne du moins ces horribles visions, contre lesquelles je sens que j'aurais été sans courage.

» Nous avons à Saint-Lô, depuis quatre jours, des passages de troupes de ligne. Ces soldats se rendent au camp de Cherbourg où il y a déjà cent mille hommes, commandés par l'amiral Ducrest de Villeneuve. Ils séjournent un peu ici pour se refaire. Les premiers que nous avons eus étaient des conscrits de l'armée, tout jeunes, avec des figures de spectres, leurs pauvres guêtres pareilles à des chiffons sales et déchirés, se traînant à peine sur leurs pieds à demi gelés. La faim et le froid avaient creusé et vieilli affreusement leurs visages d'enfants. Je pensais à leurs mères qui ne les auraient pas reconnus. Pas une ombre de sourire dans toute cette jeunesse, un air de morne désespoir et d'incurable détresse.

» Il y en a d'autres qui remettent le cœur. Un bataillon de quinze cents hommes est arrivé hier de Vire, à pied. Je les ai vus rangés dans les ténèbres sur la place de la Préfecture, attendant leurs billets de logement avec leur énorme ballot sur le dos. Il gelait à pierre fendre. Ils attendaient là avec leurs neuf lieues dans le ventre, non seulement patiemment, mais en riant et en chantant. Ceux-là n'étaient pas si jeunes! Ils viennent de Tours, où ils se sont vaillamment battus, et ne demandent qu'à recommencer. Il y a des malins qui ne donnent pas dans le godant du camp de Cherbourg. Ils pensent qu'on va les embarquer pour rejoindre l'armée du Nord. Ils sont pleins d'entrain, de confiance et de haine contre les Prussiens. Ah les braves garçons! Ils me consolent de certains messieurs de l'état-major!

» Ce qui m'a fait plaisir en particulier c'est que cette confiance et cet entrain n'étaient plus comme au début de cette triste guerre de fanfaronades de soldats ivres. Ceux-là étaient parfaitement de sang-froid, calmes, causant gravement entre eux, à voix basse. J'en ai entendu quelques-uns qui raisonnaient comme des généraux. « Si la guerre pouvait durer encore trois mois, disaient-ils, on verrait autre chose. Ces Prussiens, monsieur, se battent bien, certainement, mais ce sont leurs armes à longue portée et leur artillerie qui ont fait leurs succès. Quand nous pouvons les approcher, ils ne tiennent pas. Dès qu'ils nous voient emmancher nos baïonnettes, ils se sauvent. »

» Jusqu'ici, ma chérie, il n'est pas question d'une marche immédiate de l'ennemi dans nos environs ; tu n'as donc pas grande chance de voir ton mari devenir un héros. Il fait si froid que je m'en console. Je suis pour l'héroïsme d'été.

» Malgré le froid, je t'embrasse chaudement.

» OCTAVE. »

Saint-Lô, 31 décembre 1878.

« Ta lettre du jour de Noël est la dernière que j'aie reçue. Je ne puis m'étonner ni te blâmer de ta tristesse. Si je ne te parle pas de la mienne, des souvenirs, des pensées de toute nature qu'éveillent en moi les jours consacrés aux joies de la famille et passés par vous dans l'exil, par moi dans la sombre solitude, c'est uniquement pour épargner ton cœur et le mien.

» Au milieu du froid sibérien, nous continuons

à voir arriver chaque jour de nouveaux bataillons de ligne qui viennent à pied de Tours et qui nous donnent à nous-mêmes une faible idée des désolations de la guerre. Comme je te le disais l'autre jour, le gros de ces troupes est très solide et en bon ordre, mais il y a une quantité terrible de traînards et de malheureux éclopés qu'on voit errer dans les ténèbres, un bâton à la main, comme des revenants de Moscou, laissant dans la neige l'empreinte sanglante de leurs pieds. J'en ai suivi quelques-uns hier le long de la rue Saint-Georges, gravissant la rude côte, après neuf lieues d'étapes, pour atteindre le logement qu'on avait eu l'inhumanité de leur désigner par là. Ils demandaient à toute minute aux gamins qui les guidaient : « Sommes-nous bientôt arrivés ? » Pauvres diables ! J'en ai vu deux entrer dans une maison qui fait face au petit cimetière, où je suppose qu'ils auraient été plus heureux. Tu peux croire que ce n'était pas une sotte curiosité qui me les faisait suivre, mais j'espérais toujours en ramener quelques-uns à la maison. J'ai fini par en attraper cinq qui m'ont béni ce matin avant de reprendre leur sombre route.

» Après leur départ, malgré l'extrême froid et un petit déluge de neige, j'ai fait ma promenade habituelle dans la campagne poudrée. J'ai pris le chemin de la fontaine aux Fées, descendant vers le moulin que tu sais. Tous les arbres, toutes les plus menues branches, les ronces, les herbes des fossés, portaient leur léger fardeau de neige. Il y avait des lueurs de soleil glissant à travers des nuages transparents et qui couvraient la campagne d'un jour fantastique. C'était un vrai paysage à la Watteau, avec des bosquets roses et des prairies mordorées.

» Je vous envoie mes humbles étrennes sous la forme d'une boîte de petites douceurs pour la toilette, prises dans les derniers fonds de nos magasins. J'y mets aussi deux pièces de dix francs pour les enfants. J'y mets surtout mon cœur tout entier ; c'est tout ce qui reste de riche chez moi.

» Pour mes étrennes à moi, je me fais revacciner demain, par ta vieille sage-femme. La petite vérole se livre à de véritables orgies. Il y en a plus de trente cas à l'hospice, ce qui fait un aimable foyer d'infection qui a redoublé l'épidémie dans la ville. Et les nouvelles de la guerre sont de plus en plus mauvaises avec cela. On voit de plus en plus se produire dans cette guerre des faits oubliés depuis le temps des lansquenets et des reîtres, des pandours et des Bulgares. Je ne pense pas que depuis un siècle au moins, on eût vu des commandants de corps d'armée accorder à leurs soldats le sac et le pillage d'une ville comme les Prussiens viennent de le faire à Saint-Calais, près de Tours. A Tours même, ce sont des femmes et des enfants qui ont été atteints et tués dans cette belle rue Royale dont tu te souviens. Te rappelles-tu à ce propos, un monsieur qui me fit remettre sa carte un matin à Blois, comme nous déjeunions et qui voulait m'exprimer sa sympathie ? Il était rédacteur de la *France centrale* et s'appelait Beurthelet, un éclat d'obus lui a enlevé le cerveau dans cette rue de Tours, comme il entrait dans notre ancien hôtel.

» Partout, il suffit d'un coup de feu parti d'une fenêtre, d'une haie, d'un jardin pour provoquer le saccagement d'une ville. Bref, vous êtes loin de moi et le cœur m'en saigne, mais si vous étiez près de moi, je vous ferais partir.

» Je te prie de penser un peu à travers les ennuis et les regrets de cette matinée du 1$^{er}$ janvier au vieil ami de ton cœur, au vieux compagnon de ta jeunesse. Pour moi, je t'envoie du fond de l'âme toutes mes tendresses et tous mes vœux. Je ne songe pas sans émotion à toutes ces années écoulées dont nous avons partagé si étroitement les joies et les douleurs, à tout ce que tu as mis de doux et de bon dans ma vie.

» Et moi, qui te disais en commençant cette

lettre que pour rester fort, je ne voulais pas évoquer les souvenirs!

» Que Dieu vous aide et vous conserve, mes chers bien-aimés. Entrons avec confiance dans cet avenir qui commence demain. Je ne puis être heureux qu'avec vous. Puissiez-vous l'être, même sans moi.

» OCTAVE. »

Saint-Lô, 3 janvier 1871.

« Tu ne t'imagines pas, ma chérie, combien je suis fatigué à l'heure où je t'écris. On nous fait faire une vraie guerre de chouans à travers la campagne. La moitié de notre bataillon est allée sur la route de Thorigny, vers Fumichon, et l'autre sur la route de Bayeux. Nous devions nous rejoindre à travers champs, en sautant haies et fossés, traversant les terres labourées, les ruisseaux et les marais sans rompre nos lignes de tirailleurs, c'est-à-dire, en escaladant devant soi comme on trouvait. Cet exercice accompli pendant deux bonnes heures avec le lourd fusil à la main et rien dans le ventre, a brisé mes vieilles jambes. J'étais de ceux qui ont débuté par Fumichon. Les autres, au-devant de qui nous allions ainsi à l'aveuglette, de fossé et de culbute en culbute, figuraient l'ennemi. Cela faisait un spectacle assez amusant. Les chevaux et les bestiaux effarés couraient follement dans les prairies. Deux ou trois officiers à cheval apparaissaient çà et là dans les chemins creux avec leur clairon à leur côté pour donner les signaux. Enfin vers une heure, après avoir traversé une cour de ferme, où nous avions de l'eau jusqu'aux genoux, nous avons terminé, Dieu merci, notre steeple chase sur la route de Bayeux devant une auberge qui a été immédiatement envahie de la cave au grenier. On m'a invité à prendre ma part d'un jambonneau, dont quelques camarades, plus avisés, s'étaient spirituellement munis. J'ai mangé de ce jambonneau sur le pouce, en l'arrosant d'une eau imprégnée de cidre, ce que j'abhorre par-dessus tout.

» Mais c'est étonnant comme les délicatesses disparaissent vite devant le besoin. J'étais dans un bain de vapeur. Je fumais comme un chaudron. Je n'avais plus de bretelles et j'avais de la boue et de la neige fondue jusqu'au col de ma chemise. Toutefois, cette histoire ne m'a pas paru trop désagréable et quoique un peu moulu, je me trouve assez gaillard depuis que j'ai changé des pieds à la tête.

» J'ai pu constater d'ailleurs, par le désordre et

la confusion qui ont procédé à cette répétition, que nous serions parfaitement bousculés à la première représentation, si jamais elle a lieu.

» A peine remis à sec et malgré ma grande fatigue, j'ai fait une courte promenade dans le jardin. La température s'était radoucie. J'en ai profité pour faire une visite à ta petite serre. Il y a bien trois semaines, je pense, que je n'avais mis les pieds dans ce jardin abandonné, où chacun de mes pas est marqué par un souvenir et par une tristesse. Toutes choses sont à peu près à leur place et les châssis qui renferment tes boutures sont bien enveloppés de paille et de fumier. Il y a un pied de glace dans le petit bassin de la grotte et tous les légumes flétris penchent tristement la tête sur la neige qui fond; mais la serre est charmante, les plantes sont luisantes et prospères. Il y a beaucoup de primevères de Chine en fleurs. Tout cela sent une douce odeur chaude et humide. Tout cela compte sur l'avenir et le fait vivre à l'avance. Puis je suis rentré dans ma bibliothèque, à laquelle je me suis attaché par tout ce que j'y ai souffert.

» Sur ce, ma chérie, plains-moi un peu et aime-moi beaucoup.

» OCTAVE. »

Saint-Lô, 7 janvier 1870.

« Voilà le soleil et un peu de bleu dans le ciel. Bien que cette douce lumière tombe sur des campagnes encore chargées de neige, elle réveille cependant des idées de vie, d'espérance et de bonheur. Je les accueille d'un cœur presque joyeux, comme l'aurore encore pâle d'un meilleur avenir.

» Depuis quelques jours, ma santé était mauvaise. Je ne te l'ai pas dit. Aujourd'hui je suis bien. Je sors de l'abîme sombre, où la souffrance physique, s'ajoutant à la détresse morale, m'avait enseveli. Ah les mauvais jours !

» Tout contribuait à me les rendre affreusement pénibles : les souvenirs heureux, le foyer désert, l'âme désolée, le corps souffrant, et autour de moi, cette nature morne et ce ciel fermé. Pendant ces longues heures, il y avait des moments où l'on se demandait si l'on était encore sur la terre des vivants. Partout la neige sur le sol glacé, sur les arbres stériles, sur les champs abandonnés, dans les rues silencieuses. Et pour tout bruit, pour toute vie, au milieu de ces scènes d'un monde éteint, les cloches sonnant en deuil du matin au soir, dans les grands clochers et dans les petites églises lointaines. Rien ne paraissait survivre que la mort et Dieu ! On s'étonnait de vivre soi-même et d'assister comme un être oublié à la fin glaciale des choses.

» Et il fallait bien se dire pourtant que ce pays désolé était, à cette heure, une des plus heureuses contrées de notre pauvre France.

» Je suis tellement bien aujourd'hui, que j'ai repris mes courses matinales, bravant avec mes grandes bottes de sept lieues la neige accumulée et qui ne disparaîtra plus, hélas ! avant le printemps. J'ai même, ce matin, rencontré ton père qui trottait comme une perdrix et qui souriait au gai soleil. Cet homme d'autrefois est admirable de bon sens et de tranquille courage.

» J'ai revu X... plus drolatique et plus insensé que jamais. Il a perdu sa place d'inspecteur des aliénés, ce qui ne l'a pas attaché à l'état des choses. Du reste, il est philosophe. Il ne lit pas un journal et aime à se persuader que nous vivons dans le meilleur des mondes. Il me trouva avant-hier, à la nuit tombante, absorbé dans mes pensées et dans mes tisons. « Eh bien, quoi, après ? Ah mon Dieu les Prussiens, la politique, la vie, tout cela n'est rien... rien, rien du tout pour moi. Ce n'est que ça, ça et ça. On s'en fiche, voilà ! — Ah ma foi, tu es bien bon de t'occuper de ces gens là, mais ce n'est rien, je les envoie se faire f...., leurs machines, leurs choses, leurs affaires, sacrédié et voilà! — S'ils ne sont pas contents, qu'ils viennent me le dire nom de D...! — Vois-tu, si je voulais, j'irais trouver les mobiles à la caserne et je les mènerais où je voudrais. Je leur dirais, faites ça, ça, et ça, sacrédié et ils le feraient, et ils me ficheraient tout ce peuple-là par les fenêtres, voilà tout!

» Tu juges comme ces beaux raisonnements m'ont remonté. Je préfère de beaucoup l'entretien que j'ai eu hier avec P... Il n'a pas non plus contre Gambetta, cette passion furieuse et inique qui me révolte. Il lui sait gré du bien qu'il a fait, du mal qu'il a empêché dans ces temps effroyables. Mais j'oublie que nous ne devons pas parler politique, madame et chère réactionnaire.

» En attendant, nous commençons à nous apercevoir dans notre coin, du trouble que la guerre apporte dans l'industrie et dans le commerce. Je t'ai envoyé les derniers chocolats qui aient été vendus à Saint-Lô. Le sucre est payé trente sous la livre et augmente encore. Le charbon de terre se fait rare. On commence à faire à domicile des provisions de tabac. Enfin, ce qui m'incommode le plus personnellement aujourd'hui, les timbres-poste manquent et il faut que la mère Philémon aille chaque jour affranchir mes lettres, au milieu d'un terrible encombrement qui ressemble à une émeute.

» Ma petite allégresse matinale a été troublée par la prise du fort de Rosny. Cette nouvelle n'était pas arrivée par dépêche, mais elle était annoncée comme positive par l'*International* qui est toujours bien informé. Puisse-t-il l'être mal cette fois-ci. Cette incertitude me rend l'âme bien triste. Comment supporter la nouvelle de la capitulation de Paris si nous sommes destinés à ce suprême malheur ? Ceux qui admettent cette pensée avec une sorte de résignation, comme un dénouement à notre terrible situation sont aussi mauvais logiciens que mauvais patriotes. La prise de Paris ne terminerait rien. Elle ajouterait la guerre civile à l'invasion, voilà tout !

» J'ai bien peur que Dieu ne nous ait abandonnés. Ce n'est pas un argument de dire que les Prussiens pillards et barbares ne valent pas mieux que nous. L'instrument importe peu à la main qui châtie. Attila n'était pas non plus un saint !

» Je t'écris de bien sottes choses, ma pauvre enfant, mais ce qu'il y a de rassurant, c'est que je m'en aperçois, d'ailleurs je t'aime bien, n'est-ce pas le principal ?

» OCTAVE. »

Saint-Lô, 11 janvier 1870.

« Chère petite,

» Je bénis cette première pluie qui rend à la nature, sinon un air de fête, du moins un air de vie. Je m'attendrissais presque ce matin devant les petites plantes vertes des fossés qui ont trouvé moyen de prospérer sous la neige et qui poussent bravement déjà leur renouveau printanier. Je me suis mis à chercher dans le jardin quelques violettes précoces, mais je n'en ai pas trouvé, j'ai dû recourir à la serre où j'ai cueilli la primevère ci-jointe, qui t'arrivera fanée, mais qui était fraîche comme la rosée quand je l'ai cueillie.

» Mon frère a reparu hier soir, arrivant de Saint-Vaast, et ce matin j'ai eu la tristesse d'apprendre par Pauline qu'il avait eu dans la nuit un terrible accès de goutte. C'est un gros chagrin pour lui et aussi pour moi. Je souffre de le voir souffrir et je ne puis m'empêcher de faire en même temps un terrible retour sur moi-même. Voilà donc la vieillesse qui nous arrive avec son cortège d'infirmités. Me voilà visitant mon pauvre vieux frère dans sa chambre, comme mon oncle il y a si peu de temps, il me semble, visitait mon père dans la sienne. Que la vie est rapide et triste! Le passé se joint à l'avenir, l'enfance à la vieillesse presque sans intervalle. Les années s'entassent légèrement, comme des flocons de neige, et tout à coup elles nous écrasent.

» ... J'ai interrompu ce billet pour aller voir défiler sur la route de Carentan un régiment de cavalerie dont les trompettes avaient déjà mis toute la population en émoi. Ce sont des dragons, débris de plusieurs régiments. Ils viennent de Carentan et se rendent dans l'Orne au-devant de l'ennemi. Tous ces hommes en tenue de campagne, fatigués, crottés, chargés de tentes, de bidons, de fourrages, passaient d'un air de froide indifférence. Les officiers, la plupart très jeunes, étaient sombres et graves. Tout cela sentait la guerre, hélas! et la défaite!

» Bonjour, chère petite amie, je t'embrasse de toutes mes forces.

» OCTAVE. »

Saint-Lô, 13 janvier 1870.

« Je t'écris sous le coup des désastreuses nouvelles qui se succèdent depuis deux jours et qui atteignent mortellement nos dernières espérances. Après les horreurs du bombardement de Paris, au cœur même de la ville, nous apprenons la défaite de Chanzy, l'abandon du Mans et la retraite de notre armée, on ne sait où. Malgré les succès partiels de Faidherbe au Nord et de Bourbaki dans l'Est, la déroute de notre armée principale, de la seule qui put porter un secours efficace à Paris, et cela, au moment même où Paris est attaqué avec une violence et une puissance de destruction qui domine tous ses moyens de résistance, c'est là un fait désespérant, au suprême degré et qui ne laisse guère de place à la moindre illusion. Il n'y a plus qu'à s'armer de tout son courage contre les catastrophes imminentes. Elles se présentent à l'imagination sous mille formes compliquées et douloureuses qu'il faut savoir envisager à l'avance pour n'en être pas accablé quand elles se réaliseront. Nous entrons, hélas! il y a tout lieu de le craindre, dans la période d'une agonie affreuse qui sera agitée par des convulsions de toute nature. Paris sans secours ne peut plus tenir longtemps à moins d'un miracle, et Paris vaincu c'est la France conquise et occupée pendant des années par un ennemi barbare.

» Si vous n'existiez pas, vous que j'aime tant,

je ne voudrais pas vivre pour assister à cette ruine de ma patrie. Jamais depuis qu'il y a une France, jamais âme française n'a été si cruellement éprouvée. C'est une douleur telle qu'elle ne peut se traduire par des mots.

» Soutiens-moi par ton courage et ta constance. Nous traversons des temps qui demandent des vertus plus qu'ordinaires contre des malheurs si accumulés, si hors de la nature et de la mesure commune; il faut non seulement du courage, mais de l'héroïsme pour se tenir debout. De l'héroïsme, je sais que ton âme généreuse en est capable et j'en attends de toi; je t'en demande pour moi et pour nos fils.

» Quel coup pour ces pauvres Parisiens qui sont encore sous l'impression heureuse des succès de Faidherbe et de la marche en avant de Chanzy! Nous avons aujourd'hui et vous recevrez, sans doute en même temps quelques détails sur cet abominable bombardement de Paris qui est comme une autre patrie, plus chère et plus intime dans la patrie même. Ses rues, sa propre maison, tout ce qui compose l'histoire, la physionomie, la personnalité de ce vieux Paris légendaire, de la nation et de la civilisation française elle-même, tout cela fumant et saignant sous les obus prussiens, n'est-ce pas une image qui ressemble aux visions du cauchemar et qui donne l'oppression du surnaturel? J'ai vu, je ne sais où et je ne sais quand, un dessin fantastique, représentant Paris dans les siècles futurs : on voyait sous les vagues clartés d'une nuit sinistre l'Arc de l'Étoile, Notre-Dame et quelques grands autres monuments à demi écroulés, dominant un vaste champ de ruines désertes : le champ où fut Troie!

» Je t'embrasse, ma pauvre chérie, avec une profonde tristesse et une profonde tendresse aussi.

» OCTAVE. »

Saint-Lô, 28 janvier 1870.

« Ma chère petite,

» Le télégraphe, muet depuis trois mortels jours, nous apporte ce matin des nouvelles jusqu'au 25. Il y a eu comme je le pressentais une tentative d'insurrection. Les prisons ont été forcées, l'Hôtel de Ville envahi. L'émeute a été réprimée. On ne dit rien des opérations militaires. Trochu reste président du gouvernement mais cède le commandement de l'armée à Vinoy.

» Dans ces heures d'angoisses, qu'il est triste d'être seul, sans communications immédiates avec ses confidents naturels, sans soutien, sans foyer, sans épanchements consolants, sans un cœur ami! Quelle vie sèche, rigide que la mienne en ces horribles temps, dans ma pauvre Thébaïde abandonnée! Quand je me rappelle les ennuis, les dégoûts, les misères dont je me sentais parfois accablé dans les heureux temps passés, il me semble que Dieu m'a envoyé, à moi et à bien d'autres, ces grandes épreuves pour m'apprendre ce que c'est vraiment que souffrir.

» Avec cela l'hiver nous enveloppe encore une fois de son triste manteau de neige, et sur la terre comme dans le ciel, comme dans l'avenir, nous cherchons vainement une apparence de vie, d'espoir, de renaissance. Notre pauvre patrie agonise et un silence morne répond seul à nos anxiétés suprêmes.

» Je commence à croire, comme la plupart des stratégistes, que l'envoi de Bourbaki dans l'Est a été une faute cruelle puisqu'elle a laissé Chanzy seul contre toutes les armées prussiennes de la Loire. Au surplus, on juge tout par les résultats, et si Bourbaki avait obtenu les avantages foudroyants qu'on espérait sans doute, la manœuvre eût paru un trait de génie. Malheureusement Bourbaki avec son entrain endiablé ne frappe pas là-bas les coups rapides et décisifs dont nous aurions eu si grand besoin. Il paraît gagner du terrain, mais péniblement et pied à pied. Pendant ce temps si précieux, Paris agonise et la France avec Paris.

» Si nous devons succomber, ce ne sera pas du moins sans avoir fait une belle défense et on pourra encore porter tête haute le nom de Français. Si nous avons pu lutter quatre mois contre la plus formidable puissance militaire qui ait jamais été et soutenir cette lutte avec des défaites, des recrues de la veille, des soldats improvisés, toutes nos armées prisonnières, toutes nos armes aux mains de l'ennemi, nos places fortes détruites, quelle idée cela ne donne-t-il pas de la vitalité héroïque de la nation? Que ne doit-on pas en attendre et en redouter, le jour où elle aura le temps d'organiser ses légions, sorties du sol à la minute, et qui, sans expérience, sans instruction, mal armées, mal équipées, à peine nourries, ont presque réduit aux abois un million des meilleurs soldats du monde? Cela console. Rien n'est perdu quand l'honneur est intact, et le nôtre le sera.

» Nous pourrons donc vivre après tant de malheurs, non sans douleur, mais sans honte. Nous serons toujours la grande nation avec ce je ne sais quoi d'achevé, dit Bossuet, que le malheur ajoute à la gloire.

» Comment vous dire, mes chers amis, à quel point je vous aime, je ne le pourrais sans m'attendrir.

» OCTAVE. »

« La misère devient affreuse dans nos quartiers. Je fais le plus de charités que je puis en ton nom. »

Saint-Lô, 30 janvier 1870.

« Ma chérie, nous sommes depuis hier soir sous l'impression extrêmement agitante de cette grosse nouvelle : l'Armistice ! Cette nouvelle est présentée dans l'unique dépêche que nous avons reçue jusqu'à présent, sous une forme tellement brève qu'elle est incompréhensible. On nous dit seulement que Jules Favre a traité avec Bismarck, qu'un armistice de vingt et un jours est conclu, qu'on ait à convoquer les élections pour le 8 février, afin d'élire une assemblée qui devra se réunir à Bordeaux le 15 février. Aucune autre explication. Paris a-t-il capitulé ? Nous ne pouvons croire que la dépêche gardât le silence sur un tel événement, et d'un autre côté, comment se figurer que l'implacable Guillaume et son ministre aient concédé l'armistice si bénévolement quand notre situation à Paris semblait presque désespérée. Est-il survenu quelque fait de guerre nouveau à notre avantage? Mais on nous le dirait. Les puissances ont-elles agi et opéré une pression, nous ne savons?

» Je ne veux pas encore, mes chers adorés, m'exalter sur cette nouvelle qui s'offre d'abord comme une espérance de paix prochaine. La pensée de vous revoir, de vous revoir bientôt, soulagerait mon cœur du poids d'une montagne ; mais je ne veux pas encore soulever cette montagne de peur qu'elle ne retombe sur moi d'un poids plus lourd encore. Si cet armistice a dû être acheté par la capitulation de Paris, l'espoir de la paix serait troublé par des sentiments trop douloureux. La paix même deviendrait bien incertaine, car avec la reddition de Paris pour point de départ, les prétentions de la Prusse seraient, sans doute, inacceptables pour une assemblée.

» Mais c'est raisonner sur l'inconnu. L'impression vague, mais générale, ici est que cet armistice contient la paix. J'accepte moi-même cette impression indéfinie, mais timidement et en contenant à deux mains les élans de mon cœur qui se précipite vers vous.

» OCTAVE. »

Saint-Lô, 31 janvier 1870.

« Il serait puérile, ma pauvre enfant, de croire un seul instant que cette trêve militaire et la paix même qui en sera la conséquence vont mettre fin brusquement à nos malheurs. Ce grand pays, si profondément déchiré et bouleversé, ne va pas revenir à la vie, à la santé, au calme, par un coup de baguette. De terribles agitations, des convulsions critiques sont inévitables.

» Ces prévisions qui sont du simple bon sens tempèrent l'extrême joie que me cause la pensée de notre réunion devenue possible. Ce que j'ai souffert jusqu'au fond de mon être depuis plus de quatre mois que je suis séparé de vous, sans pouvoir assigner un terme quelconque à cette séparation et avec le sentiment qu'elle pouvait être éternelle, ce que j'ai souffert a dû faire pitié au bon Dieu.

» Maintenant, je me demande s'il est sage dans notre position exceptionnelle de rebâtir notre nid au milieu des orages civils et politiques imminents et de la violente période révolutionnaire qui reste à traverser. Je suis libre aujourd'hui, et l'honneur ne me retient plus dès que la guerre étrangère a cessé. J'ai donc bien envie d'aller vous rejoindre après les élections et de vivre là-bas un mois ou deux pour me reposer avec vous.

» Je te prierai, si je me décide à partir, de quitter ton phalanstère et de nous choisir une maison où je trouverai la paix et le silence. Une chambre bien tranquille surtout. Il me semble que je dormirais sur un canon, mais que le passage d'une souris m'enverrait les nerfs au diable.

» Je ne sais pas si je t'ai dit que P... est en mission à Rennes. Il m'a laissé pour solde Hector Crémieux, son hôte. Il dîne chez moi tous les jours. Il est charmant et plein d'esprit, mais pour soutenir tant bien que mal la conversation avec lui, j'ai à faire des efforts qui me déchirent le cerveau. Il me parle pendant de longues heures d'agencements de pièces bouffes. Cela est tellement de circonstance que je crois faire un rêve infernal. Ce bruit de grelots, au milieu d'un deuil si profond et d'angoisses si terribles, tient du cauchemar et me fatigue cruellement.

» Du fond des abîmes amers, je vous envoie toutes les tendresses, tous les baisers de mon cœur.

» OCTAVE. »

« J'ai écrit à la chère madame S... mais j'ai dû laisser ma lettre non cachetée, par ordre de M. de Bismarck. J'en ai pleuré. »

Saint-Lô, 6 février 1870.

« Chère enfant, ta réponse à ma lettre m'a mis un peu de calme dans le cœur. Je t'ai sentie sensée et courageuse.

» Il faut vraiment rassembler toutes ses forces pour supporter, en ce moment, le poids des heures. Il est écrasant. Je ne sais dans quels abîmes Dieu veut nous faire descendre. Ils semblent n'avoir pas de fond. A nos effroyables désastres viennent se joindre, de moment en moment, les horreurs de la guerre civile, déjà ouverte et flagrante dans une partie de la France, imminente à Paris et partout.

» Les bruits les plus sinistres circulent aujourd'hui sur la situation intérieure de ce pauvre Paris. Ils paraissent confirmés par l'absence complète de nouvelles depuis la capitulation fatale. Comme ces bruits nous arrivent par l'Angleterre, tu les auras peut-être connus avant moi.

» Tout ce que tu me dis d'affectueux et de tendre au sujet de mon arrivée me mouille les yeux. Attends-toi à me revoir bien changé et atrocement vieilli. On ne traverse pas impunément cinq mois de cette vie infernale.

» Il faudra soigner mes nerfs, ma pauvre chérie, car je t'arriverai affreusement nerveux. Je me fais déjà des chimères. J'ai peur du spleen sur la terre étrangère. J'aimais tant ma patrie et mon foyer! J'aurais bien préféré vous revoir aux Palliers, mais cela n'eût pas été raisonnable en ce moment. Pauvres Palliers! J'y voyais bien des vides et pourtant je les aimais toujours!

» Enfin, ma chérie, je serai peut-être là-bas avant ma lettre.

» J'ai déjà mon passeport. Je me flatte de ne plus vous écrire et de vous embrasser dans trois jours.

» OCTAVE. »

## CHAPITRE XI

Arrivée de mon mari à Jersey. — Nous prenons une maison à Saint-March's House. — La Commune. — Retour en France. — Voyage à Paris. — Séjour dans la Brie.

Ce fut dans une maisonnette de Saint-March's House, très promptement installée, que nous reçûmes le pauvre voyageur. Quelle émotion en se retrouvant ! Que de larmes versées dans le silence de ce doux et triste revoir ! Personne ne pouvait parler. On s'embrassait, on se regardait, on s'embrassait encore. Les enfants s'étaient accrochés au cou de leur père et y restaient suspendus.

Puis ce furent les questions qui se succédèrent de part et d'autre. On voulait tout savoir et tout se dire en un instant. « Comme je serai bien ici ! disait mon mari, en jetant les yeux sur le bon feu souriant, sur le fauteuil préparé pour lui, sur les bouquets de violettes dont on avait couvert les tables en son honneur. Mes pauvres amis, ajoutait-il en fixant ses yeux dans nos yeux, figurez-vous que je n'osais plus regarder vos photographies; cela me faisait mal. La veille de mon départ seulement, je les ai tirées de leur cachette et placées bien en face. Si vous saviez ce que j'étais heureux ! Si vous saviez combien je le suis plus encore aujourd'hui, que je vous tiens sur mon cœur! » Et il nous attirait tous les trois dans ses bras et nous y gardait comme s'il eût eu peur de nous perdre encore.

Les premiers jours qui suivirent la réunion furent pleins de sérénité. Nous avions des nouvelles de nos amis. Tous étaient vivants, pas un ne s'était perdu dans l'affreux tourbillon qui nous avait séparés. Nous recevions des lettres de France où chacun secouait ses plumes comme les oiseaux après la tempête. Chacun, en pleurant encore, se reprenait aux espoirs. Qu'espérer pourtant d'un pays ruiné, veuf de ses provinces et de ses armées, livré à un conquérant brutal, prêt à le jeter de ses mains, dans les mains des Jacobins et de la guerre civile Le soir, après le travail des enfants, on se réunissait autour du feu, pour causer de toutes ces choses avec l'abbé qui avait le jugement sain et le cœur français.

La plupart de nos amis s'étaient fait bloquer

dans Paris. Les hommes étaient montés sur les remparts. Les femmes étaient entrées dans les ambulances, ou s'étaient tenues là pour soutenir leurs maris et leurs fils. Jamais l'histoire ne vantera suffisamment ces humbles courages de femmes ; ces courages muets ne se traduisant que par l'acceptation des sacrifices, des privations de chaque heure, des souffrances de chaque moment. Les hommes, plongés dans la lutte, soutenus par l'intérêt du drame, animés par les rêves de gloire, avaient moins de mérite que ces créatures passives, qui se dévouaient dans l'ombre par vertu et bravaient la mort sans récompense.

Notre amie, madame S..., faisait partie de ces âmes vaillantes. Malgré sa faible santé et sa nature sensible elle avait supporté la faim et le feu des obus pour protéger de loin son fils qui se battait sur les remparts. Notre autre vieille amie, madame Brunet, avait aussi veillé sur ses enfants. Enfin, madame Baude, dont le mari fut tué quelques semaines plus tard dans une émeute[1], m'apprenait par un billet affectueux que tous étaient sortis de la lutte sans avoir trop souffert. Pauvre femme, elle se réjouissait alors d'avoir

1. Le baron Baude reçut douze balles dans le visage à la manifestation de la rue de la Paix.

conservé tous les siens et elle terminait sa lettre en disant : « Enfin, mon cœur se repose ! »

Hélas! personne ne devait connaître le repos. A peine le canon prussien eut-il cessé de tonner qu'on entendit celui de la Commune. Un second siège de Paris commença. Thiers, ses ministres, ses principaux fonctionnaires quittèrent Paris et s'installèrent à Versailles. A ce moment même, les généraux Lecomte et Clément Thomas étaient mis à mort; les gens paisibles de la manifestation de la rue de la Paix lâchement assassinés. On élevait des barricades. On liait des sergents de ville sur des planches et on les jetait à la Seine. On emprisonnait les prêtres. On pillait les voyageurs. On éventrait les tonneaux des marchands de vin dont le liquide se mêlait au sang de la rue. Pendant cela les filles publiques chantaient la *Marseillaise* sur les théâtres de Paris, les otages étaient massacrés, Courbet abattait la colonne Vendôme, souvenir de nos vieux triomphes.

Le printemps rayonnait quand même. Notre île se couvrait de fleurs. L'aubépine ombrageait nos routes de ses panaches blancs. Les jolies baies de Saint-Aubin et de Sainte-Brelade reprenaient leurs plus souriants aspects. Tous les rochers se couvraient de mousses reverdies, de fougères roulées dans leurs coques comme des papillons naissants. Les barques de plaisance sillonnaient les rivages. Les grands breaks traversaient bruyamment les chemins verts, entraînant les misses et leurs amoureux coiffés de voiles blancs. Nous traversions aussi les chemins, mais il nous semblait que nous nous promenions en corbillard et que le soleil, qui faisait rire et chanter les autres, n'était pas pour nous le même soleil.

La chère miss Emly était venue nous rejoindre après l'armistice et partageait de nouveau notre vie. Entre elle et l'abbé, nos soirées se passaient doucement. On ouvrait la « window » donnant sur le jardin du Temple voisin et l'on causait au clair des étoiles. On causait quelquefois si tard dans la nuit que pour regagner nos chambres, sans réveiller mon mari, depuis longtemps couché, chacun de nous se déchaussait pour monter les escaliers à petit bruit. Cet abandon de nos chaussures nous amusait toujours beaucoup. L'abbé, qui tirait avec conscience ses souliers à boucles d'argent pour les prendre à la main, avait un si drôle d'air pendant l'opération, que nous avions peine à étouffer nos rires. Mais l'abbé ne se fâchait point et prétendait au contraire qu'il était heureux de nous rendre un peu de gaîté.

La Commune semait de plus en plus la

mort sur ce qui restait de notre malheureuse France. On recevait chaque jour de Paris d'effroyables nouvelles que des crieurs publics annonçaient le soir, à son de trompe dans les rues de Saint-Hélier. Ces crieurs passaient aussi sous nos fenêtres, quelquefois tout à fait dans la nuit.

Quelle impression sinistre nous causaient ces voix, criant nos hontes et nos malheurs ! Ce fut ainsi que nous apprîmes la mort des otages et l'incendie de Paris ! Le soir où nous connûmes ces désastres ne s'effacera jamais de ma mémoire. Comme aux heures qui suivirent la ruine de Sedan, nous sentîmes le chaos sous nos pas. L'abbé était avec nous, je lui demandai de se mettre à genoux et de prier pour ce Paris détruit, et pour ces martyrs égorgés, pour nous enfin, qui n'allions recueillir que des cendres en rentrant dans la patrie. L'abbé s'agenouilla, éleva les mains, et nous l'entourâmes mêlant nos larmes à ses prières émues.

Quelques heures plus tard, au moment où les troupes de Versailles plantaient leur drapeau sur les barricades de l'insurrection, nous montions sur le bateau *la Comète*, qui faisait voile pour la France.

Lorsque nous eûmes revu la maison et donné

quelques jours à mon pauvre vieux père, nous partîmes pour Paris, laissant la garde de nos enfants à l'abbé. Nous voulions revoir les amis que Dieu avait épargnés.

Le voyage fut pénible à travers les pays ravagés. La voie ferrée n'était rétablie qu'à différents endroits. On passait d'un wagon dans une tapissière, d'une tapissière dans une charrette. De la charrette on remontait en wagon. Sous les tunnels à demi effondrés, sur les ponts provisoirement construits, les trains marchaient avec incertitude et précaution, avançant, reculant, flairant le vent !

A chaque station, nous trouvions la trace des luttes barbares à peine terminées. Les gares transpercées par les obus ne tenaient plus debout. Ici, c'était une église qui avait perdu sa croix et ses clochetons, un pauvre cimetière piétiné par les soldats et dont les tombes effacées ne formaient plus que les sillons d'un champ labouré. Là, un village abandonné où quelques paysans dépossédés erraient comme des ombres. Au fond d'une avenue rajeunie par le printemps, apparaissait un château éventré par le canon. Plus loin, des bois mutilés, dont les branches mortes jonchaient la route. Et plus on approchait de Paris, plus la ruine était grande. Asnières, n'avait plus une maison. La plaine, hérissée de pans de murailles, de toits effondrés, d'arbres tordus, formait un douloureux contraste avec le souvenir qui restait de ces lieux si riants. Ces rivages, que les grisettes et les étudiants parcouraient jadis d'un pas léger, étaient déserts comme les rives de la *Mer morte*. Plus une lavandière dans ces petites anses de verdure où la Seine venait mourir. Plus de ces jolis jardins dont on voyait naguère l'image fleurie au fond des eaux. A la place des petites tonnelles et des bancs enguirlandés de vignes, un amoncellement de décombres et autour de ces décombres quelques chevaux maigres, broutant l'herbe poussée depuis les désastres.

En arrivant à Paris vers le soir, nous ne pûmes trouver un fiacre. Pas une voiture dans la ville. Nous dûmes gagner à pied, suivis d'un homme qui portait nos malles, notre hôtel de la rue de Rivoli.

En passant sur la place Vendôme, je fermai les yeux pour ne pas voir le grand vide laissé par la colonne abattue. Partout c'était la désolation. Partout le silence et l'obscurité. Le gaz n'existait plus. Chacun s'éclairait avec une petite lanterne, comme jadis dans nos villes de province, et toutes ces pâles lumières qui couraient et s'entre-croisaient dans ces grands espaces noirs, avaient un aspect vraiment fantastique.

Le lendemain j'entrepris avec deux de mes amis un triste voyage à travers les ruines de Paris; mon mari n'eut pas le courage de nous suivre : c'eût été pour lui, le chemin du calvaire.

Nous traversâmes ces pauvres Tuileries, nous dirigeant vers le faubourg Saint-Germain, vers la rue du Bac et la rue de Lille que la mitraille avait presque détruite, vers le Palais de la Cour des comptes, où les ronces poussaient déjà entre les pierres noircies par l'incendie. Nous arrivâmes en suivant les quais en face de la Conciergerie, également ravagée et de la flèche dorée de la Sainte-Chapelle, que les obus avaient respectée. Elle était là, debout, sortant de l'effondrement du vieux Palais, comme une grande ombre du passé, veillant sur ce qui restait de la France. En pénétrant dans les décombres, nous aperçûmes le cachot de Marie-Antoinette mis à jour par le canon et, dans un coin, le petit fauteuil où elle s'était assise pendant les heures de son martyre. Une sentinelle gardait ces tristes lieux, passant et repassant avec indifférence, sans se douter peut-être que quatre-vingts ans plus tôt, pendant un autre orage, une reine de France y avait agonisé.

En sortant des Magasins-Réunis qui fumaient

encore, nous trouvâmes par miracle un vieux fiacre échoué devant la porte d'un marchand de vin. Il arrivait, nous dit-on, de Coulommiers, avec des voyageurs qui l'avaient laissé à Paris. Nous fîmes marché avec le cocher pour qu'il nous conduisît du côté du Trocadéro et du Bois de Boulogne, après quoi nous partîmes dans ce coche d'un autre siècle.

Comme nous passions sous les hauteurs du Trocadéro, nous rencontrâmes M. Thiers retournant à Versailles dans un coupé précédé de deux gendarmes, le revolver au poing. Tout cela était sinistre et semblait aller vers un lieu d'exécution. Et voilà ce qui restait de nos cortèges royaux ! Je vois toujours Thiers tapi dans le fond de la voiture avec ses grosses lunettes miroitantes, pareilles aux deux yeux d'un hibou et les deux gendarmes essoufflés protégeant sa route.

En gravissant la côte de Passy, nous jetâmes des regards attristés vers ces grands espaces du Champ-de-Mars où nous avions vu, quatre ans auparavant, les merveilles de l'Exposition. Quelle différence cruelle entre la prospérité et la gloire de ces temps devenus légendaires et l'effondrement du temps présent. En discourant sur la fragilité des choses, nous atteignîmes le pavillon de la Muette où Dombrowski avait trouvé la mort.

Devant ce beau parc on voyait encore une redoute en argile sur laquelle restait l'empreinte des pas des assiégeants, des sacs à terre et des gabions abandonnés sur la route. Un peu plus loin, dans l'un des fossés gazonnés, nous aperçûmes une quantité extraordinaire de mouches ; elles volaient en essaims pressés comme les sauterelles d'Égypte.

— Pourquoi tous ces insectes ? demandâmes-nous à un policier stationnant sur le talus.

— Parce qu'il y a eu beaucoup de cadavres couchés là, nous répondit cet homme. On a beau jeter de l'eau bouillante, du chlore, des pelletées de terre sur ces vilaines bêtes, elles reviennent toujours.

En longeant les fortifications du côté du boulevard Lannes et de Passy, nous passâmes devant ces jolis hôtels entourés de parcs et de jardins où résidaient jadis tant d'élégances : tous étaient abandonnés. La plupart avaient au flanc de larges crevasses faites par les canons du Mont Valérien, et qui laissaient voir à l'intérieur des débris de richesses à moitié consumées. Quelques familles de bohémiens avaient installé leur foyer dans ces ruines et sous ces ombrages sans maîtres. Les femmes y étendaient leur linge, les hommes fumaient, couchés sur les pelouses, pendant que les chiens, les poules et les enfants s'ébattaient autour d'eux.

Dans une allée d'acacias, au fond d'un parc solitaire, se montrait une de ces villas ressemblant aux villas italiennes et que la mitraille semblait avoir épargnée. Comme les autres habitations, elle paraissait livrée à l'abandon. Nous entrâmes dans le parc par le côté le plus boisé, suivant les jolies allées dont le sable fin était à peine froissé. Nous longeâmes le bord d'une rivière claire et charmante qui s'en allait en murmurant sous des ponts couverts de lierre. Nous traversâmes des pelouses où les cèdres et les sycomores abritaient des statues de marbre, et nous arrivâmes ainsi jusqu'à la maison que le soleil embrasait sous son dôme de verdure.

Cette maison, qui de la route nous paraissait intacte, était labourée, criblée par les obus. Le premier étage s'était effondré et jonchait le rez-de-chaussée de ses débris. Les poutres, les plafonds et les meubles s'étaient accumulés sur le perron et s'éparpillaient sur les marches. On apercevait sous cette montagne de décombres, des vases, des girandoles, des tableaux déchirés, jusqu'à des jouets d'enfants. Aux alentours, pas de bohémiens, rien que deux oies blanches marchant lourdement sur la terre jonchée d'épaves, et un sergent de ville enseveli dans sa capote et veillant sur ces trésors anéantis.

Après avoir erré dans le Bois de Boulogne, qui n'était plus qu'un champ dévasté, nous regagnâmes Paris par le Point-du-Jour. Le soir était venu. Les hauteurs du Mont Valérien s'ensevelissaient dans les flammes du soleil couchant. Ces mêmes feux doraient les ruines émergeant du plateau d'Auteuil et les arches brisées de l'aqueduc qui prenaient dans cet embrasement du ciel et dans ces paysages bleuissants, l'aspect des grandes ruines de Rome et d'Athènes.

En rentrant à l'hôtel, je trouvai mon mari plongé dans de noires mélancolies et désireux de quitter le plus vite possible ce malheureux Paris.

Pour achever de nous assombrir nous trouvâmes, en allant prendre l'air après dîner sur le balcon, un grand os humain, apporté là par les corbeaux après la bataille. Tout n'était que mort et destruction dans cette nécropole ! Mon mari, si courageux pendant la lutte et au moment du danger, était devenu la proie de ses nerfs, depuis que l'heure du repos avait sonné, et les impressions de la mise en scène, les souvenirs du douloureux passé, le jetaient dans des crises qui m'inquiétaient pour sa santé. Je crus prudent comme lui baudruche dans lesquels il souffla et qui devinrent des animaux monstrueux. Tout cela monta lentement vers les admirables plafonds peints, où dormaient dans leurs nuages dorés les Renommées et leurs trompettes, les Lavallière et les Montespan, au fond de leurs apothéoses.

A ce moment suprême M. de C... saisit ses javelots et se mit à tirer sur ses bêtes, envoyant sans merci, des flèches égarées dans le nez de La Vallière et dans le sein de Montespan. Madame de Dampierre éperdue, pleurant ses magnifiques peintures, accablait M. de C. des plus dures invectives.

Je ne savais que devenir en cette étrange situation, quand j'eus l'idée d'ouvrir la fenêtre et de persuader à M. de C... qu'il devait plutôt tirer sur les pigeons ramiers du parc, que cette chasse aurait plus de mérite, et je lui désignai alors quelques-uns des pigeons perchés autour des bassins. Cela réussit, et toute une mitraille de flèches tomba bientôt sur les pauvres oiseaux.

Au départ, M. de C... m'accompagna jusqu'à ma voiture et faillit tuer mon âne et me tuer moi-même, en lançant dans l'espace son dernier javelot.

Je crus devoir faire une autre visite au delà de Melun à une pauvre vieille châtelaine qui m'avait d'abréger notre séjour et de reprendre au plus vite le chemin du pays.

Quelques semaines plus tard, je traversais de nouveau Paris pour gagner le château de nos amis S... que je n'avais pas eu le temps d'aller voir à mon premier voyage. En entrant dans leurs bois, j'entendis les fanfares allemandes des régiments regagnant la frontière. Mon cœur éclata. Il s'était déjà brisé plus d'une fois en traversant cette plaine de la Marne où il ne restait plus une chaumière, plus une pierre debout. Cette vallée avait été le théâtre de nos plus grandes batailles On voyait sur les coteaux qui avoisinent Nogent et Champigny les trouées faites par les régiments de la cavalerie prussienne, se précipitant vers la Seine, et dans les plaines qui bordent la rivière les tombes alignées de nos pauvres soldats.

Ce château de N... où j'avais passé de si douces heures avait été occupé par les cinq cents Prussiens dont j'avais entendu les fanfares. Les maîtres venaient d'y rentrer et réparaient tristement les dommages causés par les hordes ennemies.

Je fus accueillie bien tendrement dans cette maison amie, et j'y passai quelques jours réparateurs. Pendant cela, j'allai voir madame de Dampierre qui avait quitté Jersey avant nous et qui venait de reprendre possession de son château de Guermante, également envahi par l'armée prussienne.

Je partis donc un matin pour Guermante dans une petite charrette traînée par un âne, les écuries du château n'étant pas encore renouvelées. L'âne devait être un âne prussien, car il était méchant et rétif. Il faillit dix fois me jeter dans les buissons. Tout en le conduisant, je me rappelais une histoire qu'on m'avait contée d'un autre âne qui ne se mettait en marche que lorsqu'on lui jouait de la flûte. Je regrettai plus d'une fois pendant le trajet de n'avoir pas un de ces instruments à ma disposition pour en essayer le charme sur ma vilaine bête.

J'arrivai pourtant à Guermante sans encombre et fus reçue à bras ouverts par madame de Dampierre qui peignait au fond de sa belle galerie, en compagnie d'un vieux monsieur. On nous présenta l'un à l'autre.

— Monsieur de C..., madame Octave Feuillet.

M. de C... ne tarda pas à me faire les questions les plus extraordinaires comme celle-ci par exemple :

— Savez-vous tirer de l'arc, madame ?

Et comme je paraissais troublée par cette singulière demande.

— Mon Dieu, ajouta-t-il, il n'y a pas d[e]
à ne pas savoir tirer de l'arc, mais il faut app[rendre]
c'est utile à tout, même à la digestion. Per[mettez]
moi de vous donner votre première leç[on]
mon arc et mes flèches dans l'antichambre,
les chercher.

Et il se précipita vers la porte.

La pensée de tirer de l'arc avec ce genti[l]
maniaque ne me souriait nullement; si j'[étais]
seule je me serais plutôt sauvée par la
mais madame de Dampierre était là, je
vais la quitter d'une si singulière maniè[re]
freuse surdité de la pauvre femme l'ava[it]
chée de prendre part à la conversatio[n]
devant mon visage effaré elle commençai[t]
quiéter et me questionnait sans repos
sur les agissements du terrible vieillard.

— Que vous a-t-il dit? Que va-t-il fai[re]
enfin, où est-il allé?

Je répondis à madame de Dampierre
vers les profondeurs de son cornet ac[oustique]
qu'il était allé chercher son arc et ses
Ceci parut la consterner. Pendant cela M
avait reparu avec son attirail qu'il posa
sur la table au milieu des crayons et d[es]
de couleurs de madame de Dampierre
sortit de sa poche une quantité de petits

bien accueillie dans les jours heureux, et que le malheur avait frappée depuis mon absence. Elle avait perdu son mari et deux de ses fils et vivait dans la triste solitude d'un château désert. La perte des siens et les émotions de la guerre semblaient lui avoir frappé l'esprit. Elle ne quittait plus une vieille tourelle, perdue dans les bois, n'y recevait personne, permettant à peine à ses domestiques d'y pénétrer. Quand elle avait à réclamer d'eux quelques services, elle tirait un coup de pistolet par la fenêtre.

Je n'avais pas la prétention d'être reçue dans la tourelle, mais je tenais à y déposer ma carte en signe de souvenir. Contre toute attente, le domestique, qui m'ouvrit la porte, me pria d'entrer.

On m'introduisit alors dans la bibliothèque de la solitaire qui ne tarda pas à paraître, coiffée d'un vieux foulard roulé comme un turban.

— Vous me voyez bien souffrante, me dit-elle. J'ai eu la sottise de me faire faire un râtelier qui me gêne horriblement. Je l'avais mis pour vous recevoir, mais si vous le permettez, je l'enlèverai pour un moment.

Et cela dit, elle sortit son râtelier de sa bouche, et le tint à la main comme un masque romain, pendant qu'elle me contait la fin tragique des siens. Son émotion fut telle un moment qu'elle laissa glisser sa mâchoire sur mes genoux et qu'elle l'y oublia. Je dus la remettre en partant sur une table, où elle grinça tout à son aise, à côté d'un portrait du comte de Chambord, perché sur un chevalet.

J'allais quitter N... avec l'espoir de retrouver enfin mon foyer pour de longs jours, quand je reçus une lettre de mon mari qui me suppliait de partir pour la Suisse, afin d'y chercher une maison d'éducation pour les enfants. Il ne voulait plus, me disait-il, les laisser en France, dans ce grand désordre moral qui succédait aux guerres et aux révolutions que nous venions de traverser. Il sentait les idées démocratiques nous envelopper de plus en plus, les sentiments religieux disparaître. Il voulait protéger ses fils contre l'envahissement des doctrines nouvelles et des mœurs qu'il réprouvait. Il ajoutait que son désir était que je fusse d'abord à Genève pour prendre les conseils de monseigneur Mermillod au sujet du pensionnat qui devait recevoir nos fils.

J'avoue qu'il me parut désolant d'envoyer ces enfants si loin de nous et de confier à des étrangers le soin de former leur âme; mais j'obéis pourtant et je partis pour Genève, le cœur bien gros, avec la femme de chambre qui avait partagé mon exil de Jersey.

## CHAPITRE XII

La Suisse. — Ma visite à l'évêque. — Entrée de mes enfants chez les dominicains d'Arcueil. — Je retrouve enfin mon foyer.

Nous arrivâmes à Genève par un temps magnifique, par une de ces journées où le lac et les horizons ont des teintes qu'aucun peintre ne sait rendre. Ma première visite fut pour les cygnes et l'île Rousseau. Ces beaux oiseaux, nageant tranquillement sur les eaux dormantes du lac, me rendaient l'image d'une paix que je ne connaissais plus.

Ma seconde visite fut pour l'évêque. Je n'avais pour lui aucune lettre de recommandation, mais mon nom et ma qualité de Française m'ouvrirent immédiatement les portes.

Il me reçut dans une espèce de parloir, empreint de toute la sécheresse genevoise. Sur les murailles, une carte de France et un grand reliquaire ;

c'était tout! Quant au mobilier, il se composait de quatre chaises de paille et d'un vieux canapé, sur lequel monseigneur me fit asseoir.

Monseigneur était un homme d'une cinquantaine d'années, d'une taille moyenne, mais d'une structure puissante. Il n'était pas beau avec ses pommettes rouges et ses traits taillés à coups de hache, mais il plaisait pourtant, parce que l'intelligence rayonnait dans ses petits yeux et que sa parole était pleine de bonté. La vitalité intense qui transfigurait son visage lui donnait la force de soutenir les longues et cruelles luttes religieuses, avec cette Suisse protestante qui lui avait déclaré la guerre et voulait sans cesse le repousser de son sein. Je revis souvent l'évêque pendant les luttes dont je parle, alors qu'il fut exilé à Ferney. Chose étrange, je le retrouvai dans la maison de madame Denys, la nièce de Voltaire.

L'évêque daigna s'associer à mes soucis maternels et me parla longuement de mes enfants; mais il condamna absolument nos projets d'éducation hors de France. Son opinion était, que nos fils devaient souffrir, lutter et vivre de la vie de la patrie. Je le quittai, parfaitement décidée à supplier mon mari de suivre ses conseils, qui satisfaisaient à la fois ma raison et les sentiments de mon cœur.

Cependant, avant de rentrer en France et pour donner toute satisfaction au but de mon voyage, je résolus de visiter quelques pensionnats dont un de nos amis de Paris m'avait signalé les noms, au moment où j'allais accomplir ma mission.

L'épreuve ne fut pas à la gloire des maisons que je visitai. L'une d'elles, avec ses voûtes de pierres grises et ses escaliers ténébreux, me fit songer aux pyramides d'Égypte. J'y fus reçue par un directeur qui, dès le début, glorifia la république française et me dit que la Commune n'était qu'une erreur. En discourant de la sorte, il me montrait son domaine et me promenait le long de ses couloirs sombres que des domestiques lavaient à grande eau sans s'inquiéter de notre passage. Dans le salon, un piano du temps de la reine Berthe, une table chargée de prospectus et au milieu des paperasses, une assiette enduite de miel avec un globe pour attraper les mouches. Un peu plus loin, la photographie du professeur dans un cadre en verre filé, et sur les murs crevassés, des images représentant le Mont Blanc sous toutes les formes et des excursionnistes le gravissant péniblement. Enfin, au centre de la cheminée, un Guillaume Tell, en bronze de la Vieille-Montagne, visant la pomme sur la tête de son fils.

Nous passâmes ensuite dans la cour, piétinée par une vingtaine d'élèves, de pauvres garçons qui se promenaient deux par deux, sous des arbres aux feuilles mangées par des chenilles. Quelques-uns se dirigeaient vers la gymnastique, qui apparaissait au fond du tableau comme la guillotine. Près de là, sous une tonnelle grise de poussière, se tenait une femme d'un âge mûr, raide comme un cierge pascal, coiffée d'un grand chapeau retenu par une mentonnière et lisant avec prétention les œuvres de Schiller. C'était la maîtresse de la maison, celle qui veillait sur les enfants, qui leur faisait la lecture de la Bible, présidait au repas et remplaçait la mère absente. La pensée de livrer mes fils au professeur communard et à sa vieille poupée me fit courir la sueur sur les os. Après avoir demandé tous les prospectus de l'établissement, promettant de revenir, je disparus vite sur la route poudreuse qui m'avait menée à ce triste lieu.

A quelques kilomètres du village de B..., je visitai un second pensionnat, d'un aspect bien différent. Là, c'était riant, spacieux, plein d'ombrages. On arrivait à la villa du professeur D..., par de longues avenues, au fond desquelles on apercevait le lac et le Jura dans ses brouillards bleus. Sur les pelouses, des petits enfants animés, joyeux, jouaient aux quilles et au crocket. De plus grands élèves galopaient à cheval le long des allées ; de plus grands encore, descendaient les coteaux en chantant, s'en allant canoter sur le lac.

Près de la maison, au pied d'un chêne, un jeune homme blond, un peu mélancolique, jouait aux échecs avec une jeune femme vêtue de blanc et couverte de longs cheveux ondulés. Sur l'oreille elle avait un paquet de fleurs, et ces fleurs paraissaient attirer singulièrement les regards du joueur d'échecs.

Sur la porte du joli cottage tout enguirlandé de roses, se tenait un prudhomme jovial. C'était M. D... Il s'avança vers moi, une main dans son gilet et les pieds à la contredanse :

— Qu'y a-t-il pour votre service, madame ?

— Monsieur, je voudrais visiter votre établissement. Peut-être vous confierais-je mes enfants.

Sur cet espoir, M. D... me dirigea avec empressement à travers les dortoirs et les corridors. Nous arrivâmes aux salons, dont il ouvrit les volets avec fracas. Quand le soleil pénétra dans la demeure, il me laissa voir un joli intérieur, élégamment orné, avec des fleurs bien groupées dans des vases. On sentait que la patte blanche de la dame aux longs cheveux avait passé par là. Du reste, M. D... ne manqua pas de me confirmer la chose.

— C'est ma femme, me dit-il avec emphase, c'est ma femme qui se charge de ces embellissements. Une artiste, ma femme, une véritable artiste ! La nature, les arts, la littérature, voilà sa vie, son essence ! Cela m'a causé souvent un peu d'embarras, car j'aurais eu besoin, dans une maison comme la mienne, d'avoir une ménagère faisant le beurre et comptant la lessive, mais que voulez-vous, on ne peut pas être une déesse et une cuisinière ! J'ai pris une gouvernante qui surveille les gros ouvrages et j'ai laissé ma femme suivre ses goûts. D'ailleurs, elle m'est d'un secours précieux pour nos jeunes gens. Elle sait les occuper. Avec l'un elle dit des vers, avec l'autre elle fait de la musique, avec le troisième, elle joue au boston ou aux échecs. Tenez, qu'est-ce que je vous disais ? Regardez-la sous son vieil arbre. Regardez-les tous les deux !

Et il soulevait un coin du store pour ne rien me laisser perdre du tableau.

— Eh bien, voilà un jeune homme, ajouta-t-il, dont je ne savais que faire quand il m'est arrivé pour terminer ses études. Nature désordonnée, caractère indiscipliné, avec cela, mœurs douteuses ! En six mois, ma femme l'a changé. C'est vraiment une incroyable chose ; elle en fait ce qu'elle veut. Le voilà maintenant tout au devoir et au sérieux de la vie. Je suis sûr qu'en ce moment, ils parlent morale et littérature. Vous vous glisseriez là, derrière eux, dans ce buisson, que vous entendriez certainement des choses qui vous surprendraient.

Ce pauvre être m'irritait. Je lui demandai le prix de sa pension, me disposant à partir.

— De six à sept mille francs par an, me répondit-il, sans les accessoires.

J'eus envie de lui dire que je trouvais cela bien cher pour apprendre à canoter et à devenir le favori de madame D...

Pendant ces journées passées à Genève, quelques personnes que j'y avais connues étant à Divonne en 1862, me présentèrent un vieillard intéressant, faisant partie de la noblesse genevoise, M. P... de S... Cet homme sut me charmer par sa conversation et ses curieux récits. Tout en prenant le thé avec moi, il me contait que sous le premier Empire, alors qu'il y avait un département du Mont-Blanc et que Genève était un peu la France, son père, qui occupait de hautes fonctions dans la magistrature, appelé souvent à Paris par l'Empereur, l'emmenait avec lui à la cour. Quoique bien jeune, il devint le favori de l'Empereur et le protégé de l'Impératrice Joséphine à la Malmaison. C'était là, me disait-il, qu'il l'accompagnait dans ses promenades et lui présentait ses gants sur un plateau d'or ciselé. Ce n'était pas une sinécure, ajoutait M. de S..., car elle changeait de gants à tout moment. Même à table, il fallait lui en présenter une paire neuve entre chaque plat. M. de S... remplissait quelquefois des missions plus délicates. C'était encore lui qui était chargé d'enlever de temps à autre une petite perruche, grosse comme un colibri, que Joséphine tenait blottie dans son corsage, derrière une branche de citronnelle. Il paraît que la perruche aimait passionnément sa retraite, car elle se fâchait quand on l'en faisait sortir. M. de S... montrait avec fierté, à son pouce de la main droite, une petite cicatrice blanche, souvenir d'un coup de bec que lui avait donné l'oiseau dans une bataille intime. Il parlait surtout avec une émotion que le temps n'avait point éteinte, de la parfaite bonté de l'Impératrice. Sa bonté, me disait-il, s'étendait jusqu'aux animaux. Et il me contait à ce sujet, qu'elle avait supporté pendant de longues années une chienne qui traînait ses boyaux partout où elle allait. « J'aimerais qu'elle fût morte, disait Joséphine, mais tant qu'elle vivra, je lui donnerai quelques douceurs. Elle aime mieux mon salon que son chenil, elle restera dans mon salon malgré le dégoût qu'elle me cause. »

Le vieillard avait également fait partie, dans sa jeunesse, de la société du brillant Coppet. Il avait connu Ballanche, Benjamin Constant, et dansé la gigue avec Sismondi. Bien accueilli par madame de Staël en ces temps glorieux, il l'avait accompagnée lorsqu'elle rentra dans son cercueil, sous les ombrages du Coppet solitaire. « Ce jour-là, la matinée était fraîche et belle, disait M. de S..., pourtant, tout paraissait désolé. De temps en temps les porteurs s'arrêtaient, déposaient leur fardeau sur la terre humide, s'essuyaient le front, puis reprenaient leur marche lente, dans un silence qui n'était troublé que par le bruit des feuilles. Deux ou trois fidèles seulement, derniers débris d'une cour que les reines eussent enviée, suivaient en pleurant la grande morte jusqu'au caveau funèbre. »

L'image de madame Récamier tenait au cœur de M. de S... Il défendait sa vertu comme un tigre, et quand il voyait sur quelques visages un peu de doute à ce sujet, son vieil œil éteint se ranimait et devenait féroce. Il gardait comme une religion le souvenir des soirées passées à l'Abbaye-aux-Bois. Une fois, me disait-il, j'y trouvai M. de

Chateaubriand qui avait marché sur une mauvaise herbe et boudait sur un canapé, les pieds en l'air et la tête en bas. Madame Récamier cherchait à le dérider et lui adressait mille questions qui tombaient dans le silence. Elle en arriva à lui demander sur un ton irrité :

— Où donc avez-vous passé votre matinée ?

— Dans la moutarde, répondit le grand homme.

— Vous étiez donc malade ? objecta madame Récamier.

— Oui, j'étais congestionné.

Ce fut tout. On ne put rien tirer de plus de son mutisme. En sortant, M. de S... rencontra M. de Montmorency et lui raconta la chose.

— Parbleu ! s'écria M. de Montmorency, je sais bien pourquoi Chateaubriand était congestionné et s'était fourré dans la moutarde : il venait d'apprendre la grossesse de madame la duchesse de Berry.

Les deux ou trois visites de M. de S... m'aidèrent à passer les heures en attendant les instructions de mon mari. Ces instructions arrivèrent enfin. Convaincu par mes lettres des inconvénients d'une éducation étrangère pour nos enfants, il me priait de cesser mes recherches et me rappelait en France. Je résolus de regagner Paris par Lausanne, et ce fut en voiture découverte, que je suivis cette jolie route de Genève à Lausanne, côtoyant presque tout le temps les bords du lac.

A travers les magnifiques arbres des villas et des parcs échelonnés, on apercevait les eaux bleues de ce poétique Léman, et les pics neigeux des Alpes. Quelquefois, de petites barques, avec leurs voiles blanches, apparaissaient à l'horizon, semblant venir à vous, comme des oiseaux qu'on appelle. Tout était calme et riant dans les moindres villages. Tout avait l'air honnête et doux, depuis les gens qui vous souhaitaient bon voyage à la fenêtre, jusqu'aux vaches qui ruminaient dans leurs enclos. Je me laissais aller à la paix charmante de ce pays charmant, oubliant pour un moment les agitations et les douleurs de la France.

Comme nous approchions d'Ouchy, la nuit vint. Une nuit superbe, comme les nuits d'Orient. Avec les premières étoiles, une fournaise ardente parut bientôt au-dessus des Alpes, et de ses poussières d'or, sortit la lune rouge et magnifique. Elle monta, monta lentement, puis sembla se fixer dans l'azur et, de là, veiller sur les mondes endormis. Tout alors se couvrit de clartés : le lac, les campagnes, les toits des maisons, jusqu'aux feuilles des vieux platanes bordant la route, qui miroitaient comme des sequins. Pendant cela, le silence envahissait la terre. Plus de voix lointaines, plus de brise dans les arbres, plus de bruit de rames sur les flots. Les chevaux trottaient dans une épaisse poussière ; leurs pas étaient muets, seuls et à de longs intervalles, les bateaux à vapeur regagnant le port, faisaient entendre leur souffle puissant. On eût dit des monstres antédiluviens, traversant les mers désertes du commencement des âges.

En arrivant à l'hôtel Beau-Rivage, où je dus passer la nuit, je tombai sur l'un des membres de la Commune, qui était venu, après la défaite, chercher un refuge dans ce pays de la liberté. Le lendemain nous déjeunâmes côte à côte, dans un petit restaurant dont les fenêtres ouvraient sur de paisibles jardins. Le Communard mangea de bon appétit, moi, je ne sus rien avaler; la vue de cet homme me serrait la gorge et l'estomac. Au dessert, il se leva, et fut jeter du pain aux moineaux sur la terrasse. Ce criminel avait les sensibilités de Robespierre.

Je trouvai à Paris une lettre de mon mari, m'annonçant l'arrivée des enfants.

« Je t'envoie les petits, me disait-il ; après mûres réflexions, je me décide à les confier aux dominicains d'Arcueil. Ce sont des prêtres instruits, pieux et énergiques, j'espère en eux pour faire des hommes de nos fils. J'espère également en toi pour surveiller leur installation dans ce collège. J'aurais voulu t'en éviter le tourment, mais je suis écrasé, découragé ; il me semble que je ne peux plus rien, ni pour moi, ni pour les autres.

» Le directeur a été prévenu, il consent à prendre les enfants. »

Ce directeur était le père Houlès, un poète et un lettré. Il aimait les œuvres de mon mari. Il aima ses enfants et m'aima un peu moi-même. Que de fois je lui ouvris mon cœur de mère, dans la paix de son cloître ou sous les ombrages de son beau parc. Je le vois toujours, marchant à mes côtés, dans sa cape blanche, avec sa canne et son cache-nez rouge dont les bouts flottaient comme l'écharpe d'un toréador. Il me parlait aussi avec confiance, de ces jeunes vies qu'il créait et qui étaient l'intérêt puissant de son cœur.

Lui, n'avait pas été inquiété par la Commune, mais un de ses professeurs, le père Rouxelin, avait échappé par miracle au massacre qui fit tant de martyrs. Avant cela, pendant le siège de Paris, le père Rouxelin quittant la communauté et ses habits de religieux, était allé d'ambulance en ambulance soutenir ceux qui mouraient. Il avait fini par s'installer à Belleville, au milieu de cette population violente et surexcitée et là, vêtu comme un ouvrier, un gourdin à la main, un chapeau défoncé sur l'oreille, il pénétrait dans les bouges les plus suspects, pour y porter des paroles de paix et de rénovation. Il courait aussi sur les champs de bataille, ne dévoilant son caractère sacré qu'au moment où la mort allait frapper ceux qu'il appelait ses enfants. Alors, dénouant sa cravate, entr'ouvrant sa chemise, il laissait voir sur sa poitrine sa croix de dominicain, et donnait l'absolution d'une voix ferme, au milieu des balles et de la mitraille.

Ce fut au père Houlès et au père Rouxelin que je donnai mes deux fils, confiante dans leur avenir. Il y eut, malgré la sécurité que j'emportais, un grand déchirement, quand je quittai ces enfants dont je ne m'étais jamais séparée. Au dernier moment, ces petits s'accrochèrent à ma robe, sanglotant dans mes bras, appelant leur père, Saint-Lô, leurs chers Palliers, tremblant à la pensée d'entendre les lourdes portes du couvent se fermer sur leur mère, qui allait regagner le pays sans eux.

Et leur mère, encore plus désolée, les recommandait aux pères, aux sœurs infirmières, aux domestiques même, tendant des mains suppliantes vers tous ces inconnus auxquels elle les livrait.

Ce fut vers le milieu de l'automne que je retrouvai ma demeure bien attristée par l'absence des enfants, par le départ de la plupart de mes amis et par les mélancolies croissantes de mon mari. Cependant, il s'était remis au travail et avait repris *Julia de Trécœur*, commencée avant la guerre ; mais il était frappé de l'idée, qu'ébranlé par tant d'émotions successives, il ne pourrait plus rien écrire de bon, que le succès était perdu pour lui comme le reste !

Presque chaque jour, il me faisait la lecture des pages écrites. J'essayais de le relever par mes compliments. Parfois je réussissais, alors il me disait :

— Tu es un bon public et je t'aime bien !

Les mauvais temps d'hiver, les brouillards, puis la neige achevaient d'assombrir mes horizons. Quand mes devoirs de maîtresse de maison étaient accomplis, j'allais faire quelques courses à Saint-Lô, dans un vieil omnibus du chemin de fer qui remplaçait ma voiture, et ce beau cheval dont j'étais si fière et qu'il m'avait fallu vendre. Quand je me voyais ensevelie dans la paille de l'omnibus comme une pomme dans un fruitier, je ne pouvais m'empêcher de soupirer après l'élégant équipage qui me transportait naguère dans les rues et sur les routes où chacun l'admirait. Je voyais mon cheval steppant devant le général Fleury quand il venait inspecter le haras de Saint-Lô et qu'il s'amusait à me faire faire au trot relevé le tour du Champ de Mars. « Bravo ! » criait-il en frisant sa moustache. Qu'eût pensé le général, s'il m'eût rencontré dans la vieille cariole d'alors, faisant le bruit d'un caisson d'artillerie et conduite par un homme en blouse et fumant la pipe? Tout cela était vraiment bien peu de chose dans la débâcle générale, mais les petites amertumes mises dans la balance ont aussi leur poids.

Quelquefois, avant dîner, dans ce qu'on appelle l'entre chien et loup, alors que je me chauffais en regardant trembler la flamme, je voyais entrer le vieux monsieur de V..., un de nos voisins qui prétendait descendre du célèbre marin Duquesne. Il prétendait aussi ne mourir que quand cela lui ferait plaisir. La mort ne l'avait guère tenté jusqu'alors, car il avait bien quatre-vingt-dix-neuf ans. Il s'asseyait devant moi, essuyait ses souliers en peau de castor avec son mouchoir, puis soutenait sa thèse habituelle : la volonté de vivre repousse la mort ! Cette thèse assommait mes oreilles depuis des années, et pourtant je regrettai de ne plus l'entendre lorsque le pauvre vieux fut enlevé par une fluxion de poitrine à mes chiens et loups. Quelques heures avant de quitter ce monde, poursuivi par son idée fixe, il avait écrit : « Je meurs parce que je le veux bien ! »

# CHAPITRE XIII

### Départ de mon mari pour Londres ; ses lettres.

*Julia de Trécœur* parut enfin et le succès ressuscita son auteur. Nous eûmes quelques bons jours en regardant pousser l'herbe comme mon mari me l'avait écrit pendant l'exil de Jersey.

Profitant de ce retour de vie et d'un gain qui remplissait sa bourse un peu vide, il résolut de partir pour l'Angleterre, où vivaient depuis nos désastres les souverains dépossédés. « Je ne veux pas, dit-il, qu'ils se croient oubliés dans le malheur », et il se mit en route.

La première lettre était datée de Londres.

Londres, 25 février 1872, Clarendon Hotel.

« Très chère petite amie, me voici donc à

Londres et je me porte bien, toujours un peu de fatigue bien entendu.

» Je suis parti de Paris vendredi matin. J'étais à Calais vers deux heures de l'après-midi, après avoir avalé vivement soixante-quinze lieues. Le paquebot partait, mais j'ai toujours projeté de passer une nuit à Calais pour me remettre de cette première étape et me préparer à la seconde beaucoup plus rude. Il faisait d'ailleurs un temps affreux et des moins engageants, une pluie imminente et beaucoup de vent.

» Calais est une vilaine petite ville, d'aspect anglais, dont les sales quartiers de Jersey peuvent te donner une faible idée. De la poussière de charbon partout, sur les quais, dans les rues, dans les fossés des vieux remparts, sur les petites maisons uniformes, sorties du même moule, jaunes et noires. Il y a une jetée de plus d'un kilomètre, je suis allé jusqu'au bout, en tenant mon chapeau, et j'ai vu une mer farouche.

» Hier matin, j'y suis retourné. Il pleuvait toujours, et toujours du vent, cependant la mer m'a paru moins mauvaise. Le bateau partait à une heure et demie, j'ai pris mon grand courage et passé la matinée à faire toutes les nombreuses opérations d'enregistrement des bagages, le visa des passeports, etc., etc. A une heure, j'étais sur le pont, que la pluie rendait d'ailleurs parfaitement désagréable. J'ai voulu cette fois-ci essayer de l'intérieur et me suis couché de tout mon long sur un canapé, avec une cuvette sous ma main gauche, sauf ton respect, et un verre d'eau sous ma main droite. Je t'épargne le récit de mon martyre, qui a été grand, surtout en approchant de la côte anglaise, où le roulis était très violent.

» Je suis allé du quai, en trébuchant, me tapir dans un wagon du Royal-Mail qui va de Douvres à Londres sans s'arrêter. C'est un trajet de deux heures, le train va comme une flèche. La brume, mêlée à la fumée de la locomotive, ne me laissait apercevoir que vaguement et par rares éclaircies les campagnes anglaises, des petites maisons proprettes, des moulins à vent, des jolies rivières, des chaînes de collines au loin. C'est le comté de Surrey. Çà et là, des noms qui parlent à l'imagination sur les façades des stations, Hastings par exemple, et Chiselhurts.

» A la nuit tombante, le train entrait dans Londres. Nous descendons à Charing-Cross qui est dans le cœur même de la ville, ou du moins dans la ville moderne, le West-Sud. J'ai aperçu en passant les grandes architectures fantastiques de Wesminster. Quand j'ai été dans mon fiacre avec mes chers bagages, j'ai entrevu le dôme de Saint-Paul, les quais illuminés de la Tamise, des clochers, des colonnes dans le brouillard.

» J'avais choisi un peu au hasard Edward's Hotel. On m'y conduit. Je vois une maison de très bonne apparence. On sonne, car ici tous les hôtels ont des portes bâtardes et soigneusement closes. Personne ne sait un mot de français dans l'hôtel. Après avoir essayé de m'entendre avec trois dames très polies et souriantes d'ailleurs, j'y renonce. Je cherche dans mon guide une maison où on parle français, je donne au cocher l'adresse de Clarendon-Hotel. C'est un lieu très confortable et il y a un domestique qui entend à peu près le français. J'étais très fatigué et je m'accommode d'un appartement qu'une vieille femme me démontre par signes. Il est horriblement cher!

» Dîner solitaire dans un salon où il y a des portraits en pied des souverains anglais, après quoi je me couche dans un grand lit à colonnes et à ruelle, où je m'éveille un peu trop souvent pour me dire : « Je suis à Londres. » Toujours aussi l'estomac un peu barbouillé et les tempes serrées en mémoire du paquebot.

» Je m'en aperçois encore quand je saute à bas de mon édifice sur les sept heures du matin. Je lève les stores en m'habillant et je vois de l'autre côté de la rue des alignements de maisons, belles, sèches et correctes. C'est dimanche ! La ville m'avait paru très vivante hier soir, on dirait que tous les habitants sont morts pendant la nuit. Les rues sont absolument désertes. Toutes les boutiques sont closes. La pluie seule continue son commerce. Tout cela n'est pas gai. C'est égal, je prends mon parapluie d'une main, mon plan de Londres de l'autre et me voilà parti à travers les rues solitaires et la boue. Je m'oriente très bien. Je tombe dans Saint-James Park. Je vois l'entrée du vieux palais de Saint-James, bâti par Henri VIII, c'est très laid ce palais. Le parc est triste, pourtant les oiseaux chantent et comme j'entends leur langue, cela me remet le cœur.

» Le palais de Buckingham qu'habite la reine donne sur un des côtés du parc. C'est assez grandiose, dans le style de Versailles, mais beaucoup moins beau. Je traverse une place où il y a une colonne, une statue équestre de Wellington, des statues à pied, un entassement sans goût mais qui sent pourtant une capitale. Tout est plus grand, plus fort, plus riche qu'à Paris, mais moins fin et moins pur. C'est Rome après Athènes.

» Je suis rentré en fiacre, j'ai déjeuné et me voilà !

» Excuse-moi si je ne te dis pas de tendresses. Je fais une chose très dure pour mon tempérament de corps et d'esprit. Je ne veux pas m'amollir.

» Adieu, ma chère petite.

» OCTAVE. »

Londres, dimanche soir.

« Je ne sais, ma chérie, si je pourrai t'écrire demain à cause de mon petit voyage projeté. Je reprends donc la plume après t'avoir quittée.

» J'ai fait une nouvelle promenade dans l'après-midi. Il y avait foule dans les jardins publics, une vilaine foule d'ailleurs comme à Paris le dimanche. J'ai traversé en sortant du parc une magnifique rue, toute bordée de grands édifices à colonnes et qui se nomme Regent-Street. C'est notre rue de la Paix, surtout comme monde. Comme je te le disais ce matin, les belles rues sont plus belles, plus mouvementées que les nôtres. Il y a une quantité extraordinaire d'hôtels, d'établissements de banque, de temples qui ressemblent à notre hôtel de la Monnaie. C'est la partie moderne, ainsi que les colonnes votives, les statues, les trophées qui s'entassent partout. S'il n'y avait que cela, Londres serait purement américain et il est probable que New-York sous le rapport monumental, cossu et gigantesque, l'emporterait; mais la supériorité de la ville anglaise, c'est qu'elle a une histoire, c'est qu'à côté de ses splendeurs de parvenue, elle montre les diamants des vieux parents. Il y a au milieu des magnifiques bâtisses qui ne frappent que les yeux, de sombres édifices et de vieux palais qui parlent furieusement à l'imagination. Les rues même ont des noms qui évoquent des souvenirs. Le Temple, la Tour Somerset, qu'habitait Élisabeth : Wesminster, White-Hall et sa fatale fenêtre, etc... Malgré mon guide et mon intelligence, j'avais le matin perdu White-Hall que je tenais pourtant beaucoup à voir, pour me dire : Charles Ier est sorti par là, l'échafaud devait être là ! Eh bien, j'avais passé devant cette façade sans me douter qu'elle fût la propre façade de ce palais tragique. Il y a une rue maintenant devant les fenêtres et la caserne des Horse-guards qui sont de beaux gaillards à grandes bottes et à crinière comme nos cent gardes jadis. Il y en a deux qui montent la garde à cheval de chaque côté de leur grille, à moitié sortis d'un petit pavillon dans lequel ils rentrent sans doute quand il pleut.

» Il faut te dire qu'il y a ici mardi, une cérémonie qui met toute cette immense ville sens dessus dessous. C'est la procession de la reine qui ira à Saint-Paul rendre des actions de grâce en l'honneur du rétablissement du prince de Galles. On fait de grands préparatifs pour la fête, à ce qu'il paraît, car je n'ai vu pour moi que des mâts et des banderoles, et quelques apprêts d'illumination ; mais il faut croire qu'il y a quelque chose de plus du côté de Saint-Paul, car c'était par là que se poussait une effroyable cohue.

» Je l'ai bientôt quittée et je suis descendu par une rue latérale sur les quais de la Tamise, et les ponts qui l'enjambent çà et là sont vraiment de grandes belles choses. La Seine est misérable auprès de cela. Mais la vague est si houleuse et si marine que ma pensée se reporte tristement vers ce détroit qui nous sépare et qu'il faut retraverser. Elle s'y reporte d'autant plus aisément que je souffre encore du mal de mer. J'ai une migraine noire et l'estomac affolé. Je suis sorti malgré tout, parce que le pis serait de me laisser abattre et que je trouve sage de me familiariser avec ce monstre de Londres au lieu de le regarder par la fenêtre.

» Et cependant je vais dîner, après t'avoir embrassé bien fort.

» OCTAVE. »

Londres, lundi matin.

« J'ai passé une bonne nuit qui m'a fait grand bien. Mon mal de tête a disparu. Je n'ai plus au même degré la sensation d'un homme tombé brusquement dans l'étrange et le fantastique. Il reste néanmoins l'impression désagréable de se sentir noyé dans cette population de deux millions d'âmes où pas une âme n'est sœur ou même cousine de votre âme. Enfin nous vivons dans un temps où il faut se bronzer le moral.

» Je t'embrasse encore et pars pour Chiselhurst. Je ne puis te dire combien, à part tout autre sentiment, je suis heureux de voir des visages connus, amis et bienveillants. »

Lundi soir.

« J'arrive de Chiselhurst, ma chérie, à la nuit tombante. J'ai été parfaitement accueilli par l'Empereur, mais l'Impératrice venait de partir pour Londres où elle devait dîner.

» J'étais sans m'en douter, en allant, dans le même train que le prince impérial, qui revenait du collège avec son précepteur et le jeune Conneau. Comme je descendais de wagon à la petite gare de Chiselhurst, j'ai été tout surpris de m'entendre appeler par mon nom. C'était le prince qui avait vraiment l'air heureux de me voir. Il a étonnamment grandi. C'est tout à fait un adolescent, distingué, gracieux, un peu frêle. Il m'a fait monter dans la voiture qui l'attendait et nous avons gravi la colline en babillant.

» Camden House n'est pas du tout un château. C'est une maison de riche gentilhomme anglais, mais nullement de grand seigneur. Quoique d'un style mêlé et banal et malgré une rustique couleur d'amadou, c'est assez joli d'aspect. Le parc a les pelouses sans pareilles des parcs anglais et les beaux vieux arbres que les révolutions ne dérangent jamais. Un très petit vestibule, puis une galerie confortablement meublée, avec un renfoncement qui a l'air d'une chapelle. A droite, l'escalier bien simple, à gauche la porte du salon, lequel est d'un luxe ordinaire. La cheminée est en majoliques avec des figures en relief. Une table ronde devant la cheminée avec un éparpillement de journaux sans nombre, et c'est tout! Quant à la salle à manger, elle est d'une simplicité provinciale. Les journalistes qui font un palais de cette maison sont des menteurs ou des gens qui n'ont jamais vu un palais ni même un salon. Il n'y a qu'un valet de pied à la porte. J'ai pu reconnaître à certains détails que le train de maison est très court et très strict.

» Le prince a couru gentiment m'annoncer à son père, qui est venu aussitôt à moi dans la galerie. Il m'a paru, non pas plus gros, mais élargi. L'envergure d'une épaule à l'autre est énorme. Sa démarche est lente, un peu lourde, mais ferme. Ses cheveux n'ont pas blanchi. Il a toujours sa grosse impériale et ses moustaches mais pas cirées, et porte une redingote avec une décoration multicolore.

» — Venez, m'a-t-il dit en me serrant la main fortement.

Et il m'a emmené dans le salon, après quoi il a pris une chaise et m'en a avancé une pendant que le duc de Bassano et le prince de la Moskowa, présents à mon arrivée, se retiraient discrètement. L'Empereur m'a demandé d'une voix émue des nouvelles de France.

» — Sire, lui ai-je dit en lui montrant les journaux, vous êtes aussi bien informé que moi

» — Et la fusion, que devient-elle ?

» — Sire, je ne pense pas qu'elle aboutisse. Cela se machine dans les salons. C'est un arrangement de surface qui n'a guère de racine dans le pays.

» — Cependant, tous les députés légitimistes qu'on a envoyés à la Chambre ont eu lieu de se faire illusion ?

» — Sire, on ne les renommerait pas aujourd'hui.

» — Je le crois, la fusion me paraît, en effet, bien difficile. Il y a des principes abstraits qui séduisent par leur justesse, et quand on veut les appliquer, on reconnaît qu'ils ne sont pas pratiques. Cette union des deux branches de la maison de Bourbon, au point de vue abstrait, paraît la chose la plus juste et la plus sensée du monde. Le comte de Chambord n'ayant pas d'enfants, rien ne paraît plus simple que de lui donner le comte de Paris pour héritier. Mais, à l'application, il y a des obstacles invincibles. Comment effacer tant de souvenirs qui séparent les deux familles ? Les d'Orléans ont perdu leur popularité en s'alliant au comte de Chambord.

» — Je suis entièrement de l'avis de l'Empereur.

» — Ils effraient maintenant, au lieu de les ramener, les masses énormes issues de la révolution. Ils n'avaient, il me semble, qu'un rôle à jouer : c'était celui de la dynastie protestante en Angleterre. Ils devaient l'accepter franchement.

» — C'est très juste.

» — M. Thiers avait aussi un rôle superbe,

celui d'un Washington au petit pied. Il devait réorganiser la France, dominer le désordre, et faire ensuite un appel au peuple. Je ne le dis pas dans mon intérêt, mais un appel au peuple réveillerait peut-être ce malheureux pays et en ferait sortir un élan, quelque chose de vivant et de sain, un grand mouvement comme celui que vous avez vu en Angleterre pendant la maladie du prince de Galles. La France est bien démoralisée. Toutes ces révolutions, qui insultent le lendemain ce qu'on respectait la veille, ne laisseront pas un principe debout.

» De là, je suis venu à lui parler de l'état d'anxiété de la France, de l'insécurité de la vie, de la comparaison qu'on ne pouvait manquer de faire entre ce misérable état de guerre sociale, toujours menaçante d'inquiétudes et d'angoisses permanentes, avec les vingt années de calme et de prospérité de l'Empire.

» — Oui, a dit l'Empereur d'un ton triste; mais on m'en veut naturellement de cette malheureuse guerre. Et quand je pense, a-t-il ajouté en fixant sur moi ses yeux gris avec un douloureux sourire, que si nous avions eu quinze jours de plus, malgré tout ce qui nous manquait, nous étions maîtres de la situation... Que dit-on de l'armée ?

» — Sire, on dit qu'elle est animée d'un bon esprit.

» — Hou !

» — La France ne compte que sur elle et sur Mac-Mahon.

— » Mac-Mahon ! c'est un heureux, il est populaire, et cependant !...

Un long silence s'est fait.

» — C'est un honnête homme, a-t-il ajouté, et il a eu le bonheur d'être blessé.

» J'ai dit ensuite quelques mots d'une réaction de justice tout au moins qui se faisait en France pour l'Empereur, même au sujet de la guerre, à laquelle l'opposition l'avait poussé en lui refusant les moyens qu'il croyait nécessaires. J'ai rappelé les paroles de Thiers, traitant de fantasmagorie les armements de la Prusse, signalés expressément par le maréchal Niel au nom de l'Empereur.

» — Sans doute, a-t-il dit, avec son calme inaltérable et son étrange douceur.

» Pas un signe d'humeur, pas un mot de colère contre rien ni personne. Il en est venu à me parler en riant et en levant les épaules, de la haine affolée dont il est l'objet de la part de Thiers.

» — Il y a, m'a-t-il dit, un aviso à Boulogne pour me surveiller et empêcher mon débarquement.

» Et il s'est mis à rire de nouveau.

» Je ne suis pas assez âne pour me figurer que l'Empereur me confierait ses résolutions secrètes ou que je serais capable de les deviner. Il pourrait se préparer à débarquer demain, sans que ses paroles ou son visage en fussent modifiés d'aucune façon; néanmoins, mon entretien avec lui me laisse profondément convaincu qu'il ne prépare absolument rien, qu'il attend les événements et que l'appel au peuple est tout son espoir.

» Bientôt après, l'Empereur s'est levé et m'a dit qu'il voulait me montrer le parc. MM. de Bassano et de la Moskowa ont alors reparu et nous ont suivis. Après avoir fait le tour du parc, l'Empereur est sorti par l'une des petites grilles de l'enceinte et nous sommes alors entrés dans d'immenses bruyères communes dont l'Angleterre est fort jalouse, on ne sait pourquoi. Nous rencontrons le long des petits sentiers quelques promeneurs, l'Empereur est évidemment l'objet d'un immense intérêt pour tous ces gens, mais intérêt profondément bienveillant.

» Nous sommes rentrés à quatre heures. J'ai pris congé. L'Empereur, me disant combien l'Impératrice regretterait, etc., etc. J'ai demandé la permission de revenir pour lui présenter mes respects mercredi. L'Empereur m'a dit d'y aller déjeuner, mais j'ai répondu que je ne pouvais accepter, en balbutiant une raison vague dont il s'est contenté. Ces diables de déjeuners me détruisent l'estomac.

» Je tâcherai de voir demain un petit coin de cette procession de la reine. Mais je crois que je ne verrai rien. La circulation est déjà très difficile aujourd'hui. On vient de cinquante lieues à la ronde et les chemins de fer vomissent des millions de curieux qui viennent s'ajouter aux deux millions de Londres. L'Empereur m'a dit qu'une fenêtre sur le passage était louée dix-huit cents francs. Ne pouvant rien louer à ce prix et détestant les foules, je désespère de mon sort. Les Anglais, du reste, quand ils se mettent en frais d'enthousiasme, n'y vont pas mollement. Tu n'as pas idée de la profusion de mâts, de banderoles, de pavois traversant les rues, de tableaux de circonstance, de tapisseries, de drapeaux, d'échaffaudages ornés qu'on voit sans interruption sur l'interminable parcours du cortège. Cela doit ressembler à ces grandes fêtes enthousiastes du moyen âge. Noël, Noël ! Les Anglais ont encore la foi.

» Mais cela ne nous avance guère.

Mardi matin.

« Dieu protège décidément la reine. Il fait un temps superbe. Depuis mon arrivée à Londres, la pluie et le brouillard n'avaient pas cessé. Ce matin c'est le ciel gai de la France ! Le tapage commence dans les rues. Je m'en vais faire un tour dans le Strand pour voir les préparatifs avant la cohue. Que se passe-t-il aux Palliers pendant cela ?

» Je t'aime bien, ma chérie,
    » Ton badaud de mari,
     » OCTAVE. »

Londres, mercredi matin.

« Je t'écris bien brièvement aujourd'hui, ma petite amie, car j'ai fait l'école buissonnière ce matin et voilà que je repars pour Chislehurst d'où je reviendrai peut-être trop tard pour l'heure de la poste.

» Je n'ai donc pas le temps de t'écrire les splendeurs de la fête d'hier. Elles dépassent l'imagination. J'en ai d'ailleurs peu joui, parce que j'avais au milieu de ces flots de multitude, un redoublement de nostalgie et de spleen. Mais j'étais mieux ce matin et j'en ai profité pour faire une longue promenade sur le parcours de la procession. Je suis allé jusqu'au pont de Londres qui est à une lieue de mon hôtel et j'ai pu voir encore tout l'appareil de la fête, sans compter les magnificences ordinaires de la ville. J'ai traversé la Cité, et je ne puis te dire avec quel intérêt je suivais sur les noms des rues tout l'itinéraire de quelques-uns des héros de Walter Scott, en particulier de Nigel, de Pévril du Pic.

» J'ai eu une forte tentation de repartir demain mais il m'a paru coupable, puisque j'ai tant fait que de venir ici, de quitter la place sans avoir vu deux ou trois choses particulièrement intéressantes, comme la Tour, Windsor, Hampton-Court; seulement les distances sont telles ici qu'il faut un jour pour chaque chose. Je ne sais encore si je me déciderai à prolonger l'exil.

» Au revoir en attendant. Je tâcherai de t'écrire encore ce soir.

Mercredi soir.

« Me voilà revenu de mon dernier pèlerinage. Cette fois-ci, je suis allé de la gare à la maison de mon pied léger. La route qui tourne entre deux collines boisées rappelle beaucoup les routes de Jersey. J'ai remarqué aujourd'hui la présence d'un policeman devant la grille. Ce policeman en rase campagne et se détachant sur la bruyère est d'un effet bizarre; il n'a pas l'air de s'amuser. Une avenue de très vieux arbres conduit au château, si château il y a. Les arbres sont clairsemés, en revanche un if magnifique s'élève jusqu'au toit de la maison.

» Je retrouve le prince de la Moskowa qui m'introduit dans le salon où est l'Empereur qui se lève à mon approche et me serre la main plus cordialement que jamais. Puis il me fait asseoir et nous reprenons la conversation d'hier sur le même ton d'intimité. Il m'a parlé longuement de la loi sur la presse. Il ne croit pas qu'elle passe sans modification dans le texte. « Toujours des » menaces et des replâtrages », a-t-il ajouté. Puis nous sommes arrivés, je ne sais comment à la récente reprise de *Ruy Blas*. Alors l'Empereur m'a parlé de Hugo et m'a conté qu'un jour à l'Élysée, sous la Présidence, il l'avait invité à dîner, alors qu'il rêvait le ministère de l'Instruction publique. Hugo arriva une demi-heure après l'heure fixée. Naturellement, on dînait. Il se trouva donc par suite de ce retard, à un bout de table. « Bon ! se dit l'Empereur je me suis fait » un ennemi. » L'encombrement des affaires fit oublier la chose à l'Empereur ; Hugo ne l'oublia pas !

» L'Impératrice est arrivée à la fin de l'histoire. Elle est toujours belle, mais on voit qu'elle a souffert. Elle a eu de l'émotion en me revoyant pour la première fois après Fontainebleau. Les souvenirs que je lui rappelais plus particulièrement étaient ceux qui pouvaient le mieux marquer pour elle le cruel contraste du temps et des choses. Cet été de Fontainebleau avait été si brillant, si heureux ! Et s'en souvenir sur cette bruyère commune d'un village anglais !

» Elle s'est remise de suite et nous avons parlé de la fête d'hier ; puis elle a voulu me montrer le paysage. On s'est équipé pour sortir. Elle a fait descendre madame Le Breton et mademoiselle de Larminat qui a embelli et qui est poétique dans son exil près de sa souveraine.

» L'Empereur est venu aussi avec le prince de la Moskowa. Nous avons fait beaucoup de chemin, de pelouse en pelouse, de barrière en barrière et de vallées en vallées, traversant même le parc d'un voisin, M. Scott, qui a deux millions de rentes. Ce parc est un beau type du genre. Je te renvoie à Taine. L'Empereur ayant trouvé la course longue et surtout trop rapide, a regagné la maison. Quant à l'Impératrice, elle a continué sa marche, ayant repris pour un moment sa vivacité causeuse d'autrefois. Elle avait l'air heureux de ce petit bavardin tout français où Sardou, Buloz, *Trochu*, Jean-Jacques Rousseau, Voltaire et About, sans compter le duc d'Albe et les comtes d'Egmont et de Horn, défilaient pêle-mêle et gaîment.

» Il fallait que je fusse à la gare à quatre heures et demie. Nous avons remonté la colline à la hâte. L'Impératrice m'a remercié de ma visite avec une grâce émue qui m'a mouillé les yeux. Madame Le Breton pleurait en me disant adieu. C'est que j'avais apporté et que je remportais un peu de France avec moi.

» Je ne sais encore si je partirai demain ou après-demain. Mon cœur et mes nerfs disent demain. La raison dit après-demain. Car, ainsi que je te le disais ce matin, la raison doit penser qu'il n'est pas raisonnable d'être venu à Londres et de le quitter sans avoir vu autre chose que des boutiques, et que cela ne sied pas à un homme de lettres.

» Pardonne-moi, je t'en prie, si je reste en panne à Douvres pour attendre une mer passable. Je ne la demande que passable.

» Mes plus tendres baisers,

» OCTAVE. »

Londres 1er mars.

« Bien chère petite amie,

» Deux mots seulement ce matin. Je pars pour Douvres dans un instant. Je vais tâter l'eau. Je suis allé hier à la Tour. C'est superbe et terrible. J'ai entrevu en même temps les docks immenses, magnifiques, où viennent s'entasser les richesses du monde entier. Le mouvement de la navigation sur ce point de la Tamise est gigantesque ; mais il faisait un temps affreux.

» Je renonce à Hampton-Court ; j'aime mieux les Palliers.

» OCTAVE. »

## CHAPITRE XIV

Maladie de mon père. — Mort de l'Empereur. — Mort de mon père. — Ma visite à l'Impératrice à Arenenberg.

A la fin de l'année 1872, j'eus la douleur de voir mon père s'affaiblir de jour en jour. Bientôt les médecins nous firent entrevoir une catastrophe prochaine. Cependant, mon père conservait toute sa force d'âme, toute sa sérénité. Il sortait encore chaque jour, appuyé sur sa canne, et quand on lui conseillait le repos, il répondait tranquillement : « J'en aurai bien assez dans la tombe ! » Ce courage, la parfaite lucidité de son esprit, sa discrétion à nous cacher ses maux, nous laissaient encore quelque illusion ; quand nous le voyions dans sa serre, au milieu de ses fleurs, un journal à la main, accueillant aimablement les visiteurs, nous nous disions : il est encore là pour longtemps.

Un jour, dans cette même serre où j'étais venue l'embrasser, il me dit d'une voix plus émue que de coutume :

« Ma fille, j'ai à te faire une confidence un peu triste ; cependant ne t'afflige pas, sois forte pour me laisser fort moi-même. La mort vient, je la sens. Je ne veux pas qu'elle me prenne sans que je sois préparé à la recevoir. J'ai toujours cru en Dieu, mais, depuis de longues années, j'ai cessé de le servir. Le temps est venu de me rapprocher de lui. Je me suis confessé ce matin et je recevrai demain la communion. Si votre mère voit cela de là-haut, elle dira : voilà mon rêve accompli.... »

Je tombai aux genoux de mon père, couvrant ses mains de baisers. Il me releva doucement : « Pas d'émotion, me dit-il, pas de larmes. Ne me prends pas mon courage. » Et comme il voyait que ma douleur allait faire explosion malgré mes efforts pour la contenir, il ajouta :

« Je te jure, ma pauvre enfant, que ce que je ferai demain ne me fera pas mourir plus vite, qui sait au contraire si cette paix, ce contentement du devoir accompli ne me donneront pas quelques jours de plus ? »

Et sur cette pensée consolante il m'attira sur son cœur.

Le lendemain, au fond de notre vieille cathédrale la petite chapelle du rosaire se mit en fête. On y porta des fleurs. On y alluma des cierges. On y jeta des tapis, comme pour les messes de mariages. De beaux fauteuils dorés furent portés devant l'autel. Dans l'un d'eux, mon père se plaça. Tous ses enfants l'entouraient.

Pendant cette matinée, mon père avait voulu grouper autour de lui, non seulement ses enfants mais encore ses parents, ses amis, ses domestiques, ses pauvres. « Je désire, avait-il dit, que mon retour aux pratiques religieuses s'accomplisse au grand jour et serve d'exemple. Dans un temps comme le nôtre, les honnêtes gens doivent imprimer le souvenir d'une fin chrétienne dans l'âme de ceux qui restent pour lutter avec la vie. »

On accueillit ses vœux, et tous ceux qui l'avaient connu et qui l'aimaient remplirent la petite chapelle. Mon père, appuyé sur ses deux fils, entendit, debout, le service divin. Au moment où le prêtre sortit l'hostie du tabernacle pour la poser sur ses lèvres, il voulut s'agenouiller, mais ne le pouvant pas à cause de ses genoux raidis, il courba simplement la tête. Quand il la releva, nous vîmes quelques larmes sur ses pauvres joues.

Après une longue méditation il quitta l'église ;

nous l'accompagnâmes jusqu'à sa voiture. Comme je lui baisais la main en lui disant au revoir : « J'ai bien prié pour toi, » me dit-il.

Quelques semaines plus tard, c'était le 9 janvier 1873, je recevais la lettre suivante de mon mari, alors à Paris pour quelques jours.

« Chère enfant,

» La mort du pauvre Empereur, que je viens d'apprendre à l'instant, m'affecte profondément. Tu sens tous les souvenirs, toutes les pensées qui m'ont assailli. Dieu merci, ses derniers instants ont été doux, et les suprêmes déchirements lui ont été épargnés. Il aimait tant son fils ! Il n'a pas eu l'amertume de lui dire adieu.

» Je l'aimais vraiment, ce pauvre Empereur, et mes yeux se mouillent en retrouvant dans sa photographie, ce regard éteint aujourd'hui, que j'ai vu si souvent s'attacher sur moi avec une expression affectueuse et presque paternelle. Mon cœur se serre en pensant à tout ce qu'il a dû souffrir dans ses dernières années sous le poids de tant de douleurs physiques et morales.

» Les journaux vont vous donner des détails sur cette mort sinistre. Je n'ai donc rien à vous en dire. Quant à l'impression des gens ici, elle me paraît unanime sur ce point, que la mort de l'Empereur ajourne indéfiniment toute chance de restauration impérialiste. On croit que le prince régnera, mais dans dix ans. Nous sommes vraisemblablement condamnés maintenant à traverser toutes les phases républicaines et révolutionnaires jusqu'à extinction, sans sauvegarde, sans aucune chance d'intervention protectrice, sans phare aucun à l'horizon. Augier, que je viens de voir, m'a conseillé de placer vivement quelques fonds à l'étranger, attendu que nous étions désormais abandonnés sans appel et sans aucune branche de salut à l'implacable logique du suffrage universel et à l'avenir radical. C'est maintenant qu'on sent tout ce qu'était cet homme ; ceux même qui ne l'aimaient pas se réfugiaient secrètement en lui ; il est mort, tous les bons tremblent et tous les méchants se rassurent.

» Je t'aime de tout mon cœur attristé.

» OCTAVE. »

Je courus porter cette lettre à mon père, et comme il parut fort ému, j'offris de passer le reste de la journée avec lui et même de partager son dîner. Malgré ses douleurs croissantes, il voulut présider le repas, nous entretenant, mes frères et moi, du funeste événement qu'il venait d'apprendre. Tout à coup sa bouche se fit muette, son œil prit une terrible fixité. Nous vîmes ses mains se tendre vers nous comme si elles eussent cherché un point d'appui. Nous courûmes à lui, il s'affaissa dans nos bras. Une attaque de paralysie venait de le frapper, il était perdu !

Pendant les tristes jours qui suivirent, je ne le quittai plus. Il n'ouvrait plus les yeux. Il n'entendait plus ; mais quand je touchais sa main, il cherchait encore à presser la mienne. Le dernier soir de sa vie, brisée de fatigue et d'émotion, je sortis sur le rempart qui longeait la maison, pour détendre un peu mon cœur. Je m'assis, enveloppée dans mon manteau, sur le petit mur qui dominait la ville endormie, et là, dans la solitude et le silence, je rappelai les images du passé, images qui allaient bientôt s'effacer comme une peinture ternie, lorsque mon père, qui était le grand lien et le gardien des souvenirs, aurait cessé d'exister. Je revis cette vieille demeure où les nôtres avaient vécu de siècle en siècle, ma bonne Victoire, morte depuis quelques années, ma mère avec ses jupes de soie, frôlant le petit mur où j'étais assise. Il me sembla qu'elle reprenait sa place sur la fenêtre basse où elle s'installait parfois pour broder et pour lire. J'entendais les rires de mes frères et mes chansons de jeunesse, puis je n'entendis plus rien que le bruit de mes pleurs...

Mon père fut conduit au cimetière par plus de quatre mille personnes, car tout le pays s'associa à notre douleur. Sa mort touchait les petits et les grands. Depuis un demi-siècle, mon père, qui occupait de hautes fonctions dans le département, avait usé de son influence pour assurer le bonheur de tous. Jamais ses principes, ses opinions, les actes de sa vie privée et publique, n'avaient froissé les cœurs. Il était aimé de ses ennemis, avait souvent dit ma mère.

Dans mon grand deuil, j'eus la pensée d'aller voir l'Impératrice qui pleurait aussi sous les ombrages d'Arenenberg, cette résidence de la reine Hortense que le pauvre Empereur aimait tant. Je pris un matin la route de Bâle et de Constance, traversant l'Alsace désolée. Je me souviendrai toujours de mon émotion en arrivant à Belfort, quand j'aperçus sur les remparts, la sentinelle prussienne qui regardait fièrement passer le train.

Belfort était encore encombré de nos ennemis. C'étaient eux qui faisaient la police des chemins de fer, inspectaient les bagages et venaient mettre leurs nez farouches dans l'intérieur des wagons. Même quand le train était en marche, on les voyait glisser sur la planchette qui longe les voitures, ouvrir la portière et pénétrer chez vous.

A la nuit tombante, un de ces soldats à moitié ivre se glissa dans le wagon des dames seules, où je m'étais tapie, s'assit à côté de moi et plongea ses lourdes mains dans mon sac. Indignée, je lui arrachai le sac, il voulut le reprendre et nous luttâmes ainsi jusqu'à la station suivante. Alors, je descendis du wagon et courus me plaindre à un officier inspecteur, qui fumait son cigare sous les acacias du quai. Cet homme parlait bien français, il fut plein de courtoisie. Je le vis bientôt parler au chef du train en lui signalant ma voiture, et ses recommandations produisirent un heureux effet, car mon sac vécut en paix jusqu'à Bâle.

Nous entrâmes vers minuit dans cette vieille ville où coule le Rhin. L'hôtel des Trois-Rois, où je me fis conduire, était situé au bord du fleuve, et de ma chambre, j'entendis gronder toute la nuit ses eaux tumultueuses. Dès que le jour parut, j'entr'ouvris la fenêtre. Les clartés du matin blanchissaient le grand fleuve et jetaient des nappes de lumière sur les ponts qui le traversaient et sur les vastes horizons vers lesquels il s'enfuyait. Les maisons bordant la rive s'éclairèrent bientôt de tous les feux de l'aurore. On eût dit que les diamants et les pierreries de Golconde étaient venus s'enchâsser dans les fenêtres pendant la nuit. Tout brillait, tout étincelait dans ce beau réveil, même les poissons qui glissaient au pied des murailles et dont les écailles miroitantes semblaient semer l'or entre les eaux. Pendant cela, un petit bac passait gaîment les premiers voyageurs sur l'autre rive, en grinçant sur ses chaînes rouillées.

Le lendemain, j'étais à Constance, installée à l'hôtel du Brochet devant la maison du vieux Concile. De là, j'écrivis à l'Impératrice pour lui demander une audience. Ce fut M. de Visconti qui m'apporta la réponse de Sa Majesté. Elle me donnait rendez-vous pour le jour suivant.

J'écrivis aussi à mon mari, assise à ma fenêtre, laissant parfois mes yeux errer sur la place, une vraie place de village, où les chiens et les enfants jouaient dans la poussière, pendant que les officiers de l'armée badoise fumaient leur pipe à l'ombre d'un gros arbre, qui rappelait celui de Robinson. Le chemin de fer traversait la place, et le passage des trains attirait les badauds. Les badauds interpellaient les voyageurs, les voyageurs répondaient aux badauds, c'était le bruit et le mouvement joyeux d'une foire.

Ce qui animait surtout la place, c'étaient les

fréquentes apparitions de la cuisinière de notre hôtel, une petite Tyrolienne portant la jupe courte et les bas brodés. Quand cette jupe frémissante, ces jambes alertes et cette mine chiffonnée, tombaient au milieu des promeneurs et des officiers, on entendait un sourd murmure de plaisir et d'admiration rappelant le bourdonnement d'une ruche.

Je partis pour Arenenberg dans un grand coche découvert qui me rappelait la berline de mon beau-père. Il se balançait sur ses vieux ressorts comme un hamac aux branches d'un chêne. Le cœur me battait fort au fond de mon vieux coche quand je songeais qu'il m'entraînait vers ma malheureuse souveraine.

De Constance à Arenenberg la route n'a rien de remarquable. Jusqu'au village d'Ermatingen, on semble côtoyer certains bords de la Loire et des moins jolis. Le lac vient mourir là et s'étend comme une tache d'huile, laissant derrière lui un limon bourbeux. Mais quand on a dépassé Ermatingen, le paysage reprend des charmes et de la grandeur. On retrouve la Suisse.

Il faut gravir une pente assez raide pour gagner le château et le parc fermé par une grille. La grille franchie, on suit une allée sombre, bordée de ravins et de précipices d'où sortent de vieux arbres échevelés. Le lac coule à leurs pieds et ses eaux verdâtres scintillent à travers les branches entrecroisées. On croirait voir la Méditerranée entre les oliviers de Villefranche.

La voiture s'arrêta devant le péristyle du château, qui n'est qu'un simple cottage enguirlandé de plantes grimpantes s'enlaçant jusqu'à la hauteur du toit. Un domestique à cheveux blancs, une espèce de vieux Caleb, vint ouvrir la portière et me salua d'un bon sourire, semblant me remercier d'apporter des souvenirs de France à sa maîtresse.

Le même homme me fit entrer dans une antichambre simplement meublée, puis dans un salon tendu de coutil rayé ce qui lui donnait l'aspect d'une tente. Le plafond à pans coupés, tendu de cette même étoffe, papillotait devant les yeux comme le dessin d'un kaléidoscope.

Tout était resté tel que la reine Hortense l'avait laissé en quittant ce monde. C'étaient les mêmes meubles droits et raides, recouverts de housses, les mêmes consoles d'acajou, soutenues par des cygnes à l'air bête. Les mêmes pendules ressemblant à des mausolées. Sur les murailles s'alignaient les portraits de la famille impériale. La reine Hortense, encore enfant, courant après les papillons. Le prince Louis Napoléon, à vingt ans, gravissant dans une redingote bleue les glaciers de l'Oberland. Son frère Charles, en justaucorps de velours rouge, et le prince de Beauharnais brandissant son sabre sur des horizons d'apothéose. Au fond de la pièce, près d'une large ouverture voilée par une portière, on apercevait un baromètre en forme de lyre et quelques gravures anciennes. Je remarquai sur une table ronde, au milieu du salon, des ouvrages de broderies et de tapisseries et un grand nombre de jeux de cartes avec lesquels l'Impératrice devait faire des patiences.

Devant ces souvenirs du passé impérial, il me revint à la pensée une visite que j'avais faite à la Malmaison et à la petite église de Rueil, où sont enterrées l'Impératrice Joséphine et sa fille Hortense. Je revis ces tombes oubliées et les fleurs recouvrant le marbre et tombant en poussière comme les ossements de ces femmes qui avaient été des reines!

Je rêvais de ces choses quand mademoiselle de Larminat parut, vêtue d'une longue robe de crêpe ayant la forme d'une soutanelle. Dans ce costume monastique elle avait une grâce mélancolique et séduisante. Madame Le Breton vint bientôt retrouver mademoiselle de Larminat et parut très émue en me revoyant.

— L'Impératrice désire vous voir seule avant dîner, me dit-elle; ayez la bonté de me suivre jusqu'à ses appartements.

Je suivis madame Le Breton dans une émotion que je ne puis dépeindre. Elle me fit grimper un escalier tournant semblable à ceux de nos magasins de province, puis m'introduisit dans le boudoir précédant la chambre de l'Impératrice et m'y laissa, disant que Sa Majesté ne tarderait pas à m'y rejoindre.

Ce boudoir était simple comme le reste ; tendu de perse avec de hauts plissés. Au fond d'une espèce de niche, ressemblant à une alcôve, se trouvait un bureau couvert de coupes remplies de fleurs. Par-ci par-là de petites tables chargées d'albums et de vues de la Suisse. Dans la profondeur d'une fenêtre donnant sur le lac, un grand fauteuil et, devant le fauteuil, sur un chevalet, cette belle photographie de l'Empereur le représentant la tête appuyée dans sa main. Sur toutes ces choses un demi-jour triste et doux et des brises attiédies venant des campagnes par les fenêtres entr'ouvertes.

La porte de la chambre de l'Impératrice n'était qu'à demi fermée et j'entendais ce qui se passait dans cette pièce. Les chuchotements des femmes de chambre, les pas de l'Impératrice et le frôlement de sa robe contre les meubles.

Bientôt Sa Majesté parut, conservant cette belle démarche que nous lui avions connue. Son costume de veuve, son bonnet à pointe, tombant sur ses cheveux coupés en frange, lui donnaient une vague ressemblance avec Marie Stuart. Elle arriva les mains tendues vers moi et saisit mes mains.

— Merci, me dit-elle en m'embrassant tendrement.

Des sanglots lui coupèrent la voix ; moi-même, je ne sus parler et nous restâmes toutes les deux gardant le silence.

L'Impératrice releva enfin la tête, et après avoir essuyé ses larmes m'entraîna jusqu'à cette fenêtre d'où l'on voyait la grande étendue du lac. Elle s'assit dans le fauteuil faisant face à la photographie de l'Empereur et me pria de m'asseoir aussi. Je me mis à ses pieds sur un coussin. Ce fut alors qu'elle me fit des questions précipitées sur la France, sur Paris, sur ces pauvres Tuileries, sur les gens qui l'avaient connue dans sa gloire. Puis elle me parla de Fontainebleau, de ce beau Fontainebleau, où elle avait placé toutes les féeries de son existence. A plusieurs reprises, elle sourit en se rappelant les préoccupations nerveuses de mon mari, ses préoccupations du froid, du chaud, des repas irréguliers. « Comme je torturais ce pauvre M. Feuillet, disait-elle, quand je l'entraînais dans nos promenades en forêt par le vent et par la pluie! Quand nous le ramenions au château par la nuit noire et que nous l'empêchions de se coucher à l'heure accoutumée! Tout cela me cause des remords aujourd'hui! »

Et comme je lui disais que ces souvenirs étaient pourtant restés chers à mon mari :

— Je sais qu'il nous aimait bien, dit-elle. Je n'ai jamais douté de lui et je n'en douterai jamais.

Elle appuya sur cette phrase avec une affection touchante. Elle s'inquiéta ensuite des moindres détails de notre existence depuis la séparation. Elle voulait savoir quelle avait été notre manière de vivre, quelle avait été l'éducation donnée aux enfants, quels étaient pour eux nos projets d'avenir. Elle s'occupa de toutes choses comme si ses grandes douleurs ne devaient pas rester l'unique intérêt de sa vie.

Elle me parla aussi avec bonté des travaux littéraires de mon mari, de *Julia de Trécœur* qu'elle trouvait une de ses plus belles œuvres, mais qu'elle appelait cependant un mauvais livre.

— On dirait, ajoutait-elle en souriant, que Feuillet a voulu goûter des choses immorales. Je suis sûre qu'il est fier d'avoir été mauvais sujet une fois dans sa vie... Je ne lis plus, reprit-elle tristement. Je ne sais plus lire. Quand je reprendrai goût à la lecture, je serai sauvée. Je sentirai que j'entre en convalescence. Je serai comme ces malades à moitié guéris qui s'épanouissent devant un blanc de poulet.

Et des larmes reparurent dans ses pauvres yeux. Elle les essuya de nouveau et reprit la conversation.

— Je regrette, me dit-elle, que vous ne voyiez pas le prince. Il prolonge son séjour dans les glaciers. C'est maintenant un petit homme, mais un homme délicat et un peu nerveux, sa jeunesse est si triste! J'ai voulu le distraire en l'envoyant avec Filon explorer le pays.

A propos de voyage, elle me parla du mien, et désira savoir quel était mon itinéraire pour le retour. Comme je lui disais que je n'en avais point encore, elle s'offrit à tracer ma route et fut chercher une foule de livres et d'albums pour fixer ses idées.

— Je veux que vous voyiez d'abord Schaffouse, Lucerne, Interlaken; c'est la Suisse dans toute sa beauté!

Et elle écrivit de sa main sur un brin de papier, la marche à suivre.

Il y avait plus d'une heure que nous causions ainsi quand la cloche du dîner se fit entendre.

— Ah mon Dieu ! dit l'Impératrice, nous sommes en retard. La grande duchesse de Bade doit être arrivée !

Et elle se leva précipitamment, me disant de la suivre. Nous descendîmes le même escalier que j'avais gravi avec madame Le Breton. L'Impératrice allait en avant, sa longue traîne faisant des ondulations de serpent. Quelquefois Sa Majesté se retournait pour me dire :

— Prenez garde, madame Feuillet, vous pourriez tomber, les marches sont si raides !

Où était ce bel escalier des Tuileries, avec ses fleurs, ses lampadaires et ses cent gardes échelonnés ?

Comme nous passions dans un couloir obscur, rendant le chemin plus court, une femme qui lavait les dalles à grande eau, saisie de voir l'Impératrice, lui jeta sa longue brosse dans les jambes. L'Impératrice poussa un petit cri et sauta lestement par-dessus la brosse, sans se plaindre et sans gronder. Je fis de même, mais moins adroitement, car j'eus les pieds mouillés.

Les portes du salon s'ouvrirent bientôt devant l'Impératrice, comme jadis celles de la salle des Maréchaux, et nous entrâmes rapidement, elle et moi, au milieu du groupe des fidèles. La grande duchesse, sa demoiselle d'honneur, la comtesse

Stéphanie de Tascher, madame Le Breton, Marie de Larminat, le duc de Bassano, Piétri, le marquis de Piennes et moi, composions cette réunion de l'exil.

Peu d'instants après on passa dans la salle à manger. L'Impératrice donnant le bras à la grande duchesse, s'avançait de cette marche gracieuse qu'elle avait aux Tuileries quand elle gagnait la salle des festins impériaux. Nous la suivions dans nos tristes costumes, comme des religieuses se rendant au réfectoire.

L'Impératrice prit place à table, ayant à sa droite la grande duchesse, à sa gauche mademoiselle de Tascher, et devant elle, le duc de Bassano.

— La conversation devint bientôt très animée. L'Impératrice dit combien elle aimait Arenenberg.

— Je l'aime plus aujourd'hui qu'autrefois, ajouta-t-elle. Autrefois, quand j'y venais avec l'Empereur en quittant Fontainebleau, je trouvais cela si petit, si étroit que j'y étouffais. Aujourd'hui, cela s'élargit, cela s'élargit...

Et elle décrivait un grand cercle avec sa main.

On causa le reste du temps des théâtres et de l'exposition. L'Impératrice semblait n'avoir jamais quitté Paris. Les théâtres nous ramenèrent à mon mari et à ses œuvres. L'Impératrice raconta qu'elle connaissait une grande dame anglaise qui s'était convertie au catholicisme après avoir lu *Sibylle*. « Seulement, ajouta l'Impératrice, cette dame a dû se séparer de son mari avant la conversion, car il n'a pas voulu l'autoriser à abandonner la foi protestante. M. Feuillet a fait là une belle besogne », s'écria l'Impératrice en riant presque comme jadis. Après quoi s'étant levée, elle quitta la table et regagna le salon donnant de nouveau le bras à la grande duchesse.

Après le café, on passa dans la serre dont l'immense fenêtre donnait sur le lac. Les hommes disparurent dans le fumoir.

Cette serre était le seul lieu moderne et élégant de l'habitation ; quelques beaux meubles étaient espacés au milieu d'un fouillis de plantes exotiques, de palmiers et de daturas. Des tables, des divans tout autour et, dans un angle demi-obscur, se détachant sur un fond de cachemires des Indes drapés en éventail, le buste de l'Impératrice Joséphine, sortant d'une gigantesque corbeille de roses.

Un orage et de la pluie étant survenus pendant le dîner, l'Impératrice déclara qu'il était impossible de faire une promenade sur le lac. J'en fus ravie ; car je mourais de frayeur que Sa Majesté, qui canotait avec plaisir, n'eût la fatale idée de développer ses talents en mon honneur. Moi, qui suis troublée quand je traverse le lac de Genève sur un solide bateau à vapeur, qu'aurais-je éprouvé en me trouvant dans une barque dirigée par une femme? J'aurais crié, fait du scandale au besoin, j'aurais saisi l'Impératrice à bras le corps, ou je lui aurais pincé les jambes, car pincer quelqu'un quand j'ai peur a toujours été pour moi un grand soulagement.

On s'assit alors devant la fenêtre formant une grande baie. L'Impératrice se plaça au milieu de nous et rabattit les ailes de son bonnet pour se préserver de la fraîcheur du soir. Ces grandes ailes transparentes encadraient merveilleusement son beau visage altéré par la douleur.

Après avoir vanté les charmes de la nature et des beaux paysages qui nous entouraient, l'Impératrice parla de la douceur des installations intérieures, des objets faisant partie de la vie de chaque jour.

— J'ai perdu tous les bibelots que j'aimais, dit-elle tristement. Ils m'ont été volés ou brûlés aux Tuileries.

Alors elle nous conta qu'on lui renvoyait souvent de France des fragments de ces pauvres bibelots. Elle nous dit que le matin même, elle avait reçu la moitié d'une boite en or, contenant la pierre ponce avec laquelle elle se frottait le talon en sortant du bain. Elle paraissait ravie d'avoir reconquis cette pierre.

— L'Empereur était comme moi, continua-t-elle. Il aimait passionnément les choses intimes. Il leur donnait un nom. Il en faisait des fétiches. Je me souviens d'une petite pelote qu'il avait achetée à Berne, une pelote de vingt-quatre sous, sur laquelle était peinte une branche de myosotis. Cette pelote ne quittait jamais sa poche, même dans les jours de grande cérémonie. Il la prit avec lui pendant la guerre. Quelques jours avant sa mort, il la perdit dans le parc de Chiselhurst et il en fut triste et tourmenté. Tout le monde se mit à la recherche de cette malheureuse pelote, personne ne la retrouva.

Sur ce souvenir, la malheureuse Impératrice soupira. On eût dit que cette petite pelote était pour quelque chose dans sa grande infortune !

La nuit était devenue complètement obscure. Nous quittâmes la serre et rentrâmes dans le salon où les domestiques allumaient des lustres au pétrole.

— Quelle mauvaise odeur ! dit l'Impératrice. Je regrette l'huile, mais elle coûte trop cher dans ce pays-ci.

Puis, d'un air résigné, elle fut s'asseoir au bout de la grande table où le duc de Bassano lui avait préparé un fauteuil avec le petit coussin de satin noir qu'elle glissait toujours derrière son dos. Elle prit alors des cartes et se mit à faire des patiences pendant que nous causions à voix basse autour d'elle.

Le marquis de Piennes et le duc de Bassano, qui faisaient face à l'Impératrice, ne tardèrent pas à somnoler. Le marquis luttait plus que le duc contre le sommeil envahissant. De temps en temps, ses yeux se rouvraient avec des étonnements et des épouvantes qui faisaient la joie discrète de la galerie. La grande duchesse, qui avait passé la nuit en wagon, dormait aussi et s'en allait de temps en temps heurter la tête de mademoiselle de Tascher, qui soupirait en nous parlant de sa tante la reine Hortense.

Bientôt, la grande duchesse se plaignit d'un violent mal d'estomac. Ce fut le signal des agitations. Le marquis de Piennes et le duc de Bassano bondirent sur leurs sièges et dans un demi-sommeil coururent, l'un vers la serre, l'autre vers le billard, cherchant des calmants qu'ils ne trouvaient point.

— Pas ici! Pas là! criait l'Impératrice. L'éther est chez Corvisart.

Piétri partit comme un trait et revint tout penaud, annonçant que Corvisart, en voyage avec le prince, avait emporté la clef de la pharmacie.

— Corvisart est insupportable, dit l'Impératrice,

il emporte toujours les clefs. C'est sa manie ! Faites sauter la serrure, Piétri.

— Madame, répondit Piétri, il est très difficile de faire sauter la serrure. Je ne crois pas qu'on puisse trouver un serrurier dans la nuit.

Alors, mademoiselle de Larminat se hasarda à proposer des feuilles d'oranger, tout simplement.

— Certainement, s'écria la grande duchesse, qui commençait à s'alarmer de tout ce remue ménage, cela suffira.

Sur cette affirmation, elle fit une révérence à l'Impératrice, dit qu'elle allait se coucher et suivit Marie de Larminat qui courait à la recherche des feuilles d'oranger.

Quant à l'Impératrice, après avoir envoyé de nouvelles malédictions à Corvisart, elle reprit sa place à la grande table, remit son petit rouleau derrière son dos et recommença ses patiences.

Pendant cela, l'orage avait reparu. La pluie tombait bruyamment. Les branches des arbres, secouées par la tempête, battaient contre les vitres, et les éclairs, après avoir traversé la nuit, venaient se jouer comme des feux follets dans les plis des rideaux. Je me rappelais que pendant une soirée splendide, au palais de Fontainebleau, alors que tout souriait à la France et à ses souverains, l'Impératrice entourée de sa cour, assise sur les marches de son palais en face des étoiles et du parc illuminé, s'était écriée, en levant les yeux vers l'infini : « Mon Dieu que je voudrais vivre seule dans un vieux château et entendre le vent dans les corridors ! » Pauvre créature ! Dans quelles conditions trouvait-elle son rêve accompli ?

La tempête s'étant apaisée, je demandai ma voiture et pris congé de Sa Majesté, émue par les adieux.

— Je vous reverrai, dit-elle, n'est-ce pas que je vous reverrai ?

Et pendant que je lui baisais les mains tendrement, je sentis ses larmes glisser sur mon front.

## CHAPITRE XV

*Mes séjours à Versailles. — Le 24 mai. — Le Sphinx. — Départ pour Divonne.*

J'ai dit, je ne sais dans quelle page de ces mémoires, que j'avais la nature curieuse, que j'aimais les aventures, les émotions. Dans ma province quand il se jugeait à Coutances, siège des assises, un procès à sensation, j'allais rendre visite à l'un de mes oncles, premier magistrat de l'endroit, et grâce à son obligeance je suivais, dans une place privilégiée, qui se trouvait généralement derrière le dos du président, l'affaire passionnante. C'est ainsi que je vis juger une femme qui avait tué son mari pour l'argent de trente fagots. Cette misérable racontait avec un cynisme épouvantable, qu'elle avait passé la charrue sur la tête du malheureux pendant qu'il dormait dans son champ ; elle simulait avec la voix et les lèvres, le bruit que firent les os en se brisant. Elle fut condamnée à mort et se mit à rire.

Lorsque Rochefort fut jugé à Versailles après la Commune, je me trouvais chez ma vieille amie, madame B... qui s'était retirée dans cette ville depuis la guerre. J'assistai au procès. Ce fut le général Gaillard, ancien attaché d'ambassade à Pétersbourg, qui me fit entrer dans la salle. Tout Paris et tout Versailles étaient là. Craignant d'arriver avec la foule et de ne pouvoir gagner ma place si j'étais en retard, j'avais fait les cent pas dès le matin devant le bâtiment de l'artillerie où se tenait le conseil de guerre, et tout en marchant, j'avais mangé pour mon déjeuner deux œufs durs et une brioche que madame B... avait glissés dans mon sac.

Je me trouvai dans la salle, au premier rang du public, très près de l'accusé, si près même (une simple planche nous séparait) que les parfums délicats qui s'échappaient de son mouchoir brodé d'une couronne de comte m'incommodaient fortement.

Rochefort entendit l'arrêt qui le condamnait à l'exil perpétuel avec une grande fermeté. Peut-être songeait-il déjà au moyen d'en abréger la durée. La sentence prononcée, il salua les juges, se tourna vers le public, fit un signe de la main à une femme qui pleurait dans la salle, puis disparut, se disposant à prendre la route de la Nouvelle-Calédonie.

Je vis de même juger Bazaine. Ce fut dans l'une des salles du Grand Trianon que se déroula ce lugubre procès.

J'ai toujours devant les yeux le maréchal pâle et muet se laissant accabler et restant impassible. Pas une émotion, pas un signe de révolte sur ce visage de marbre. Tous les sentiments semblaient avoir disparu de son âme. Cependant que de spectres devaient la hanter, depuis le spectre de Maximilien, jusqu'aux spectres des légions de Metz! Au moment où le maréchal Canrobert parut comme témoin, et entreprit de sa voix mâle et éloquente, le récit de nos tristes campagnes, je crus que l'émotion qui le gagnait et gagnait aussi la salle, pénétrerait le cœur de Bazaine, mais rien, rien ne parut sur ses traits morts.

Les séances durèrent plus d'une semaine. Elles se prolongeaient parfois dans la nuit et prenaient alors un caractère d'une grandeur sinistre. Quand les ombres crépusculaires s'abattaient sur la salle, sur les draperies sombres qui décoraient le fond de l'hémicycle, sur le grand crucifix dont les blancheurs se dessinaient dans les profondeurs obscures; quand les derniers jets de lumière frappaient sur les crânes dénudés du président et des juges, sur leurs épaulettes d'or et sur le pâle visage de l'accusé, cette scène devenait imposante et terrible et les souvenirs de l'inquisition vous traversaient l'esprit.

Malgré l'intérêt palpitant de ce drame, je n'eus pas le courage d'assister à la condamnation du maréchal. Je m'enfuis de la salle avant la lecture du jugement dont on prévoyait l'issue fatale, et marchai longtemps dans les jardins pleins de givre du vieux Trianon, tâchant d'oublier cette dramatique mise en scène et la pauvre petite maréchale, dont le souvenir m'avait poursuivie pendant les dernières heures. Je l'avais revue chez les princesses Bonaparte, gaie comme un oiseau, toute brillante d'esprit et de grâce.

Son bonheur d'alors, son frais visage, sa voix qui n'était qu'un éclat de rire, tout cela se mêlait à la pensée de sa honte, de son déchirement et de ses pleurs. Je pleurai moi-même en regagnant Versailles, sur les routes pierreuses de Louis XIV.

Ces courts séjours chez madame B... m'étaient d'une grande douceur. Quand j'arrivais chez elle, il me semblait que je rentrais chez mes parents. Son salon de Versailles était intéressant comme celui de la rue Servandoni. Elle y recevait des hommes politiques qui nous tenaient au courant des événements. Ils se succédaient vite, les événements ! Nous eûmes un beau jour la chute de Thiers. J'assistai à cette fameuse séance du 24 mai, dans une des loges appelées œil-de-bœuf, où M. Beulé, qui devait être ministre quelques heures plus tard, me fit entrer. De mes hauteurs, je vis le départ précipité de madame Thiers et de mademoiselle Dosne. Quand elles sentirent les choses se gâter, elles quittèrent leur loge brusquement, jetant des regards courroucés sur les honorables qui allaient renverser leur dieu.

Nous avions été instruites avant elles, madame B... et moi, de la défaite présumée du président et instruites de la plus étrange manière.

Pendant la suspension de la séance, qui eut lieu vers une heure, j'étais rentrée déjeuner chez mon amie. Il faisait très chaud. On avait placé la table près de la fenêtre ouverte. A un certain moment, nous vîmes descendre du toit, une longue ficelle à laquelle était suspendu un morceau de papier. Intriguée par cette apparition, je tendis la main vers le papier qui flottait dans l'espace et j'en pris possession. Sur ce papier étaient écrites les lignes suivantes : « Gambetta déjeune ici. Il vient de dire : Nous sommes f...; » peu de temps après, la ficelle remontait me laissant entre les mains l'étrange communication.

— Voici la chose, me dit madame B... qui ne parut qu'à demi surprise. Ma cuisinière est l'amie de la cuisinière d'un radical habitant au-dessus de moi. Cette fille ne partage pas les opinions de son maître et livre les secrets de la place à son amie qui a des opinions conservatrices. Grâce à la politique de ces deux cordons bleus, je suis la personne de France la mieux informée des faits et gestes du gouvernement.

Donc, je savais en rentrant dans mon œil-de-bœuf que la fin du jour verrait la défaite de Thiers. Il donna en effet sa démission et cette démission fut annoncée à la Chambre, au milieu d'orages, de clameurs, de hurlements indescriptibles; c'était à croire que la ménagerie de Bidel, installée sur la place du château, avait lâché ses bêtes.

Le calme se fit cependant, le calme auquel succéda l'abattement, chacun se demandant si la France sans gouvernement tomberait au pouvoir des émeutiers ou rentrerait sous la domination du sabre. L'abîme de l'incertain était ouvert.

Une séance de nuit fut votée. On voulut sur l'heure élire un président. En attendant l'événement, la foule évacua la salle pour prendre un peu de repos. Elle s'écoula lentement dans les rues, où quelques curieux se tenaient immobiles.

Je trouvai sur la place des groupes plus animés parmi lesquels on remarquait un grand nombre d'officiers. Le maréchal de Mac-Mahon circulait paisiblement au milieu des badauds en fumant son cigare. Je ne crois pas qu'il comptât en ce moment sur les hautes destinées que lui réservait le lendemain.

Cette fois-là, nous ne connûmes pas la nomination présidentielle par la cuisinière du radical. Ce fut un ami du duc de Broglie qui vint nous l'apprendre sur les minuit. Madame B... veillait, moi j'étais couchée. Ma curiosité fit qu'entendant des voix dans le salon qui précédait ma chambre, je me levai pour écouter les nouvelles. Ce fut derrière la porte entre-bâillée et en déshabillé de nuit que je saluai l'avènement du maréchal.

Je me plaisais à parcourir Versailles et les Trianons quand j'avais une heure de liberté chez ma vieille amie. Cependant Versailles me paraissait bien mélancolique avec ses rues mortes où poussait l'herbe, ses longues avenues solitaires qui semblent toujours attendre Louis XIV et sa cour. Le parc, où quelques promeneurs erraient comme des ombres autour des Tritons, des nymphes et des dieux de marbre, me faisait l'effet d'un vaste cimetière aux tombes mythologiques, alignées entre les ifs symétriquement taillés. En hiver, les canaux gelés à perte de vue et les grands bois rigides, me jetaient dans une espèce de nostalgie. Je me sentais au fond de la Hollande ou sur les bords perdus de la Néva.

La neige semblait ne jamais fondre dans la ville. De semaines en semaines, on retrouvait dans les rues les mêmes monticules d'un blanc crasseux devant les mêmes portes, avec d'affreux détritus les recouvrant. Je me souviens d'avoir vu sur l'un de ces monticules pendant une longue série de jours, un pauvre petit singe mort, enveloppé dans sa casaque rouge, que des saltimbanques avaient jeté là et que les tombereaux de la municipalité y avaient oublié.

C'était à l'automne que le Petit Trianon avait toutes mes affections. Je m'y promenais seule, marchant sur les feuilles amoncelées, songeant aux heures joyeuses qui s'étaient écoulées dans ces mêmes lieux, déserts aujourd'hui, si peuplés au temps de Marie-Antoinette, alors qu'elle jouait avec sa cour aux villageois et aux villageoises, à travers les bosquets et les petites maisons fermières qu'elle aimait tant. Toutes ces jolies demeures étaient encore debout, mais le temps les frappait chaque jour. Les toitures disparaissaient sous la mousse. De grandes lézardes couraient comme les serpents de la foudre sur les murailles envahies par les lierres. Aux alentours, les pigeons ramiers et les tourterelles roucoulaient d'une voix mourante; on eût dit qu'ils se lamentaient au souvenir de la belle reine guillotinée. Sur l'escalier du Bailli, les crapauds avec leurs gros yeux fixes vous regardaient curieusement. Il y en avait aussi sur les marches du Temple de l'Amour. Qui sait si ceux-là n'avaient pas vu passer les amoureux d'autrefois?

En rêvant de l'autrefois, peut-être aussi de l'avenir, le long des allées dépouillées, je ne pensais guère que nous transporterions un jour notre foyer dans ce royal et mélancolique Versailles [1].

---

[1]. Mon mari, en 1884, après avoir été très malade et courant toujours après le repos, résolut d'essayer de l'air salubre et de la paix de Versailles. Il loua, avenue de Saint-Cloud, un pavillon faisant partie de l'ancien hôtel du duc de Saint-Simon, où nous vécûmes pendant trois ans. Ce séjour, qui m'avait d'abord coûté quelques larmes, finit par me paraître doux. Je fis là des amis dont le souvenir me restera toujours cher.

Mon mari venait de terminer *le Sphinx* et de le présenter au Théâtre-Français, lorsqu'il reprit gîte à Paris pour l'hiver. Il fut convenu que j'irais le rejoindre quelque temps avant la représentation.

Je ne crois pas que jamais auteur dramatique ait montré plus de zèle, plus d'intérêt, plus de passion que n'en montrait mon mari pour ce qui regardait son théâtre. L'étude perfectionnée de ses pièces était pour lui un sacerdoce; aussi souffrait-il cruellement quand une interprétation, un simple détail restait au-dessous de ce qu'il avait rêvé. Jamais on ne pouvait le décider à assister à la représentation de l'une de ses œuvres en province. Il se cachait quand il apprenait le passage d'une troupe venant jouer ses pièces à Saint-Lô, parce qu'il savait d'avance tout ce qu'il y aurait de défectueux dans l'interprétation. Il restait d'ailleurs plein de courtoisie pour les pauvres cabotins courant le monde, qui représentaient ses héros et ses héroïnes. Il envoyait même des fleurs aux actrices, qui ne comprenaient pas toujours cet excès de délicatesse. Je me souviens d'un merveilleux bouquet qu'il fit venir d'Avranches pour une prima doña jouant le rôle de la princesse Falconieri, de *Dalila*, dans le théâtre de notre ville, qui était la Halle au blé. Le domestique chargé de remettre le bouquet à la diva, revint tout penaud vers mon mari.

— Eh bien, lui demanda son maître, que vous a dit la dame, a-t-elle été contente?

— Je ne sais, répondit le domestique, madame mangeait des huîtres à la porte d'un cabaret près du théâtre. Quand je lui ai présenté le bouquet, elle m'a dit f... moi ça là.

— Et c'est tout?

— Oui, monsieur, c'est tout!

Le fait est que la représentation de *Dalila* dans la halle au blé, avec la mangeuse d'huîtres, fut des plus piteuses pour ne pas dire des plus grotesques et que mon mari fit bien de n'y pas assister. Moi, je bravai la chose et la pris heureusement du côté comique. Je crus mourir de rire en voyant arriver le cercueil qui ramenait la fiancée d'André Raswein en Allemagne, sur une brouette. Le directeur de la troupe s'excusa près de moi, après la cérémonie, de n'avoir pu trouver une voiture de deuil pour la circonstance. Je suis sûre que si mon mari eût assisté à ce transport de la pauvre Marthe sur cette brouette de commissionnaire, il se fût évanoui dans l'assemblée.

Les principaux rôles du *Sphinx* furent donnés à Croizette et à Sarah Bernhardt.

« Drôle de fille, m'écrivait mon mari en me parlant de Sarah. C'est la première fois dans ma longue carrière que je rencontre la vraie comédienne des romans, la comédienne courtisane du XVIII$^e$ siècle, élégante, maquillée, excentrique, insolente gamine, c'est la Desmares ou la Duthé. Contrairement à l'habitude de toutes ces actrices, elle vient répéter en grande toilette ou du moins en toilette soignée, à sa façon ; elle est tout en velours. Robe de velours, casaque de velours, une écharpe de dentelle noire roulée autour de la poitrine, et toujours sa collerette en fraise. Dans cet équipage, avec ses cheveux moussus à la chien et généralement quelques bouquets de fleurs fraîches au poing, elle répète son rôle avec assez de soin et la sombre gravité qui convient. Elle a par moments d'assez belles poses à la Rachel. L'acte fini, elle fait brusquement un pas de ballet, saute à cloche-pied sur la scène. Se met au piano et s'accompagne un air de danse nègre très bizarre, qu'elle chante d'une très jolie voix. Puis elle se lève, se met à marcher à grandes enjambées comme les clowns, vous rit au nez en croquant ses chocolats dont elle a les poches pleines. Tire un petit étui dans lequel il y a un petit blaireau qu'elle passe sur ses lèvres pour leur rendre leur teinte de carmin. Montre ses dents blanches comme des amandes fraîches et recroque ses chocolats.

» Rien d'amusant comme de les voir sortir elle et Croizette après les répétitions, suivies de leurs mères. Elles s'en vont comme deux déesses effarouchées le nez au vent, le chapeau Rabagas posé en arrière sur leurs énormes perruques blondes, balançant leur petit parapluie, parlant et riant à tue-tête, faisant retourner les passants, puis elles entrent chez le pâtissier Chiboust et se crèvent de gâteaux. »

Dans une autre lettre, mon mari me racontait ses inquiétudes au sujet de cette même Sarah.

« Figure-toi, me disait-il, que j'ai assisté hier au théâtre, à une scène très douloureuse. Sarah toussaillait depuis le commencement de la répétition. Je lui avais même proposé de cesser, tant je la trouvais pâle et plus spectre que jamais. Elle avait voulu continuer. Tout à coup, elle tombe brusquement sur un canapé, raide comme une planche, en criant : « J'étouffe. » Grand tumulte et grand désordre. On l'entoure. Elle est prise alors d'une horrible quinte, d'une toux interminable, sèche, ardente, coupée d'affreux crachements de sang qui tachent son mouchoir et ses lèvres. Couchée sur un canapé, pliée en deux, la tête dans ses mains, elle continue de tousser ainsi sans une minute de repos, étouffant et râlant par moments, ne pouvant pas reprendre sa respiration. Je ne puis te dire l'étrange impression de cette scène; ce théâtre en désordre, ces demi-ténèbres, cette jeune femme élégante avec sa toilette raffinée, la chevelure moussue et odorante, le fin parfum de son mouchoir et puis ces taches rouges, ce visage pâle et charmant maculé de sang. Ce vrai drame éclatant tout à coup à travers l'autre, et la mort mettant son masque sur ce joli visage de comédienne; enfin c'était extraordinaire et navrant. »

Les répétitions du *Sphinx* causèrent de grandes agitations à mon mari, des agitations plus grandes que toutes celles qu'il avait traversées jusqu'alors dans sa carrière théâtrale. Les deux étoiles, Croizette et Sarah, après avoir été manger ensemble des gâteaux chez Chiboust, entraient parfois en lutte et il surgissait entre elles des froissements que mon mari ne pouvait accepter avec philosophie, prétendant qu'ils nuisaient au perfectionnement des rôles; de plus, mademoiselle Croizette prenait ses conseils nerveusement et souvent ne voulait pas les suivre. Enfin, le pauvre homme me revenait chaque soir avec la fièvre, rêvant de lointaines solitudes, sans bruit et sans *actrices surtout*. « Ah! me disait-il, après avoir revêtu sa robe de chambre et s'être étendu devant un bon feu : Si tu savais quelle idée charmante je me fais d'un petit village, d'un toit de berger, d'un bon petit repas avec un vieux curé ! »

Le vieux curé était loin. Les soucis de la scène se rapprochaient chaque jour. On se disputait. On rendait les rôles. Mon mari se couvrait comme le président de la Chambre, puis détalait, laissant le directeur, M. Perrin, arranger les choses. Elles s'arrangeaient et se rebrouillaient le lendemain ; cela dura deux mois.

Mademoiselle Croizette, outre sa grande intelligence théâtrale et ses dons d'artiste, était une très belle personne avec des bras de statue et un cou bien attaché, portant fièrement sa tête fine et ses lourds cheveux. Les traits, quoique peu réguliers, avaient des expressions mobiles pleines de lumière. On eût dit des feux follets passant sur ses lèvres, sur ses fossettes et sur son front. C'étaient les éclairs de ses beaux yeux demi-clos qui animaient ainsi son visage et sa bouche moqueuse, rappelant celle des jeunes faunesses dont elle avait les grâces. Quand elle écoutait dans une attitude inquiète, on croyait voir une de ces petites têtes sauvages se dressant au-dessus des halliers.

Je la vis, ainsi que sa rivale Sarah, aux

dernières répétitions et elles m'intéressèrent vivement toutes les deux. Sarah me parut comme à mon mari douée d'un charme étrange. Mince et diaphane, elle semblait traîner avec peine son corps impalpable. La taille à demi renversée, marchant sans bruit comme les fauves, elle avait des aspects d'ombre errante qui formaient un frappant contraste avec sa compagne la superbe et plantureuse Croizette. Cette Sarah, si frêle, d'une beauté fatale, mais si délicate, avait des forces dramatiques extraordinaires. Elle avait aussi des sensibilités inattendues et sut se rendre bien touchante au quatrième acte, dans son rôle de femme sacrifiée. Cette partie de la pièce fut pour elle un véritable triomphe à la première représentation.

Mais Croizette eut cependant les honneurs de la soirée dans sa terrible mort. Je n'oublierai jamais les horreurs de son empoisonnement, la décomposition de ce joli visage, transformé tout à coup par la souffrance en un masque hideux. Croizette avait été étudier cette mort dans les hôpitaux et en avait même forcé les épouvantables luttes. Quant à moi, je ne pus jamais en supporter la vue. Chaque fois que j'assistais à la pièce, je sortais de la loge avant l'accomplissement du drame. Je n'étais pas seule à fuir ces émotions. Je me souviens avoir rencontré un soir, dans l'un des couloirs où je m'étais réfugiée, une dame quittant aussi sa place. Comme elle fermait la porte de sa loge, je la vis pâlir; elle appela les ouvreuses et tomba dans leurs bras.

— C'est affreux, criait-elle, c'est affreux et pourtant c'est bien beau !

Les ouvreuses! Je fréquentais beaucoup ces femmes les soirs de premières représentations de mon mari. J'avais de tels tourments pendant la pièce, dans les moments que je croyais dangereux, le public finissait par m'inspirer de telles angoisses que, n'osant plus le braver, je me sauvais à travers les couloirs ou bien j'allais m'asseoir sur les marches des escaliers, appelant les ouvreuses et les priant de me renseigner sur ce qui se passait dans la salle. Que de fois je me suis vue là, me bouchant les oreilles pour ne pas entendre les lointains murmures de cette foule féroce, s'il lui plaisait de murmurer. Quand mes inquiétudes étaient vaines, ce qui arrivait presque toujours, les ouvreuses accouraient et me criaient :

— Madame, on applaudit !

Alors je débouchais mes oreilles et je leur donnais quarante sous.

Pendant cela, mon mari marchait à grands pas

derrière la scène, gémissant sous son cache-nez blanc :

Quel métier! quel chien de métier! C'étaient de drôles de soirées pour un triomphateur et pour sa femme.

Le *Sphinx* fut joué le 4 mars 1874, et je partais au commencement de juillet de la même année, pour Divonne, sans avoir revu mes Palliers. Mon mari avait besoin de quelques douches pour remettre ses nerfs fatigués. Il m'envoya en éclaireur pour chercher une maison dans ce joli village dont le souvenir me restait cher. Les enfants devaient venir nous rejoindre au temps des vacances.

## CHAPITRE XVI

Mon arrivée à Divonne. — Encore quelques lettres de mon mari.
Notre installation à la Balance. — Coppet.

Pendant que je parcourais Divonne et les environs à la quête d'un gîte, mon mari resté à Paris m'écrivait des lettres pressantes pour hâter mes recherches et son arrivée. La lecture de ses courriers étaient mes meilleures distractions dans la petite cabane de Marie la doucheuse où j'avais pris deux chambres pour quelques jours. Le mari de cette femme était menuisier et faisait aussi des cercueils. Je me rappelle que, m'ayant cédé les chambres de ses enfants, il coucha tranquillement ceux-ci dans les lugubres boîtes qu'il tenait prêtes pour les morts du pays.

*Première lettre de mon mari.*

« J'ai peu de nouvelles à te donner, ma chérie,

sur les deux jours écoulés depuis ton départ. Je suis allé dimanche voir Hélène Finot, toujours belle, et chez laquelle j'ai trouvé M. Clément de Ris, un monsieur charmant et spirituel.

» Malgré le temps douteux la foule du dimanche grouillait dans les Champs-Élysées. Les chevaux de bois tournaient avec fureur. Guignol exécutait ses gigues devant un fort public d'enfants, de bonnes et de militaires. Les navires aériens basculaient à faire mal au cœur sur la cime des marronniers. Les cafés-concerts lançaient leurs vagues harmonies à travers la verdure et par intervalles la voix d'une cantatrice foraine jetait une fioriture éclatante qui perçait l'immense murmure. Je suis entré trois minutes dans un de ces cafés où une demi-douzaine de jeunes femmes décolletées grelottaient sur un théâtre devant un millier de consommateurs idolâtres. Presque toutes étaient jolies, genre figurantes des Variétés. Cheveux noirs, front bas, belles épaules, robes de bal, l'air audacieux et ennuyé. Quelques-unes ont de très belles voix. Quel métier!

» Je voudrais bien être sous ton laurier au bord des ruisseaux clairs que tu me décris si parfaitement et qui me donnent soif. J'y boirai bientôt, j'espère. Tâche de trouver vite notre maison. Je meurs de fatigue et d'ennui dans mon hôtel. Les indiscrets et les importuns redoublent leurs efforts à mesure que mon temps est plus précieux. J'ai beau fermer ma porte, on entre par la fenêtre et je passe mon temps à me déranger et à enrager.

» Le soleil ne luit, en ce moment, ni dans les esprits ni dans les cœurs; on aurait grand besoin de le voir au ciel pour ne pas tomber au fond des abîmes sombres. Cette disposition mélancolique pesait, il me semble, sur le dîner que la princesse Mathilde nous a donné hier. Il y avait d'ailleurs très peu de convives. M. et madame Benedetti, mademoiselle A..., le général C... commandant l'artillerie de la garde sous Metz, Popelin et madame de Galbois.

» Mademoiselle A... était très jolie avec sa robe collante en avant, largement bouffante par derrière, puis se terminant en queue de sirène: c'est la mode! L'avant-dernier numéro de la *Vie parisienne* donne des types très exacts de ces fourreaux compliqués à traîne et à quarante-huit ressorts.

» Le général C... est un jeune général pur et fidèle et ne se gênant pas pour le dire. Il m'a raconté après dîner, tout en fumant, que le général S... était très mal pour la mémoire de l'Empereur et qu'il couchait avec Thiers. Nous n'en sommes pas à compter les trahisons. Tout le monde voit très en noir; malgré tout je vais déjeuner.

» A bientôt, ma chérie, j'aimerai te revoir dans ce beau pays. Ne perds pas de temps, trouve-moi la demeure de mes rêves.

» OCTAVE. »

« La princesse avait reçu une lettre de l'Impératrice qui a été menacée d'un abcès dans la gorge. »

Paris, 15 juillet, huit heures du soir.

« J'arrive de Champigny, ma chère petite, avec le frère Eugène qui m'a reconduit jusqu'à ma porte. Nous savions déjà que la fête d'hier n'avait donné lieu à aucun désordre. Quant aux détails de la journée je te renvoie au *Figaro* que tu recevras en même temps que ma lettre. Pour moi je n'ai pas encore ouvert un journal et je ne sais s'il y a eu quelque incident intéressant. Ce que je te garantis, c'est le calme absolu de la ville. Il y a énormément de drapeaux, de guirlandes, etc., etc., et certaines rues étroites font penser aux rues d'une ville du moyen âge, pavoisée de travers en travers et de fenêtre en fenêtre pour une procession de la fête-Dieu. Mais en fait de Dieu, on ne voit que le buste de la République juché çà et là sur des autels tricolores.

» J'ai passé ma journée d'hier dans un petit îlot de la Marne, à l'ombre des peupliers, tantôt pêchant, tantôt lisant, tantôt rêvant. La chaleur était excessive, vers le soir seulement le ciel s'est assombri d'une teinte d'orage. Nous sommes allés, Eugène et moi, après le dîner, voir les illuminations de Champigny. Puis nous avons gravi les coteaux voisins où quelques badauds, auxquels nous nous sommes joints, essayaient d'apercevoir les feux d'artifices qu'on tirait à Paris. On voyait, en effet, les fusées et les pièces hautes assez distinctement; mais le spectacle vraiment curieux et inattendu était celui de l'orage qui, juste à cette heure, éclatait sur Paris. La nuée sombre et chargée de foudre avait passé sur nos têtes sans crever, avançant sur Paris comme vers un but désigné et vers une proie choisie. De minute en minute la nuée s'ouvrait et des langues de feu silencieuses traversaient l'horizon, éteignant soudainement tout l'éclat et toutes les clartés artificielles de Paris. Sans y mettre de superstition il était impossible de ne pas songer aux villes maudites et à l'épée flamboyante de l'archange.

» La pluie nous a chassés de notre observatoire et nous avons regagné le logis en courant. Une certaine curiosité fiévreuse m'a réveillé ce matin de très bonne heure et à sept heures nous partions le frère et moi pour Babylone, Sodome et Gomorrhe.

» Bien ennuyeux d'attendre huit jours pour t'embrasser, mais très heureux que tu nous aies trouvé un gîte. Je te sais gré des peines que tu prends à ce sujet.

» OCTAVE. »

Paris, 18 juillet.

« Ma chère enfant,

» Encore trois jours et je mets à la voile et je t'embrasse sous ton laurier, à la barbe du Mont Blanc. As-tu bien songé au repos de mes nuits? N'y a-t-il point de chien dans le voisinage? pas d'enfants criards autour de nous, pas trop de mouches dans la maison? Je compte pour tout cela sur ta tendre et intelligente sollicitude.

» J'ai fait hier la folie d'aller dîner et passer ma soirée au café des Ambassadeurs. Je me suis installé pour le dîner dans la galerie du premier étage qui donne sur le jardin à l'extrémité duquel est un petit théâtre. Rien de plus curieux et de plus pas comme il faut que ce restaurant en général et la galerie d'en haut en particulier. Toutes les tables, à bien peu d'exceptions près, sont garnies de grandes cocottes et de gommeux plus ou moins distingués. La plupart de ces derniers sont cependant des fils de famille, tout cela forme évidemment la clientèle familière et quotidienne de la maison. On s'interpelle de table à table. Il y a des demoiselles qui viennent seules et qui lient conversation avec le premier venu. Toutes ces gaillardes sont assez belles et portent à peu près uniformément sur la tête, un grand plat à barbe chargé de plumes noires. Vers huit heures commence le concert dans le jardin et on finit de dîner aux accords de l'orchestre; puis viennent les chansons comiques et les chants patriotiques. Je suis descendu dans le jardin pour mieux entendre le concert et je suis resté jusqu'à la fin ne m'ennuyant pas trop. Il y a une Anglaise qui chante je ne sais quoi dans sa langue avec une verve vraiment diabolique. C'est une jolie blonde qui a l'air du vice en personne. Elle saute ensuite à la corde en montrant les coutures les plus secrètes de son maillot. Le public se compose non seulement des dîneuses, mais de quatre ou cinq cents personnes attablées dans le jardin, parmi lesquelles il y a beaucoup de petites filles amenées par leurs mères à cette école du maintien.

Une fine créature est venue chanter, avec une très jolie voix, des couplets sur la République. A chaque répétition une voix enrouée criait dans la foule : « Vive la République ! » cela a fini par embêter un monsieur qui s'est mis à siffler. La jolie chanteuse a envoyé un baiser sans s'arrêter mais d'un air goguenard au siffleur. Au reste, il y a de fréquents dialogues entre le public et les artistes. Bref c'est le plus mauvais lieu du monde, mais on finit par s'y amuser.

» Adieu pour aujourd'hui et mille tendres baisers.

» OCTAVE. »

« Je compte m'arrêter à Dijon. Cette longue course de Paris à Genève m'effrayant un peu à avaler d'une traite. »

Dijon, juillet.

« Malgré la jeune verdure et les vergers en fleurs que j'ai traversés hier tout le jour, ma chère bien-aimée, j'ai eu grand besoin de penser que cette jolie route me menait en Suisse et près de toi. Sans cet espoir entrevu je serais mort d'ennui et d'énervement. Les voyages resteront toujours ma bête noire.

» Je suis installé à la Cloche où l'on mange très bien. Ce matin, j'y ai pris une calèche du temps de Charlemagne, attelée d'un cheval presque du même temps, et je me suis fait conduire dans les environs, du côté des Laumes, où j'espérais entrevoir le château de Bussy Rabutin ; mais je n'ai rien entrevu du tout. Ma visite au château sera pour une autre fois.

» En rentrant en ville, mon cocher a failli me casser les os en m'accrochant contre un vieux mur qu'il a démoli à moitié. Dans le choc, la roue de la voiture s'est incrustée dans ledit mur, si bien que tout a craqué et que j'ai dû revenir à pied jusqu'à l'hôtel. Mon voyage commence bien ! J'espère qu'il finira d'une autre façon, et dans la joie de te revoir ! à Genève maintenant !

» OCTAVE. »

La maison que j'avais louée était située sur la place près de l'église. C'était une ancienne auberge très proprette, ne recevant plus de voyageurs et ne conservant de ses anciennes attributions qu'une modeste enseigne représentant une balance peinte en vert. Quand cette balance s'agitait au vent, elle faisait entendre un doux gémissement que j'aimais.

Tout dans ce petit hôtel était frais et souriant, depuis la cour bien pavée jusqu'au salon bien ciré. Les fenêtres avaient vue sur le jardin et sur les prairies sillonnées de sources murmurantes. Au delà des prairies se dressait le Mont Blanc sortant de la chaîne des Alpes.

Il y avait dans le jardin un beau promenoir couvert d'un toit rustique et dont les cintres ornés de vignes faisaient souvenir de certains cloîtres italiens. En écartant les lianes de ces vieux cintres on apercevait le Jura, ses forêts sombres et les nuages légers qui le frôlaient en passant.

Du côté opposé au promenoir, un petit mur tapissé d'arbres fruitiers séparait notre enclos de la demeure d'un brave homme, qui élevait des pigeons. Ces oiseaux, tentés par la paix du petit cloître et par la fraîcheur de son ombre, venaient rôder aux alentours, s'abattant quelquefois sur le toit rustique et s'y endormant un pied sous la plume.

Pendant que les pigeons dormaient, une fontaine abritée par un platane gigantesque faisait entendre un murmure musical, rappelant le son d'une cloche lointaine. L'eau qui s'échappait de l'auge de pierre lui servant de bassin s'enfuyait par des canaux bordés de cresson et s'en allait en bouillonnant à travers les choux et les salades du petit jardin.

Lorsque tout fut prêt dans la maison et que j'eus ajouté quelques fleurs aux salades, je partis un beau matin pour aller chercher mon mari à Genève où il me donnait rendez-vous. J'étais follement heureuse de penser à son enthousiasme devant les beautés de ce pays qu'il ne connaissait pas. Heureuse de sentir que son installation personnelle lui serait douce, j'y avais mis tout mon cœur ! De bons fauteuils, de bons tapis, un joli bureau, son vieux Walter Scott, les portraits de ses enfants, tout cela l'attendait. Comme je montais en voiture devant la porte, la petite balance verte s'agita sur ma tête au vent matinal. Je me dis alors que si je mettais dans cette balance mes joies et mes peines, ce serait en ce moment les joies qui l'emporteraient.

J'arrivai à la gare de Genève en même temps que mon mari et l'entraînai triomphalement vers notre nouvelle demeure ; mais je sentis pendant la route qu'il éprouvait du dépaysement et que ses nerfs redoutaient le spleen. Il n'avait jamais vu la Suisse ; c'était la première fois qu'elle apparaissait à ses yeux. « Quel étrange pays !

répétait-il sans cesse. Ces grandes diablesses de montagnes vous pèsent sur l'estomac. On a toujours envie d'aller au delà pour les fuir. » Et comme je lui parlais du beau lac si bleu, si calme, si doux, il me répondit qu'il le trouvait trop beau, que cela le sortait de la nature ordinaire, qu'il regrettait ses rivières normandes, même la Seine! J'étais désolée!

Je le fus davantage encore en entrant à la Balance et en promenant mon mari dans la maison. Quand il aperçut de ses fenêtres le Mont Blanc sortant des ombres du soir comme un grand pierrot, il s'écria : « J'espère, ma pauvre enfant, que cela ne te contrariera pas, mais je te prierai de me donner une autre chambre. Ce sacré Mont Blanc me mord le cerveau. » Il fallut bouleverser l'installation et reporter les fauteuils et Walter Scott dans une pièce donnant sur la cour et sur la rue d'où l'on ne voyait que la maison de l'instituteur et celle de la directrice des postes.

Qui eût pu croire que cette aversion pour les montagnes, que mon mari appelait alors les bosses de la nature, se changerait un jour en admiration, en joies attendries et que ce charmant pays deviendrait pour nous une seconde patrie.

L'établissement des bains, bien embelli depuis le temps où j'y jouais la comédie sous l'égide paternelle, nous offrait les plus agréables ressources. Nous y connûmes beaucoup de gens intéressants, nous y fîmes beaucoup d'amis. Parmi les uns et les autres se trouvaient le prince et la princesse B..., qui avaient un chalet sur l'autre rive du lac, et y accueillaient gracieusement les baigneurs. Le marquis Alfieri, le marquis Piccolelis, frère de madame Waleska. M. Sartoris, parent du duc d'Argel, le prince et la princesse G..., et beaucoup de Parisiens qui venaient combattre l'anémie en se plongeant dans les eaux froides et pures du Jura. Il y avait aussi les excentriques qui nous divertissaient fort. Des Américaines venant aux bals du casino avec des lunettes bleues et un filet à papillons. Un professeur d'allemand, collectionneur d'insectes, portant une cinquantaine de scarabées sur son chapeau. Il portait aussi deux moineaux dans son gilet et leur avait appris à s'abattre sur les épaules des femmes décolletées, ce qui faisait pousser à ces dernières des cris pudiques mêlés de rires effarouchés. Puis c'était la comtesse de B..., qui avait toutes les prétentions : d'abord, celle d'être jolie quoiqu'elle fût couperosée comme un vieux moine, puis la prétention d'être jeune quoiqu'elle eût dû apprendre à lire en 1814. Enfin, la prétention d'être mère et demandait ce miracle à tous les saints et à toutes les sources. Elle restait dans ce but des journées entières dans la piscine et faisait en même temps passer son mari sous la douche Prisnitz.

Ces de B... avaient un ami singulier coiffé d'un bonnet d'astrakan, et qui avait la manie de raconter ses maux à table. Quelquefois nous allions dîner à l'établissement, et quand le mauvais sort nous plaçait près de lui, nous devions entendre jusqu'au bout ses effroyables récits. Cet homme parlait sur un ton lamentable de la route étrange que prenaient ses digestions. Elles montaient d'abord de l'estomac au cerveau avec une incroyable rapidité et s'en allaient même se nicher dans les oreilles, car dès qu'il avait mangé il cessait d'entendre et cela, jusqu'à ce que ces terribles digestions eussent repris le chemin qu'elles n'auraient jamais dû quitter. Quand le bonhomme sentait que les choses en arrivaient à ce point, il ne pesait plus une once, il ne connaissait plus d'obstacles. L'esprit frais et dégagé il récitait des vers avec une voix d'or. Jamais le sonnet d'Arvers n'a été mieux dit que par ce vieillard dyspeptique.

En dehors des distractions de la maison des bains, nous charmions nos heures par de jolies promenades, par des courses en bateau jusqu'au chalet du prince B... Nous eûmes un jour chez lui un déjeuner charmant. Il vint lui-même nous chercher à Nyon dans son joli yacht et nous déposa au pied des murailles de son domaine, au milieu d'une flottille de barques blanches.

A peine débarqués nous nous dirigeâmes deux par deux (nous étions une vingtaine d'invités), à travers les allées du parc, couvertes d'un sable blanc pareil à des petits morceaux de cristal taillé. De chaque côté de la route, de jeunes arbres en fleurs, et à de régulières distances, de grands sphinx de bronze sur lesquels l'hiver avait jeté un manteau de mousse. Ces fantastiques animaux semblaient garder le domaine de la Belle au bois dormant. Et pendant cela nous montions, montions toujours comme une noce vers le sommet du coteau où était située la maison, nous tortillant comme un ruban le long des pelouses, disparaissant derrière un bouquet de pins, reparaissant devant un massif de roses. Nous arrivâmes ainsi jusqu'au chalet ensoleillé dont les légers stores se balançaient à la brise du lac entre les pampres et les jasmins de Virginie.

On déjeuna aux sons d'une musique cachée dans les buissons. On prit le café dans une grotte de stalactites qui me rappela celle des Palavicini près du golfe de Gênes, puis on monta dans des breaks attelés chacun de quatre chevaux de Roumanie, noirs comme des démons. Nous partîmes enlevés par ces superbes bêtes à travers les chemins de la Savoie. Le prince conduisait le break où j'étais. Il n'avait aucune idée du danger qu'il nous faisait courir pendant cette extravagante promenade. Tantôt il nous faisait traverser des torrents, tantôt nous suspendait sur des précipices, ou bien nous lançait au galop en descendant les côtes les plus rapides, prétendant au bout de tout cela nous ramener à Thonon et au bateau, émerveillés et pleins de vie.

Je revins certainement émerveillée, mais surtout épouvantée, car nous avions fait un trajet fantastique avec ces terribles chevaux qu'un rien effrayait, qui bondissaient ou se dressaient sur les pieds de derrière, dès que volait un oiseau, dès que tremblait une ombre sur la route.

Quand nous vînmes à chevaucher dans les rues de Thonon, le calme s'étant fait, nous n'eûmes plus qu'à jouir de ces beaux équipages que reproduisaient fièrement les vitres des magasins. C'était joli de voir ainsi passer ces chevaux de jais, couverts d'écume avec leurs harnais de cuir rouge où brillait la couronne des Hospodars.

Pendant nos différents séjours à Divonne, la comtesse d'Haussonville donna plusieurs fêtes et dîners intimes auxquels nous fûmes conviés et dont je garde encore un charmant et reconnaissant souvenir. Je me rappelle qu'une fois nous dînâmes à Coppet par un soir d'orage et que l'on s'assit devant les fenêtres ouvertes, pendant que la foudre faisait courir ses serpents de feu sur les Alpes. De temps en temps les éclairs nous découvraient les gorges sombres des montagnes et les toits du village de Coppet qui dormait à nos pieds. Entre les cheminées noires et pressées on apercevait la ligne argentée du lac qui semblait dormir aussi. Nous étions là une dizaine de personnes fatiguées par l'orage dans ces mêmes salons où l'auteur de « Corinne » avait régné, où la pléiade des Ballanche, des Sismondi, des Benjamin Constant, des grands seigneurs et des altesses était venue s'incliner. Nous étions là, gardant le silence comme si nous eussions attendu dans ce désert, la réapparition de ces grandes ombres qu'un autre orage, plus terrible que le nôtre avait balayées. M. Diodati de Genève se mit au piano et nous joua avec talent des airs de danse. Cela me fit songer à l'orgue barbare qui jouait pendant que Fualdès agonisait.

Madame d'Haussonville eut la bonté à la fin de la soirée de nous montrer une foule de curieux souvenirs religieusement conservés par elle. Tous les portraits des Necker, des Staël. La statue de M. Necker par Canova. Les cadeaux faits par M. de Buffon à madame Necker. Quelques miniatures représentant les amis de madame de Staël, jusqu'aux cachemires des Indes dont elle faisait ses légendaires turbans. Je me souviens à ce propos que je m'assis étourdiment sur un de ces turbans, déroulé sur un divan et que je restai aussi émue de cette irrévérence que si j'eusse commis un assassinat.

Il y eut une autre fois comédie à Coppet. Beaucoup de baigneurs de Divonne s'y rendirent. On y fut en troupe, les voitures escortées par plusieurs messieurs à cheval, portant des torches. C'était très joli, mais ce n'était pas rassurant. Les chevaux avaient peur des torches et se jetaient sans cesse de côté et d'autre. J'avais pris dans ma voiture un jeune couple italien, les D..., dont c'était la lune de miel. La peur des chevaux ne leur faisait pas perdre un baiser. Il est vrai que la blonde petite marquise était bien jolie. Quand je la vis plus tard avec son croissant de diamants sur le front, montant l'escalier de madame de Staël en secouant de marche en marche la croupe luisante de sa robe de satin rose, j'eus alors un peu plus d'indulgence pour les tendresses intempestives de son mari.

La réunion était très brillante. Toute la noblesse genevoise et toute la noblesse française y étalaient leurs diamants. La comédie dont j'ai oublié le nom fut jouée par le marquis Alfieri et par quelques actrices de province d'un talent assez terne. Le théâtre avait été dressé dans les salons du premier étage. Des flots d'étoffe rouge, des guirlandes de lierre, une double rampe de lumière, adoucie par des cordons de fleurs, donnaient à la scène beaucoup d'éclat et d'élégance. Ce qui attristait le tableau c'était de voir M. et madame d'Haussonville chacun dans une voiture de malade, placés à droite et à gauche de la scène. L'un avait la goutte, l'autre des rhumatismes. Leurs valets les roulèrent pendant le reste de la soirée, à travers la foule brillante de leurs invités.

## CHAPITRE XVII

L'inondation. — Le comte de M... — Différents types
et différentes histoires.

Ma dernière visite à Coppet reste gravée dans ma mémoire par un tragique événement qui s'y rattache. Le prince et la princesse G... m'avaient priés de les présenter à madame d'Haussonville ; nous étions partis tous les trois en voiture découverte par un temps lourd, d'une chaleur exceptionnelle, faisant pressentir un orage.

Madame d'Haussonville toujours souffrante nous reçut dans la chambre de madame Récamier qui était devenue la sienne, et je me souviens que pendant qu'elle nous montrait différents objets ayant appartenu à la célèbre Juliette, nous sentîmes tout à coup les ténèbres s'abattre sur nous et bientôt nous ne pûmes plus rien distinguer. Il n'était cependant que trois heures de l'après-midi. Un vent terrible se déchaîna bientôt et les feuilles arrachées aux platanes de la terrasse vinrent battre furieusement les vitres. Le prince déclara qu'il fallait partir en toute hâte, la pluie allant fondre sur nous. Madame d'Haussonville insistait pour nous garder à dîner, ne voulant pas nous abandonner à la tourmente; mais nous craignîmes d'inquiéter ceux que nous avions laissés à Divonne et nous partîmes au milieu des éléments déchaînés. La pluie accompagnée de grêle se mit bientôt à tomber en nappes aveuglantes qui nous dérobaient le ciel et la route. La foudre grondait dans les cavernes du Jura comme les lions dans l'Atlas. Le vent brisait les arbres et les jetait sur la route. Les chevaux épouvantés refusaient parfois d'avancer. Peu à peu toute la vallée se changea en marécage, et plus nous marchions sur Divonne, plus ces marécages prenaient un aspect effrayant. Les petites rivières qui sillonnaient les plaines étaient devenues des fleuves se rejoignant entre eux et bouillonnant tumultueusement. Plus de clôtures aux champs, plus de vignes, plus de jardins dans les villages. Tout était ravagé, noyé, balayé par les eaux. Bientôt la route elle-même fut envahie et la voiture se mit à danser sur les vagues comme un bateau.

Lorsque nous atteignîmes les premières maisons de Divonne, le cocher s'écria que nous étions perdus si nous tentions d'aller plus loin. En effet, la rue du village était changée en torrent. On voyait passer, entraînés par les eaux, le mobilier des maisons, le bétail, les sapins des bois voisins. La diligence de Gex et ses deux vieux chevaux s'en allaient comme le reste à la dérive. Des cris terribles se faisaient entendre de tous côtés. Il y avait des gens affolés sur les murs, sur les toits, sur les arbres. Des processions de femmes et d'enfants fuyant dans l'eau jusqu'à la ceinture, vers les villages voisins d'Arbert et de Fernay. « Fuyez aussi, nous cria le prince. Moi, je vais sauver mes enfants »; et il se jeta tout habillé dans le torrent, nageant vers sa demeure.

La princesse et moi, abandonnant la voiture, eûmes l'idée d'essayer de gravir le coteau qui domine le château de Divonne, espérant gagner la route de Gex à travers les vignes et pouvoir rentrer chez nous de ce côté; mais les terres, détrempées et changées en limon, rendaient l'escalade bien difficile. Nous glissions et perdions pied à chaque instant. Après avoir fait trois pas en avant nous en faisions six en arrière, recevant par-dessus le marché dans les jambes les pierres que les nappes d'eau faisaient rouler de la montagne. Quand nous évitions les pierres nous tombions sur les vignes déracinées dont les branches mettaient nos vêtements en lambeaux, et nous ne sortions pas de là. Je crois même que nous n'en serions jamais sorties si un vigoureux garçon de la contrée, qui nous avait aperçues nous débattant dans ce chaos, ne fût venu nous porter secours. Cet homme appelé Mantel était un véritable hercule, serrurier de son état et tambour-major de la garde nationale, dans ses moments perdus. En deux bonds il fut près de nous et nous prenant chacune par la main, il nous traîna en remorqueur, à grandes enjambées, à travers la boue, les ronces et les blocs de rochers, jusqu'aux sommets du Mussy. Quand nous les eûmes atteints, nous avions les pieds nus et le reste à peu près de même. Nos souliers étaient restés en route. Nous avions laissé des fragments de nos jupes à toutes les branches. La princesse avait perdu ses bijoux, moi, mon chapeau et ma montre.

Nous étions bien sur les hauteurs du Mussy, mais il s'agissait de descendre la route de Gex dans ce bel accoutrement. Grâce à Dieu, la nuit venait et à la faveur des ténèbres, en longeant les haies, nous espérions nous dérober à l'étonnement des voyageurs.

En attendant, nous envoyâmes Mantel à la découverte. Il fallait savoir où en était l'inondation, où en étaient les ponts, où en était la rivière qu'on entendait gronder au loin. Les ponts étaient-ils debout? La rivière ne couvrait-elle pas la route? Nous suppliâmes surtout Mantel de s'informer des nôtres, laissés dans ce village maudit. Nous lui promîmes une grosse récompense s'il nous rapportait de bonnes nouvelles.

Il partit et revint, criant, gesticulant, disant qu'il n'y avait plus de ponts, plus de passerelles, plus de moyen de communiquer avec l'autre rive, qu'il fallait passer la nuit où nous étions ou gagner une ferme qui se dessinait à mi-côte au milieu d'un bois de châtaigniers.

Cependant la pluie avait cessé. Des éclairs traversaient encore les nuées livides; mais déjà quelques étoiles se montraient au ciel troublé. Déjà les grillons chantaient sous les touffes d'herbes pendant que les torrents continuaient à mugir dans les profondeurs de la vallée. Mantel fatigué finit par s'endormir à nos côtés, debout, sur un pied, comme une immense cigogne. Pendant cela, la princesse et moi, assises sur un tronc d'arbre, serrées l'une contre l'autre, nous songions avec angoisse à nos maris et à nos enfants, abandonnés dans les lieux inondés.

Le froid de la nuit sur ces régions élevées nous glaça bientôt, d'autant plus que nos débris de vêtements n'avaient point séché et nous mouillaient encore jusqu'aux os. Nous songeâmes alors à la petite ferme, au bois de châtaigniers, à l'accueil des paysans, au feu allumé pour nous dans la grande cheminée ; toutes ces consolantes images nous attirèrent et réveillant Mantel nous le priâmes de nous conduire vers cette demeure hospitalière.

C'était une pauvre chaumière bien pauvre que cette ferme et nous y fûmes pourtant bien accueillis. Le fermier nous alluma le feu souhaité, La fermière mit des draps blancs au lit caché dans l'alcôve. Son vœu le plus cher était de nous faire coucher, la princesse et moi, dans ce vieux lit noir, « pour mieux sécher ces dames », disait-elle. Nous nous refusâmes absolument à l'accomplissement de son rêve et la priâmes de nous donner plutôt deux bassines pour nous laver les jambes et les pieds couverts d'un limon verdâtre. Elle fit donc chauffer l'eau et nous nous installâmes tant bien que mal dans nos bassines. Malheureusement cette bonne fermière voulant ajouter un parfum quelconque à notre bain et n'ayant pas chez elle d'eau de Cologne, eut la malencontreuse idée de renverser dans chacune des bassines une bouteille de liqueur de cassis ; ce qui fit que nous restâmes collées au fond du vase comme si on nous eût passé de la glu sous la plante des pieds.

En sortant de cet étrange bain, nous nous vêtîmes des chemises et des jupes de la fermière. La princesse passa même un des tricots du fermier. Ce tricot était si large et lui grimpait si haut, qu'elle put s'en organiser un capuchon, ce qui fit ressortir de la plus singulière façon les énormes diamants qu'elle portait aux oreilles.

Il était minuit et nous terminions notre toilette, quand nous entendîmes un bruit de pas dans la cour, des voix, des clameurs qui firent aboyer les chiens de notre hôte. En mettant le nez à la fenêtre nous aperçûmes plusieurs personnes se dirigeant à grands pas vers la maison, le gigantesque Mantel marchant à leur tête. « Où sont ces dames ? où est maman » ? disaient les voix. Et bientôt les arrivants furent dans nos bras. Le courageux Mantel, après nous avoir déposées dans la ferme, s'était remis en route et à travers tous les obstacles, la nuit sombre, les chemins défoncés, était parvenu à gagner Divonne et la maison, où mon mari et mes enfants pleuraient ma perte. Tous, nous croyaient emportées, la princesse et moi, vers les profondeurs du Rhône. Mantel fut reçu comme un dieu par les miens, après quoi l'on partit pour venir nous rejoindre. A ce moment-là, les gens de Divonne remplaçaient les ponts emportés par des poutres, par des arbres jetés sur les rivières calmées. On pouvait de nouveau communiquer avec le pays de Gex et les hauteurs du Mussy.

Mon mari nous donna de bonnes nouvelles du prince et de ses enfants. Le prince s'était simplement foulé le pied en tombant dans un creux. Quant à notre maison, elle avait été épargnée. Les eaux n'avaient envahi que le rez-de-chaussée. Tous nos amis de l'établissement des bains étaient saufs; mais l'établissement était à moitié détruit. Les cabines n'existaient plus. Tout le matériel hydrothérapique avait été emporté ainsi que la plupart des meubles. Les magasins renfermant les provisions avaient été envahis par les eaux. Les caves, les cuisines avaient subi le même sort. Il ne restait plus rien pour la nourriture des quatre cents baigneurs. Dans le village, partout la ruine, même la mort. Une jeune fille de dix-huit ans, la fille du maire, avait été prise dans sa maison par le torrent et jetée contre les marches de l'église où elle était venue se briser. On nous racontait tout cela à la lueur du feu et de la petite lampe graisseuse. Quelle douceur pourtant de se trouver réunis là et de jouir, dans un coupable égoïsme, du plaisir de vivre et de se revoir !

Nous quittâmes nos hôtes après les avoir largement récompensés et nous regagnâmes ce pauvre Divonne dans un char à bœufs conduit par le berger de la ferme, la princesse toujours dans son vieux tricot, moi, dans ma robe de bure. Nous descendîmes la route sans encombre, les eaux s'étant écoulées. Il ne restait sur terre qu'une boue fangeuse qui faisait glisser les bœufs ; mais à l'entrée du village, la désolation partout. Les maisons noyées, les portes battantes, les fenêtres arrachées. Des meubles, des animaux morts encombrant la rue. Des arbres entiers gisant sur le sol et dans les ténèbres, les ombres errantes des malheureux privés de leurs demeures. Devant la maison du maire, encore pleine d'eau et de décombres, on avait déposé sur des fagots la jeune fille morte et jeté sur son corps une vieille couverture, quelques femmes en pleurs veillaient sur elle. Deux lanternes éclairaient cette scène que je n'oublierai jamais [1].

---

1. On a prétendu que cette inondation sans précédent avait été causée par le débordement d'un lac intérieur du Jura qui avait grossi les sources du pays déjà grossies par le cyclone et par l'orage.

Divonne semblait appeler les cataclysmes. L'année suivante, nous eûmes un tremblement de terre qui nous jeta hors de nos lits. Nous nous relevâmes éperdus, fuyant la maison dans le plus simple appareil. Une religieuse de notre connaissance était venue nous voir cette année-là, nous nous sauvâmes avec elle, mon mari et moi, sur la route, nos bas à la main, n'osant pas rentrer dans la maison, ayant la crainte de voir la secousse se renouveler et le toit nous tomber sur la tête. Mon mari reprit enfin le chemin de la demeure, mais la sœur et moi restâmes assises jusqu'au jour dans le fossé, pendant qu'il se moquait de nous au loin par la fenêtre.

Cette même année, je retrouvai à Divonne le comte de M..., fils de celui qui s'occupait de spiritisme quand j'allais à Bagnoles-de-l'Orne avec mes parents. M. de M... s'était jeté dans le républicanisme le plus avancé et, de plus, il était devenu mangeur de prêtres. Nous avions des discussions politiques et religieuses effroyables. Je m'étonnais toujours de voir de telles doctrines sortir du cerveau et de la bouche de cet homme à l'aspect si franc, si honnête, si aimable. Il avait la plus belle tête qu'on pût rêver et aussi le meilleur cœur, mais un caractère infernal et je crois un grain de folie. Le père Hyacinthe l'enthousiasmait et il s'était converti à ses doctrines. Il fut un jour dénicher à Genève un de ses disciples et nous l'amena à Divonne avec sa femme, espérant faire accueillir le couple par la bonne société de l'établissement; mais ce jour-là chacun resta dans sa chambre, et les deux amis du père Hyacinthe accompagnés de M. de M... se promenèrent dans les jardins et dans les salons sans y trouver personne.

Je crois que cela avait exaspéré M. de M..., car le dimanche suivant, il fit une sortie terrible contre la messe et les pompes religieuses. Je défendis les pompes comme une lionne. Lui, prétendit qu'il prierait tout aussi bien dans un poulailler, qu'à Notre-Dame. Moi, je lui dis que ma triste foi avait besoin d'un cadre élevant l'âme.

Je lui contai l'impression que j'avais éprouvée en assistant dans la cathédrale souterraine de Chartres à la fête de la Vierge noire, alors, que mêlée aux chrétiens agenouillés dans les catacombes, je vis descendre le vieil escalier de pierre à quatorze évêques dans leurs vêtements sacerdotaux. Ils descendaient lentement, entre deux rangs de cathécumènes, portant des torches et semblaient écrasés sous le poids de leurs mitres d'or et de leurs chappes semées de pierreries.

Les crosses qu'ils tenaient à la main frappaient les dalles avec un bruit sourd que dominaient les chants des jeunes prêtres groupés dans les chapelles au milieu d'une centaine de lampadaires. Et pendant cela, la petite statue noire, reposant dans son tabernacle, attendait les grands prélats qui venaient la saluer au fond de ses voûtes séculaires. « Je vous affirme, dis-je à M. de M..., que de telles cérémonies vous rapprochent plutôt du grand Être mystérieux qu'on appelle Dieu que les détritus d'un poulailler. »

Ce fut la politique qui faillit nous brouiller complètement. Un jour, sous les ombrages du parc, M. de M... me parla de mes parents dont il avait connu les vies et les opinions, de mon grand-père, sauvé de la guillotine par le général Hoche; s'échauffant là-dessus, il condamna le général d'avoir eu à cette occasion ce qu'il appelait une faiblesse coupable.

— Tous ces chenapans de nobliots, ajouta-t-il. auraient dû passer sous le couteau.

Je trouvai cela un peu dur à entendre et, quittant la place, je rentrai dignement chez moi. J'étais dans ma chambre depuis quelques instants lorsque j'entendis frapper doucement à ma porte, j'ouvris! c'était le petit garçon de M. de M... portant un rameau vert.

— Madame, murmura timidement l'enfant, papa m'a chargé de vous remettre cela. Il m'a dit :

» — Tu prieras madame Feuillet d'accepter cette branche d'olivier; elle saura ce que cela veut dire.

J'acceptai en effet ce gage de paix et je n'eus plus à me plaindre des violences de langage de M. de M... Il ne me parla plus de Dieu, ni du père Hyacinthe, ni de la guillotine; nous vécûmes jusqu'à nouvel ordre à l'ombre du rameau d'olivier.

Nous entrâmes dans ce même moment en relations avec quelques Russes fort agréables et qui venaient goûter comme nous les charmes du pays. Ce fut là que nous connûmes le général Seliverstoff, assassiné à Paris quelques années plus tard dans de si mystérieuses circonstances. Cet homme avait été préfet de police à Pétersbourg et possédait un répertoire d'histoires des plus intéressantes. Il contait cela d'un petit air pointu en passant ses doigts maigres dans ses longs favoris grisonnants. Toute sa personne elle-même était pointue et anguleuse et nageait dans des habits trop larges. Toujours très soigné d'ailleurs, toujours tiré à quatre épingles, il ne manquait pas de prétention avec les femmes, et visait avec elles aux grandes manières, les saluant toujours la main sur le cœur. Quand il vous baisait le bout des doigts avec ses lèvres minces et douces on croyait sentir un pinceau fait de poil de souris. Avec cela, il était très gourmet et prétendait faire la cuisine comme Vatel. On le voyait sortir de ses portefeuilles armoriés de précieuses recettes qu'il distribuait aux amis privilégiés. Ce fut par lui que j'appris à faire le thé et de petites tisanes pour calmer les nerfs. Je lui dois aussi la science de confectionner le « niocci » et de délicieuses tartes au fromage. Pauvre général, qui m'eût dit alors qu'il finirait si tragiquement?

Les princes G... nous présentèrent plusieurs de leurs amis, entre autres un jeune officier qui venait de faire la guerre en Turquie. Il s'appelait M. H... Ce malheureux, poursuivi par les Bachi-Bouzouks, s'était caché dans le grenier d'une maison abandonnée, sous un amoncellement de paille. Les Bachi-Bouzouks, en le cherchant, avaient piétiné la paille et l'avaient piétiné lui-même, de sorte, que sortant de là par miracle, il était tombé dans un état nerveux, faisant craindre pour sa raison. C'était un petit être blond et doux âgé de vingt-deux ans, on le douchait à outrance espérant le guérir. Il venait souvent à la maison et voulait la paix, comme mon mari. Tous les deux allaient s'étendre au loin sous les platanes, dans le calme des prairies, ne se disant rien et laissant passer le temps. Je les appelais les *Chercheurs de silence*, et cela faisait rire le petit H... d'un rire étrangement mélancolique. Il dînait de temps en temps avec nous et reprenait à table le récit de ses terribles combats. Un jour qu'il nous les décrivait d'une façon encore plus saisissante, la femme de chambre qui nous servait fut tellement épouvantée, qu'elle renversa dans le gilet de M. H... la crème au chocolat qu'elle lui présentait. L'émotion du petit officier fut alors presque aussi grande que lorsqu'il sentit l'armée des Bachi-Bouzouks lui passer sur le corps.

Pour mon mari, les bruits nocturnes étaient des martyrs. Il y en avait pas mal dans les campagnes de Divonne, depuis la clochette des vaches jusqu'à l'aboiement des chiens errants. L'aboiement des chiens lui était particulièrement insupportable. Quand nous habitâmes Versailles, après nos longs séjours dans les vallées du Jura, mon mari eut beaucoup à souffrir des chiens d'un maître d'école dont la maison était adossée aux murs de notre jardin. Cet homme, les jours de congé, enfermait ses bêtes dans une mansarde, pendant qu'il allait à la promenade avec ses élèves. Les bêtes captives hurlaient sur des tons désespérés qui rendaient mon mari fou de colère. Un soir, l'école découcha et les chiens abandonnés, sans souper et sans maître, redoublèrent leurs lamentations; mon mari redoubla ses fureurs. La maison fut consternée. Les domestiques s'enfuirent dans la cuisine, et moi, après avoir prêché inutilement la patience à mon mari, je rentrai timidement dans ma chambre. Nous avions à ce moment-là, chez nous, cette religieuse dont j'ai déjà parlé. C'était pour nous une amie. Elle m'avait soignée jadis quand je faillis mourir après avoir perdu mon fils; son affection et son dévouement nous étaient restés fidèles. Voyant mon mari dans ce cruel état et prévoyant l'horreur de sa nuit, elle entreprit de faire taire les chiens par un moyen héroïque. Ce moyen fut de prendre une échelle, de grimper sur le mur, d'atteindre la fenêtre de la mansarde qui était ouverte et de jeter par là quelque nourriture aux braillards affamés. La pauvre femme fut mal payée de ses peines. Après avoir restauré les bêtes et fermé la fenêtre pour atténuer le bruit de leurs voix, elle voulut reprendre le chemin de l'échelle, mais son pied fit un faux mouvement en cherchant à se poser sur le premier échelon, et voilà l'échelle qui tombe dans l'allée, et la sœur qui reste perchée sur le mur comme Siméon Stylite sur sa colonne.

Au bruit que fit l'échelle en tombant, mon mari ouvrit la fenêtre en s'écriant : « Qu'est-ce encore que cela? » Alors, il aperçut la sœur sur le mur et resta stupéfait, puis le fou rire le prit et aussi un profond sentiment de reconnaissance, car il comprit vite que c'était par dévouement à sa cause que la pauvre femme avait accompli cette dangereuse escalade. On s'expliqua, et mon mari après s'être décemment vêtu, courut vite relever l'échelle et dégager la sœur.

Ceci me rappelle qu'étant un jour à la campagne chez une de nos cousines, il y eut la nuit un affreux concert de chats qui faillit tourner au drame. Les chats sur les minuit se mirent à crier sous nos fenêtres comme s'ils eussent été à l'agonie.

Alors, mon mari indigné se leva, ouvrit la fenêtre et saisissant les débris d'une bûche qui brûlait encore dans la cheminée, il lança le projectile dans l'espace, espérant atteindre les chats. Il atteignit seulement la marquise abritant la porte d'entrée. Les vitres volèrent en éclat, et la maison réveillée et alarmée fut bientôt sur pied. Chacun se mit à la fenêtre, on descendit dans la cour pour constater le désastre et savoir ce qui l'avait provoqué. Pendant cela mon mari regagnait tranquillement son lit en disant :

— Voilà beaucoup de tapage, mais les chats sont au diable et je vais pouvoir dormir.

## CHAPITRE XVIII

Nos excursions en Savoie et en Suisse. — Les bains de L... et leur
Société. — Le vieux Burg Bernois.

Quelquefois pendant nos villégiatures dans le Jura mon mari prenait une humeur voyageuse. Alors, nous partions en voiture, et nous explorions les pays environnants. J'étais toujours ravie de ces fugues improvisées qui me laissaient tant de souvenirs pour les jours d'hiver à Paris ou aux Palliers. Nous suivîmes ainsi les bords du lac sur la rive savoisienne, visitant le vieux château de Ripailles, la tour d'Yvoire et son village moyen âge, le château des Costa de Beauregard et les ruines d'Allinges près Thonon, traversant des pays rustiques enguirlandés de vignes, des routes perdues dans les bois avec des clairières au fond desquelles on apercevait la crête aiguë d'une montagne ou la ligne bleue du lac.

Nous montâmes, aux Allinges, dans un petit char traîné par un cheval poussif qui s'arrêtait à tous les tournants de la route pour souffler. Cela nous permettait de nous reposer nous-mêmes dans des coins de verdure enchanteurs, et d'entendre là, dans le silence et la parfaite solitude, les récits légendaires de notre vieux cocher. Il en savait beaucoup sur les Allinges, lieu de retraite de saint François de Sales mais habité bien avant lui, dans la nuit des temps, par des seigneurs guerriers aux mœurs farouches. Il ne restait de leur château-fort qu'une immense tour émergeant du sein des bois, pareille à un géant demi-nu sortant d'une mer de verdure.

Lorsque nous eûmes atteint la plate-forme sur laquelle se dresse cette tour, notre Savoyard centenaire reprit ses histoires sur le féal domaine. Il s'assit sur un tronc d'arbre renversé et nous fit signe de nous asseoir près de lui. Alors, il nous conta comme si la chose se fût passée hier, que deux puissants seigneurs de Savoie, deux frères vivaient dans ce manoir au temps des croisades. Leur vie était une vie de rapines et de débauches, les filles, le vin, le jeu! Le jeu les entraîna tellement un jour, que l'un d'eux ayant perdu jusqu'à sa dernière obole, livra sa femme comme paiement à son propre frère. La dame apprenant la chose, remplie de honte et d'épouvante, saisit la rapière de son mari et le cloua sanglant à la muraille, après quoi, montant sur la tour elle considéra le précipice, fit le signe de la croix et se jeta dans le vide. Ses os, nous affirmait le vieux guide très sérieusement, se choquèrent entre eux comme les grains d'un chapelet.

— Et qu'est devenue l'âme de la dame? demandâmes-nous au bonhomme.

— Elle revient, depuis lors chaque soir, errer là où nous sommes. Si vous étiez ici, à minuit, ce soir même, vous la verriez apparaître, s'asseoir sur notre arbre, essuyer ses larmes avec ses longs cheveux. Tous les gens du pays la connaissent et l'appellent la dame rouge, en souvenir du sang qu'elle a versé et aussi parce que lorsqu'elle descend pas à pas de la tour, elle est enveloppée dans un manteau écarlate, pareil à celui d'un cardinal.

La vue qu'on a des Allinges fait comprendre l'attrait de Saint François de Sales pour cette retraite. Du sommet des monts couverts de forêts échelonnées, on domine le lac dans son immense étendue. Ses petits ports avec leurs barques endormies. Le Jura, ses noires profondeurs, les horizons estompés de la vallée du Rhône. Sur ces paysages plane une paix profonde, la paix de la nuit, même quand brille le jour, une paix mêlée d'extases qui vous élèvent jusqu'à Dieu, joignant à la lumière du soleil, la grande lumière de la foi. J'aurais aimé échanger bien des jours de ma vie agitée pour quelques journées passées dans ces solitudes superbes. Comme la dame rouge j'aurais été m'asseoir sur l'arbre vermoulu. Qui sait si nous ne nous y fussions pas rencontrées et si nous n'eussions pas regretté ensemble !

A l'ombre des ruines, a été construit un pauvre ermitage. C'est là qu'habitaient un vieux prêtre et sa servante, laquelle montre pour six sous le chapeau du grand saint François, enfermé dans une boîte au fond de la chapelle. En voyant apparaître cette étrange relique, je me souviens qu'une petite chienne, qui nous accompagnait dans nos excursions et que je portais sous mon bras, se mit à aboyer furieusement ce qui fit que je donnais six sous de plus à la servante pour payer l'irrévérence.

Nous fîmes halte à Montreux pendant quelques jours. Mon mari fut émerveillé de cette vallée du Rhône et voulait faire bâtir une maison près du vieux Chillon, en face de la dent neigeuse du Midi. Il faisait le matin des excursions du côté de Saint-Maurice et emportait un déjeuner frugal qu'il mangeait solitairement au pied de la tour romaine de Saint-Triphon. A la nuit tombante, il entrait dans l'église de Saint-Maurice, une des plus vieilles églises du monde, pour entendre psalmodier les chanoines de l'abbaye voisine, puis passait et repassait sous la porte célèbre où la légion Thébaine avait passé avant d'être massacrée. Il se faisait ensuite conduire en voiture sur la route menant à Martigny et à Sion. « Je crois entrer en Italie », me disait-il avec exaltation; et ses yeux devenaient humides.

Une autre fois, il m'entraîna vers les bosquets de Julie, sur la route de Clarens, puis nous montâmes, bras-dessus bras-dessous, jusqu'au cimetière de ce village. Le cimetière de Clarens me rappelle celui de Cimier près de Nice, où j'ai toujours rêvé dormir. Il est placé sur le versant de la montagne, au pied du vieux château du Châstelard et domine le lac, les rives savoisiennes et les Alpes dans toute leur étendue. C'est là que reposent au milieu des roses, beaucoup de jeunes morts. Russes, Allemands, Français, dorment sous ces bosquets charmants. Les Allemands sont couchés près des Français, venus là pendant la guerre, morts là pendant la guerre, peut-être les ennemis se tendent-ils la main sous cette terre fleurie?

Dans le coin le plus abrité, le plus parfumé du cimetière, repose le poète Amiel : ce poète genevois à l'âme désenchantée. Sa tombe est couverte de couronnes, et les tourterelles font leur nid dans ces couronnes flétries. Un banc de granit se trouve près de là, nous nous y sommes assis, mon mari et moi, jouissant de la paix de ces lieux et de leurs charmes tristes. Nous aussi nous nous sommes pris la main sur le vieux banc comme pour nous dire : continuons à marcher ensemble dans la vie, disparaissons ensemble dans la mort.

Pour nous distraire des pensées mélancoliques qui nous avaient hantés sur le vieux banc, nous sommes revenus par le château des Crêtes, propriété de madame Arnaud de l'Ariège, résidence aimée de Gambetta, quand il voulait se reposer des soucis de la politique. Nos pensées avaient repris un autre cours. Elles étaient gaies, souriantes, devant ce beau parc, ses vallons, ses grands arbres et son panorama magnifique. En regagnant Clarens, il nous semblait que nous avions retrouvé la jeunesse et l'oubli des chagrins. Au lieu de revenir par la grande route, nous prîmes par la montagne un sentier à pic qui descend à travers les vignes et semble se précipiter vers le lac dont l'immensité bleue se déroule à vos pieds. Ce sentier n'est qu'un petit mur émergeant de la verdure et assez large pour servir de chemin aux écoliers. D'abord, on marche en chancelant avec un peu de vertige, mais on s'habitue vite à chevaucher sur ce pan de muraille où sautent gaîment les sauterelles. Je descendais moi-même gaîment, précédant mon mari et fredonnant cette chanson de mon enfance :

> Quand les poules vont aux champs
> La première va devant,
> La seconde suit la première,
> La troisième est la dernière.
> Quand les poules vont aux champs
> La première va devant.

Et je me retournais vers mon mari qui mettait ses bras en balancier pour ne pas trébucher dans le vide et répétait lui-même :

> Quand les poules vont aux champs !

Ce retour d'étudiants, dans ce beau pays, par une journée radieuse, avec ce regain de jeunesse et de bonheur, m'a laissé une impression dont je me souviendrai toujours.

Notre séjour à l'hôtel Monnay de Montreux parut réjouir mon mari. Nous y trouvâmes des étrangers intéressants, une princesse italienne d'une grande beauté, qui rappelait à mon mari, sa Dalila. Quand elle s'asseyait à la table d'hôte, les hommes cessaient de manger. A cette même table, je me trouvais près d'un officier allemand qui lia connaissance avec moi. C'était un galant homme, très poli, très désireux de rentrer dans les bonnes grâces des Français qu'il avait combattus. Il faisait partie, hélas! de l'état-major de l'empereur Guillaume à Versailles. J'avais beau me répéter, quand il me passait gracieusement un plat, ou qu'il me versait à boire, qu'une chrétienne devait savoir pardonner, je voyais toujours cet homme avec son casque pointu, s'emparant de nos provinces. Un jour, ce souvenir cria tellement vengeance que, n'y tenant plus, j'accablai mon ennemi de reproches. Je lui dis que lui et les siens avaient été odieux, qu'ils nous avaient fait une guerre barbare. Dans ma haine aveugle et passionnée, je l'accusai même d'avoir poussé la barbarie jusqu'à manger pendant cette guerre maudite, un chien que j'aimais.

— Je n'ai jamais mangé de chien, me répondit l'officier.

— Si ce n'est pas vous, ce sont vos soldats, lui dis-je, c'est tout comme.

Il rougit et toute sa grosse personne blonde trembla de la tête aux pieds. Alors prise de pitié, je lui tendis la main en lui disant:

— Allons faisons de nouveau la paix, monsieur.

Il baisa ma main et quand il releva la tête je vis qu'il y avait une larme dans le coin de son œil bleu.

Aux petits bains de L... du côté de Martigny où nous fîmes une station de quelques jours, nous tombâmes à l'hôtel du Mont-Rose, dans une société fin de siècle qui effaroucha nos vieilles traditions touchant l'éducation des jeunes filles et des jeunes femmes. Il y avait là quelques Américaines et quelques jeunes Françaises lancées dans un tourbillon de folie, que dirigeait une comtesse du meilleur monde. La comtesse ne restait pas un jour en repos. Depuis six heures du matin, jusqu'à minuit, elle ne prenait littéralement pas le temps de tirer son mouchoir pour se moucher. Ses cinq enfants la suivaient partout, même sur les pics où ils pleuraient de froid. Elle traînait également le précepteur, un jeune abbé en costume de pasteur, l'institutrice et toutes les connaissances qu'elle avait faites à l'hôtel et qui paraissaient fascinées par l'entrain diabolique de cette grande dame à la mode.

Quelquefois, trempé par les avalanches, tout ce monde envahissait la cabane d'un berger, lui empruntait ses tricots de laine et ses peaux de bêtes pour s'en vêtir, pendant que les chemises et les pantalons séchaient devant un feu de broussailles. En descendant des pics on allait faire une visite à des religieuses qui vivaient dans une abbaye voisine et montraient de curieuses reliques au profit des pauvres. La mère abbesse sortait de sa retraite avec dignité pour recevoir les grands personnages qui se présentaient dans ses cloîtres. « Ma mère, bénissez-nous », disaient les grands personnages ; et la mère abbesse promenait sa main maigre sur les têtes frivoles inclinées devant elle. La bénédiction donnée, on reprenait sa course et on arrivait à l'hôtel, juste à temps pour recevoir quelques gens de la ville voisine, invités pour le lunch. Le thé pris, les gâteaux avalés, on montait en barque et on allait pêcher dans un canal du voisinage. On revenait par le casino pour jouer aux petits chevaux. Le gain servait à se payer des sorbets. Puis c'était l'heure du dîner, chacun détalait. On s'habillait à la hâte. Les places étaient prises d'assaut à la table d'hôte. On dînait aux sons d'une musique allemande. Les dames lançaient des boulettes de pain sur le nez des gros musiciens. Le repas terminé, on dansait dans les salons et sur la pelouse. Les feux de Bengale s'allumaient dans les buissons, puis c'étaient les fusées dont les gerbes lumineuses allaient s'éteindre, tantôt au sommet des monts, tantôt dans la poussière de la route où passaient de tranquilles bourgeois sur leurs chars pleins de moissons. Alors, les chevaux secouaient les gerbes et se sauvaient au galop. Les bourgeois criaient, les polissons riaient et les grands de ce monde applaudissaient bêtement.

Il ne faut pas croire que les ombres de la nuit terminassent ces journées de plaisir. La série des farces allait au contraire commencer. C'était la vicomtesse de K... qui se promenait dans les couloirs en jupon court, vêtue du paletot de son mari qui rêvait déjà. Puis c'était le marquis de S... qui se glissait dans la robe de nuit de sa femme et venait frapper à la porte de madame de C... qui mettait ses papillottes. Alors M. de C..., réveillé, profitait de la circonstance pour sortir de sa chambre et aller miauler dans la serrure des demoiselles de L... qui poussaient des cris d'aigle tout en minaudant derrière leurs verroux. Malheur aux gens tranquilles qui voulaient dormir. Jusqu'à l'aurore on entendait courir, glapir, dégringoler les escaliers. On entendait aussi le bruit des baisers qui pleuvaient comme grêle dans cette atmosphère surchauffée. Et le lendemain, c'était comme la veille. La même vie recommençait sans pensées plus hautes, sans but plus digne, sans devoirs mieux remplis.

Tous ces gens lancés dans cette course perpétuelle rappelaient ces farandoles méridionales que l'on voit passer et repasser, paraître et disparaître, puis revenir encore, toujours haletantes et toujours inassouvies.

Les demoiselles étrangères et les demoiselles françaises suivaient le mouvement et le dépassaient même. Elles commençaient leur journée au lawn-tennis, serrées dans des costumes collants, ne laissant rien ignorer de leurs charmes aux jeunes hommes qui les accompagnaient. L'après-midi, c'était le canotage dans le canal. Puis sonnait l'heure du flirt. On prenait alors le thé après avoir relégué les mères dans un salon aussi éloigné que possible de celui de la jeunesse. Là, pendant que les hommes fumaient en s'étendant sur leurs sièges et en se tenant le pied, les jeunes filles ébauchaient timidement d'abord, vigoureusement ensuite, les chansons de Judic et de Thérésa. On causait de tout. On avait tout lu et tout dit en attendant qu'on pût tout faire.

Le soir, ces demoiselles et leurs admirateurs se préparaient à escalader les monts pour voir la lune se lever au-dessus des glaciers. On s'habillait en montagnards. Ces demoiselles mettaient des jupes courtes et des bérets. Plusieurs d'entre elles prenaient le costume d'homme avec des guêtres serrées au mollet. Toute la troupe partait armée de bâtons ferrés, dirigée par un vieux monsieur très mauvais sujet et que les mères désignaient généralement comme chaperon. Il était porteur de quelques bouteilles de champagne dont on devait faire sauter les bouchons quand la lune paraîtrait.

L'une des jeunes filles présentes, âgée de quatorze ans, était encore plus dans le mouvement que les autres. C'était une grande enfant, maigre et flexible, avec de longs cheveux noirs étalés sur le dos et qu'elle relevait pour s'asseoir avec des gestes de gamin. Elle avait de grands yeux clairs, des yeux de biche effarouchée, et pourtant rien n'était moins effarouché que cette frêle personne qui passait sa vie au milieu des amis de ses frères et des frères de ses amies. Quand elle riait au nez de ces messieurs, elle leur montrait des dents fines et pointues qui avaient l'air de dire : « Un peu plus et je vous croque. » C'était toujours chez elle un peu plus. Elle marchait à pas de géant vers la mauvaise éducation des jeunes filles d'aujourd'hui.

Ces mœurs américaines, implantées chez nous depuis quelques années, finiront par être dépassées de beaucoup par la société française. En

Amérique, la liberté est la liberté, pour la politique comme pour les institutions sociales. En France, c'est la licence! Ces éducations de sport, qui laissent la plupart des Anglaises et des Américaines à leurs devoirs, font de nos femmes à nous, des vierges folles, des femmes-hommes, des femmes sans foyer et sans enfants, quelquefois pire encore! A force de vouloir nous faire libres en secouant tous les jougs, celui des convenances d'abord, celui de la conscience ensuite, nous arrivons à nous permettre tout, à tout désirer; le plaisir pour commencer, le mal pour finir.

Nous fîmes du côté de Berne, de Fribourg et de Lucerne des excursions plus sérieuses. On ne pouvait arracher mon mari des musées de Berne où il revivait des souvenirs de Charles le Téméraire. Les tapisseries formant la tente du duc de Bourgogne au camp de Morat. La tunique qu'il portait sous son armure; les ornements de sa chapelle, les vêtements de ses prêtres, tout cela jetait mon mari dans de véritables extases. Un jour, ayant oublié l'heure, il faillit se faire enfermer par le gardien du musée devant les précieux restes du camp de Morat. Ce n'eût pas été la première fois que pareille aventure lui fût arrivée. Quelques années plus tôt, étant allé visiter le musée du château de Saint-Germain, il était resté en admiration devant les armes de l'âge de pierre et n'avait point entendu crier la fermeture des portes. La nuit vint et le trouva toujours étudiant les différents silex. Inquiet de ne plus entendre le pas lourd et régulier du gardien, il jeta les yeux vers la longue galerie où il venait de passer de charmantes et imprudentes heures; elle était déserte. Toutes les portes étaient closes. Il appela: aucune voix ne répondit; alors, grimpant sur l'une des hautes fenêtres, il atteignit un vasistas ouvrant sur l'une des cours et se mit à appeler à l'aide. La pensée de passer la nuit face à face avec ces débris d'un autre âge, avec ces momies et ces sarcophages, lui glaçait les os; et aussi la crainte d'être pris pour un voleur quand on pénétrerait dans le musée le lendemain; tout cela, sans compter l'ennui de mourir de faim en compagnie des armes gallo-romaines et des squelettes. Enfin, ses cris désespérés furent entendus et le gardien parut avec une lanterne.

— Que faites-vous ici et qui êtes-vous? demanda le brave homme.

— Octave Feuillet, de l'Académie française. Voici ma carte. Je me suis trop intéressé à vos merveilles, j'ai laissé passer l'heure et fermer les portes sans m'en être aperçu.

Le gardien était un lettré, il savait parfaitement ce qu'était mon mari, ce que c'était que l'Académie.

— Monsieur, dit-il à mon mari d'un petit air finaud en lui rendant la clef des champs, allez terminer votre dictionnaire, cela vaudra mieux pour vous que de rester ici !

La chose fit rire mon mari et lui aida à oublier l'aventure.

Berne m'intéressa vivement aussi : sa rue des Fontaines avec ses statues de pierre, ses vieux arceaux, les coussins rouges et les miroirs de ses fenêtres. L'horloge où les petits ours dansent leur sarabande à chaque heure du jour et de la nuit, et les vieux ours en chair et en os qui dorment au fond des fossés de la ville ou qui se lèchent les pieds au soleil, comme s'ils accomplissaient un sacerdoce, tout cela charma mon imagination ; mais ce qui la frappa davantage ce fut la chaîne des glaciers de l'Oberland, lorsque je les aperçus pour la première fois des fenêtres de Berne-Hof.

J'étais debout avant le jour pour voir briller l'aurore sur ces glaciers. Cette grande vue que l'on a au-dessus des remparts, le fleuve, les forêts, les vallées tranquilles étaient encore plongées dans la paix de la nuit. J'entendais mon cœur battre et n'entendais pas d'autre bruit. C'était le calme des premiers âges, le calme qui dut précéder l'existence de tout être vivant.

Bientôt une ligne blanche, toujours grandissante, sépara le ciel des montagnes assombries, et tandis que les dernières étoiles disparaissaient dans les clartés matinales, des nuages d'un gris vaporeux, sortant des antres profonds, s'élevèrent dans l'espace, passèrent au-dessus des neiges éternelles et s'amoncelant à l'horizon formèrent un trône au soleil naissant. Des larmes tombèrent alors de mes yeux éblouis sur mes mains jointes.

Nous fîmes quelques promenades autour de la ville. Je me souviens d'un vieux manoir ressemblant à une casemate où nous nous reposâmes quelques instants. Il était enseveli dans un creux de la montagne, abrité par un bois de sapins noirs. Les eaux d'un étang couvert d'une mousse verdâtre, venaient battre les murs de la casemate, tandis qu'une barque échouée, attachée à la rive par une chaîne rouillée, s'enfonçait tristement dans la vase.

Dans la cour du vieux Burg tout paraissait désolé comme autour du lac vert. Des bancs vermoulus; des lierres échevelés autour des meurtrières servant de fenêtres; sur la muraille, de grands oiseaux de proie raidis par la mort, cloués çà et là comme des trophées! Au-dessus de la porte, un rosier couvert de roses blanches semblait détaché par quelque orage et tombait comme un saule sur le vieux blason.

Un vieillard, à la marche pesante, suivi d'un beau chat blanc, apparut bientôt sur le seuil et nous offrit obligeamment de visiter l'intérieur de l'habitation.

— Il n'y a plus que moi ici, nous dit-il dans un français demi-allemand. Madame la baronne est morte l'an passé. M. le baron a quitté le pays après la mort de madame pour entrer en religion. Il était protestant, il s'est fait catholique. On dit qu'il est maintenant au Grand Saint-Bernard. J'étais un des serviteurs de son père. Il m'aimait bien. « Tu feras ce que tu voudras du manoir, m'a-t-il dit en partant, je n'ai pas d'héritiers, je te le donne. » Et je l'ai gardé et j'y mourrai avec mon chat.

Pendant qu'il nous faisait visiter les salles ornées d'armures, les fresques représentant la danse macabre, les vieux meubles de chêne noircis par le temps, et les portraits des ancêtres bernois, aux visages farouches, il nous raconta la vie et la mort de la jeune baronne, ses mélancolies dans ce lieu sauvage, l'ennui qui s'était emparé de ses jours et les avait abrégés, enfin sa mort dans cette casemate, où le baron l'avait transportée. C'était une Française qui était venue finir là, entre ces murs sombres, le vieux lac et les sapins noirs.

— Ah! nous dit le fidèle serviteur, quelle triste fin! Madame regrettait tant la France!

Alors, il nous fit entrer dans la chambre de la morte, une petite chambre dont on avait élargi les meurtrières pour laisser passer le jour et le soleil. Ce fut par l'une de ces fenêtres surmontant la porte blasonnée, que l'on descendit le pauvre cercueil. L'escalier de la casemate étant trop étroit, on le laissa glisser sur le rosier blanc, qui ne s'est pas relevé depuis.

— Ah! me dit mon mari en quittant le vieux burg, ce serait un joli cadre pour un roman. J'y songerai. Si je fais un livre de cela, je l'appellerai *la Morte!*

Quelques années plus tard, il faisait en effet un roman portant ce titre, mais ne rappelant en rien ce que je viens de raconter.

Ces excursions plaisaient à mon mari et renouvelaient ses inspirations. Il pénétrait dans les coins les plus perdus, traversant des routes où les voitures ne pouvaient passer, marchant gaillardement, un bâton à la main, questionnant les bergers et les paysans qui lui répondaient en allemand, cela l'amusait. Un jour, il rêva monter à cheval afin de pénétrer plus avant dans le pays, cela m'effraya beaucoup, car je ne l'avais pas vu se livrer à l'équitation depuis les premières années de notre mariage, et, dans ce temps-là, il était si distrait quand il était affourché sur sa bête, qu'il ne s'apercevait pas des sottises qu'elle faisait. Ce fut ainsi qu'un beau matin, dans l'une de ses promenades, il entra dans le jardin d'un horticulteur, croyant marcher sur la grande route. Les géraniums et les petits pois furent labourés par les pieds du cheval qui s'en fut ravageant et broutant tout sur son passage. Il fallut payer une grosse indemnité à l'horticulteur, et je crois que ce fut cette aventure qui fit rester désormais le cheval à l'écurie.

Cependant à Lucerne, il fut de nouveau question de remonter en selle. Nous fûmes choisir un cheval chez l'un des principaux loueurs. Il se trouva que le loueur n'avait que des bêtes achetées récemment à un cirque. Mon mari, craignant de voir son cheval danser le pas espagnol au bord des précipices, abandonna heureusement son idée.

Ces chevaux de cirque causent souvent de

grands désagréments aux gens qui ne sont pas des clowns. Je me souviens d'une aventure qui survint à ma mère le jour d'une réception princière à Saint-Lô. Le duc et la duchesse de Nemours arrivaient dans la ville et étaient reçus avec pompe par le préfet d'alors, le baron Mercier. Je vois encore ce beau couple blond saluant la foule massée sur la place. J'entends encore la musique du régiment leur donnant une aubade et jouant des valses et des polkas. J'étais allée là avec ma bonne et je me dressais sur mes pieds pour apercevoir les princes si bien fêtés. Hélas! j'aperçus aussi ma mère sur le cheval qui lui faisait faire ses promenades de santé. Elle arrivait au galop et en valsant dans la cour de la préfecture, bouleversant tout sur son passage et suivie d'un domestique qui tâchait de la rattraper au vol. Son cheval avait été acheté au cirque Franconi de Caen et lorsqu'il entendait un orchestre il croyait retrouver son cirque. Rien ne l'arrêtait alors, il se mettait à tourner en cadence comme autour de la piste des Franconi.

Ce fut par Schaffhouse et la chute du Rhin que nous terminâmes ce joli voyage; voyage qui finit tristement, car en sortant de Schaffhouse, comme nous parvenions à la première station, notre train passa sur le corps d'un malheureux que la vie ennuyait et qui s'était couché sur les rails pour y attendre la mort. Le train s'arrêta, on releva le corps mutilé du pauvre homme et le chef de gare le fit porter sous les lauriers roses de son petit jardin ; puis le train continua sa marche, laissant au loin sa longue traînée de fumée blanche, soufflant et sifflant triomphalement à travers le pays, comme si la vie d'un homme ne venait pas d'être tranchée par lui.

A deux époques différentes mon mari me laissa retourner seule en France et s'installa à Lausanne qu'il affectionnait particulièrement et où il prétendait travailler dans une paix profonde. Ce fut là qu'il jeta les premiers jalons du *Roman parisien* et de *Chamillac*, deux pièces qu'il laissa dormir dans ses cartons pendant quelque temps.

De l'hôtel Guibbon où il était descendu, mon mari m'écrivait des lettres enthousiasmées sur le pays auquel les premières neiges d'automne donnaient un puissant attrait, sur le personnel de l'hôtel qui lui fournissait des types, sur son cher Lausanne cette ville lettrée où tant de Français distingués avaient trouvé asile pendant la grande révolution et qui semblait garder encore à travers les âges le parfum artistique et de bonne compagnie qui l'avait rendue célèbre alors.

Au milieu des perpétuelles agitations de notre

vie, de nos continuels déplacements, nous ne faisions plus que de rares séjours aux Palliers et cela devenait très coûteux d'avoir tant d'installations à la fois. Mon père n'existant plus, les enfants nous rappelant sans cesse près d'eux, la santé de mon mari réclamant chaque été l'air des montagnes, il nous parut plus sage, malgré notre déchirement, d'abandonner la Normandie et de mettre en vente notre chère maison. La maison ! mot charmant que nous ne devions plus connaître.

Les Parisiens ne comprendront jamais l'amour des provinciaux pour ce qu'on appelle la maison, pour ce qui représente le foyer, le « home » où les enfants sont nés, où ils ont grandi, où ils sont venus joyeusement aux vacances retrouver les vieux parents. Les Parisiens ont des hôtels qu'ils bâtissent et qu'ils quittent sans regret, en vue de la mode ou de la spéculation, de hautes maisons, espèces de phalanstères sans racines et sans souvenirs, où grouille une foule étrangère, où souvent les enfants n'ont plus leur place ; où la mort passe, indifférente comme la vie. Que de fois n'a-t-on pas entendu les sons d'un orchestre à l'un des étages de ces phalanstères pendant qu'un cercueil était en bas sur la porte. Chez nous, la vieille demeure s'attriste quand le maître a disparu. Ses volets restent clos. Le silence se fait. Les choses aimées semblent en deuil ; c'est le temple de la famille qui est fermé.

Vingt années ont passé depuis la vente de notre maison. Vingt années ont vu le sacrifice accompli et mes regrets restent les mêmes. Si d'impérieuses circonstances ne me défendaient pas de racheter ces pauvres Palliers, j'y rentrerais avec bonheur, comme ces vieux oiseaux qui reviennent au nid quand ils sont blessés.

## CHAPITRE XIX

*Mes dernières visites à Arenenberg. — Une lettre du comte Primoli après la mort du Prince impérial.*

L'Impératrice m'avait dit : « N'est-ce pas que je vous reverrai ? » Je la revis en effet, toujours à Arenenberg. Cette fois-là le Prince impérial était près d'elle. Il marchait alors vers sa vingtième année. C'était un jeune homme ! Sa ressemblance avec sa mère était grande. Seulement il n'avait, ni la régularité de ses traits ni la beauté de son regard. Son teint gris un peu maladif rappelait celui de l'Empereur ; d'un naturel assez gai, il se contenait devant les étrangers, mais avec les amis, il ne cherchait pas à cacher ses joies d'enfant. Il aimait la plaisanterie, les farces, et je crois que mademoiselle de Larminat et sa cousine d'Albe devaient en savoir quelque chose.

Louise d'Albe, que l'Impératrice gardait près

d'elle, était alors fort malade. Elle vivait dans une petite guérite de paille que l'on traînait au soleil devant la maison. La pauvre jeune fille n'était plus qu'une ombre. On ne pouvait reconnaître en elle cette personne fraîche et rieuse qui dansait aux Tuileries et courait dans les jardins de Fontainebleau. Elle souffrait de la poitrine et soupirait comme Mignon après les orangers. Elle avait froid en Angleterre. Elle avait froid en Suisse. Elle s'ennuyait partout. Tout amaigrie qu'elle était, elle restait charmante dans ses pâleurs et dans ses flots de mousseline. La doublure rose de la guérite jetait sur ses pauvres joues creuses une teinte vivante qui trompait et charmait les yeux. On l'avait parée de fleurs et de colliers comme une jeune idole ou comme une sainte, mais tout lui semblait égal. Elle ne s'intéressait plus à rien. Elle n'avait d'attrait que pour un petit chien, gros comme une souris, qu'elle abritait sous son bras blanc, ou qu'elle fourrait dans sa gorgerette. Ce petit chien était malade et cela la préoccupait par-dessus tout. Il souffrait, disait-elle, de la mâchoire, et le prince lui avait arraché deux dents le matin même, ce qui avait fait qu'elle s'était trouvée mal pendant l'opération. Ce qui avait fait aussi que le chien ne pouvait plus voir le prince. Je pus moi-même juger de cette aversion, car son Altesse apparaissant au bout d'une allée pendant que j'étais là, l'animal qui l'avait aperçu sortit brusquement de la gorgerette et de la guérite, franchit la pelouse, escalada les massifs et se sauva vers les écuries en criant comme un pendu.

Trois ans plus tard, accompagnée de mon mari et de mes enfants, je faisais une troisième et dernière visite à Arenenberg. Comme notre voiture gravissait la côte d'Ermatingen, nous aperçûmes un groupe de jeunes gens qui s'avançait au-devant de nous. L'un d'eux fit signe au cocher d'arrêter la voiture. C'était le Prince impérial prévenu par sa mère de notre arrivée. Il se présenta à la portière avec un aimable sourire de bienvenue. Il venait nous faire accueil puis continuait la route vers le Lac où il comptait se baigner avec ses cousins Murat.

Nous reconnûmes à peine le Prince, tellement il avait grandi, tellement sa figure s'était animée et ennoblie. C'était un beau garçon de vingt-trois ans, ayant la grâce d'un parfait gentleman. Tout ceux qui l'ont connu à cette époque parlent avec émotion de ses charmes, de sa bonté, de son cœur, de l'honnêteté et de la droiture de ses sentiments. Tous l'ont aimé et tous le pleurent.

Pendant le dîner, j'étais placée à côté de lui. Il

me parlait avec animation et grande intelligence de tout ce qui regardait la France, de notre littérature, des œuvres de Taine et de Renan. Il déplorait le talent de Zola, tout en reconnaissant à ses livres des pages superbes. Les théâtres et leurs étoiles préoccupaient aussi ses vingt-trois ans. Il s'intéressait beaucoup à Sarah Bernhardt et buvait comme de la crème tout ce que je lui en contais. Mon mari la voyait souvent à cette époque. Elle le recevait parfois pendant les repas, assise dans une stalle de bénédictin devant une table servie comme au moyen âge, avec un perroquet à sa droite et deux chiens de la Camargue à sa gauche. Je racontai à monseigneur son dernier rêve, qui était d'être enlevée par un Indien et de fuir avec lui sur un éléphant. Cela fit tellement rire le Prince qu'il faillit s'étouffer avec un grain de raisin qu'il avala de travers.

Je ne puis dire combien le Prince fut affectueux pour nos enfants, quels rêves d'avenir il échangea avec Jacques qui était de son âge. Hélas! que cet avenir fut court pour tous les deux!

L'Impératrice se montra également pleine d'attentions pour nos fils. Je me souviens qu'elle s'occupa particulièrement de Richard, qui n'était encore qu'un collégien. Après le dîner, elle le mena dans le billard près du piano-orgue qui faisait danser jadis à Compiègne et l'engagea à faire tourner cet instrument pendant que les hommes iraient au fumoir. Richard se hâta d'obéir, et croyant qu'il devait tourner, tourner sans cesse, jusqu'à un nouvel ordre de l'Impératrice, il passa sa soirée dans ce fatigant travail. Nous le retrouvâmes au moment du départ, suant sang et eau près de l'orgue qu'il tournait toujours. Ce beau trait lui valut l'honneur d'un baiser de sa souveraine.

Quelques mois s'étaient écoulés depuis cette réunion, quand nous entendîmes crier dans les rues de Paris la mort de l'enfant impérial. Dans le plus grande émotion, mon mari écrivit à la malheureuse Impératrice, qui gravissait ce nouveau calvaire :

« Madame,

» Devant votre suprême affliction, je cherche vainement des paroles, je ne trouve que des larmes. Quelles paroles humaines contre un tel coup, contre une si incomparable douleur, la plus grande qu'ait jamais éprouvé le cœur d'une mère, d'une veuve, d'une reine !

» Ah ! madame, comme nous l'aimions nous aussi. Il s'était montré le cher ami de nos fils. Ces enfants comme leur mère et comme moi, sentent toute la rigueur affreuse de leur perte. Ils s'unissent du fond de l'âme à votre deuil et au nôtre, ils se joignent à nous, madame, pour prier Dieu qu'il daigne soutenir dans ses deux mains votre pauvre cœur désespéré...

. . . . . . . . . . . . . . . .

Le comte Joseph Primoli, cousin du prince défunt, répondit au nom de l'Impératrice.

Camden-Place. Chiselhurst, 22 juillet 1879.

« Cher monsieur,

» C'est une bien triste circonstance qui me donne l'occasion de me rappeler à votre souvenir.

» La pauvre Impératrice a été bien touchée des lignes que vous lui avez écrites dans son immense malheur, au nom de madame Feuillet et de vos fils. Sa Majesté tient qu'au lieu de vous envoyer les remerciements officiels signés par le grand chambellan, je vous écrive comme à l'un de ses amis, pour vous dire combien elle a été émue en lisant les pages que vous lui avez adressées.

» A la nouvelle de la catastrophe, j'ai quitté Rome pour Chiselhurst, et c'est un véritable martyre que je vois subir à la pauvre femme. Le mois qui s'est écoulé entre la mort et l'arrivée du corps a été une longue agonie pour l'inconsolée. Chaque bateau venant du Cap lui apportait des lettres de son fils qui n'était plus ; lettres joyeuses quand elles avaient été écrites, lugubres quand elles furent lues. Elles les garda longtemps sur sa table sans les ouvrir. Hier encore, elle a reçu une lettre au crayon que son fils lui avait écrite en montant à cheval le 1ᵉʳ juin. Et la nuit qui précéda les obsèques ! nuit qu'elle passa tout entière à prier et à pleurer près du cercueil ! J'entends encore le bruit des derniers baisers qu'elle laissa tomber sur le drap mortuaire, à l'aube, au moment de terminer sa triste veillée ! Et le lendemain, quand on emporta son fils, vous devez comprendre tout ce qu'elle dut éprouver au son des marches funèbres et à chaque coup de canon qui retentissait si douloureusement dans son cœur.

» Le matin, en entrant dans le cabinet de travail du Prince, elle a vu la selle qui s'est déchirée dans le suprême effort de son fils et a causé sa mort. Cet éloquent témoin a fait revivre devant ses yeux la dernière scène dans toute son horreur, et elle est tombée à la renverse, évanouie ; mais je crains moins pour elle tous ces coups douloureux qui vont se succéder ces jours-ci et la maintenir dans un état de surexcitation nerveuse, en la faisant passer par des crises de larmes, que l'état de prostration qui suivra. Le moment viendra où, plus tranquille, elle envisagera sa triste vie brisée à jamais et où elle sondera son malheur dans toute sa profondeur. Son chagrin est de ceux que le raisonnement augmente au lieu de le diminuer, et si le temps peut y apporter quelque soulagement, ce n'est pas parce qu'il éloigne, c'est parce qu'il rapproche.

» Je ne vous demande pas pardon d'entrer dans ces tristes détails, car je sais quel attachement vous avez voué à cette malheureuse souveraine et je crois vous intéresser en vous parlant d'elle.

» Veuillez, cher monsieur Feuillet, agréer l'expression de mon respectueux et sincère attachement.

» JOSEPH PRIMOLI. »

Dieu nous éprouva comme elle. Nous nous retrouvâmes un jour dans la même douleur. Notre fils aîné venait de mourir. Elle, quittait Paris où elle avait passé quelques heures, emportant des couronnes pour ses morts d'Angleterre, nous, après lui avoir dit adieu, nous allions porter des fleurs sur la tombe de Jacques!

FIN

# TABLE

### CHAPITRE PREMIER
Ma vie en Normandie après Fontainebleau . . . . . . . . . .  1

### CHAPITRE II
Lettres de mon mari à l'Empereur. — Réponse de l'Empereur. — Lettres de Montalembert et de monseigneur Dupanloup. — Je vois la mort de près. . . . . . . . . . . . . . . .  24

### CHAPITRE III
*Julie* est jouée aux Français. — Lettres de mon mari pendant son séjour à Paris. . . . . . . . . . . . . . . . . .  42

### CHAPITRE IV
Quelques semaines passées quai Malaquais. — Les conférences de l'abbé X... — Nouvelle correspondance impériale. — Une soirée chez la princesse Mathilde . . . . . . . . . . . .  60

### CHAPITRE V
Les courses d'A... — La guerre est déclarée. — Ma vie aux Palliers jusqu'à mon départ pour l'Angleterre. . . . . . .  80

## CHAPITRE VI

Départ pour Jersey. — Les adieux. — Installation chez Mrs Doyle. — Premières lettres de mon mari . . . . . . 101

## CHAPITRE VII

Je vends mes bijoux. — Installation à Rouge-Bouillon. — Nouvelles lettres de Saint-Lô. — Quelques types anglais. — Le gouverneur. — Miss Touzel. . . . . . . . . . . . 124

## CHAPITRE VIII

Nouvelles lettres de mon mari . . . . . . . . . . . . . . . . 152

## CHAPITRE IX

Arrivée de l'abbé Le Campion. — Nous visitons l'île avec lui. — Une promenade à Sainte-Brelade. — Noël. — Le 1er janvier. . . . . . . . . . . . . . . . . . . . . . . . . . . 175

## CHAPITRE X

Dernières lettres de mon mari pendant l'exil. . . . . . . . 191

## CHAPITRE XI

Arrivée de mon mari à Jersey. — Nous prenons une maison à Saint-March's House. — La Commune. — Retour en France. — Voyage à Paris. — Séjour dans la Brie. . . . 224

## CHAPITRE XII

La Suisse. — Ma visite à l'évêque. — Entrée de mes enfants chez les dominicains d'Arcueil. — Je retrouve enfin mon foyer . . . . . . . . . . . . . . . . . . . . . . . . . 243

## CHAPITRE XIII

Départ de mon mari pour Londres ; ses lettres. . . . . . . 260

## CHAPITRE XIV

Maladie de mon père. — Mort de l'Empereur. — Mort de mon père. — Ma visite à l'Impératrice à Arenenberg. . . . . 282

## CHAPITRE XV

Mes séjours à Versailles. — Le 24 mai. — *Le Sphinx.* —
Départ pour Divonne . . . . . . . . . . . . . . . . . 306

## CHAPITRE XVI

Mon arrivée à Divonne. — Encore quelque lettres de mon
mari. — Notre installation à la Balance. — Coppet . . . . 324

## CHAPITRE XVII

L'inondation. — Le comte de M... — Différents types et différentes histoires. . . . . . . . . . . . . . . . . . . . 343

## CHAPITRE XVIII

Nos excursions en Savoie et en Suisse. — Les bains de L... et
leur société. — Le vieux Burg bernois . . . . . . . . 361

## CHAPITRE XIX

Mes dernière visites à Arenenberg. — Une lettre du comte
Primoli après la mort du Prince impérial. . . . . . . . 385

# CALMANN LÉVY, ÉDITEUR

## DERNIÈRES PUBLICATIONS

— Format in-8º —

### DUC D'AUMALE
Histoire des princes de Condé, 7 volumes.................. 52 50
1 volume *index*............... 3 50

### C. DE BARANTE
Souvenirs du baron Claude de Barante, 5 volumes...... 37 50

### FEU LE DUC DE BROGLIE
Souvenirs, 4 volumes......... 30 »

### DUC DE BROGLIE
L'Alliance autrichienne, 1 vol. 7 50

### JAMES DARMESTETER
Les Prophètes d'Israël, 1 volume....................... 7 50

### MARÉCHAL DAVOUT
1806-1807, 1 volume.......... 7 50

### MADAME OCTAVE FEUILLET
Quelques années de ma vie, 1 volume................... 7 50

### ERNEST HAVET
La Modernité des Prophètes, 1 volume.................. 5 »

### PRINCE DE JOINVILLE
Vieux souvenirs, édition illustrée, 1 volume............ 20 »

### PIERRE LOTI
OEuvres complètes, t. I à V.. 37 50

### DUC DE NOAILLES
Cent ans de République aux États-Unis, 2 volumes....... 15 »

### PRINCE HENRI D'ORLÉANS
Autour du Tonkin, 1 volume. 7 50

### DUC D'ORLÉANS
Lettres, 1825-1842, 1 volume... 7 50
Récits de campagne, 1833-1841, 1 volume............. 7 50

### COMTE DE PARIS
Histoire de la Guerre civile en Amérique, t. I à VII........ 52 50

### LUCIEN PEREY
Le Roman du grand roi, 1 volume....................... 7 50

### COMTE CH. POZZO DI BORGO
Correspondance diplomatique, t. Iᵉʳ....................... 7 50

### ERNEST RENAN
Histoire du peuple d'Israël, 5 volumes.................. 37 50

### G. ROTHAN
L'Europe et l'avènement du second Empire, 1 volume... 7 50

### PRINCE DE TALLEYRAND
Mémoires, avec une préface du duc de Broglie, 5 volumes.. 37 50

### ALEXIS DE TOCQUEVILLE
Souvenirs, 1 volume.......... 7 50

### GÉNÉRAL THOUMAS
Le Maréchal Lannes, 1 vol.... 7 50

### L. THOUVENEL
Nicolas Iᵉʳ et Napoléon III, 1 volume................... 7 50

---

Paris. — Imprimerie A. Delafoy, 3, rue Auber.

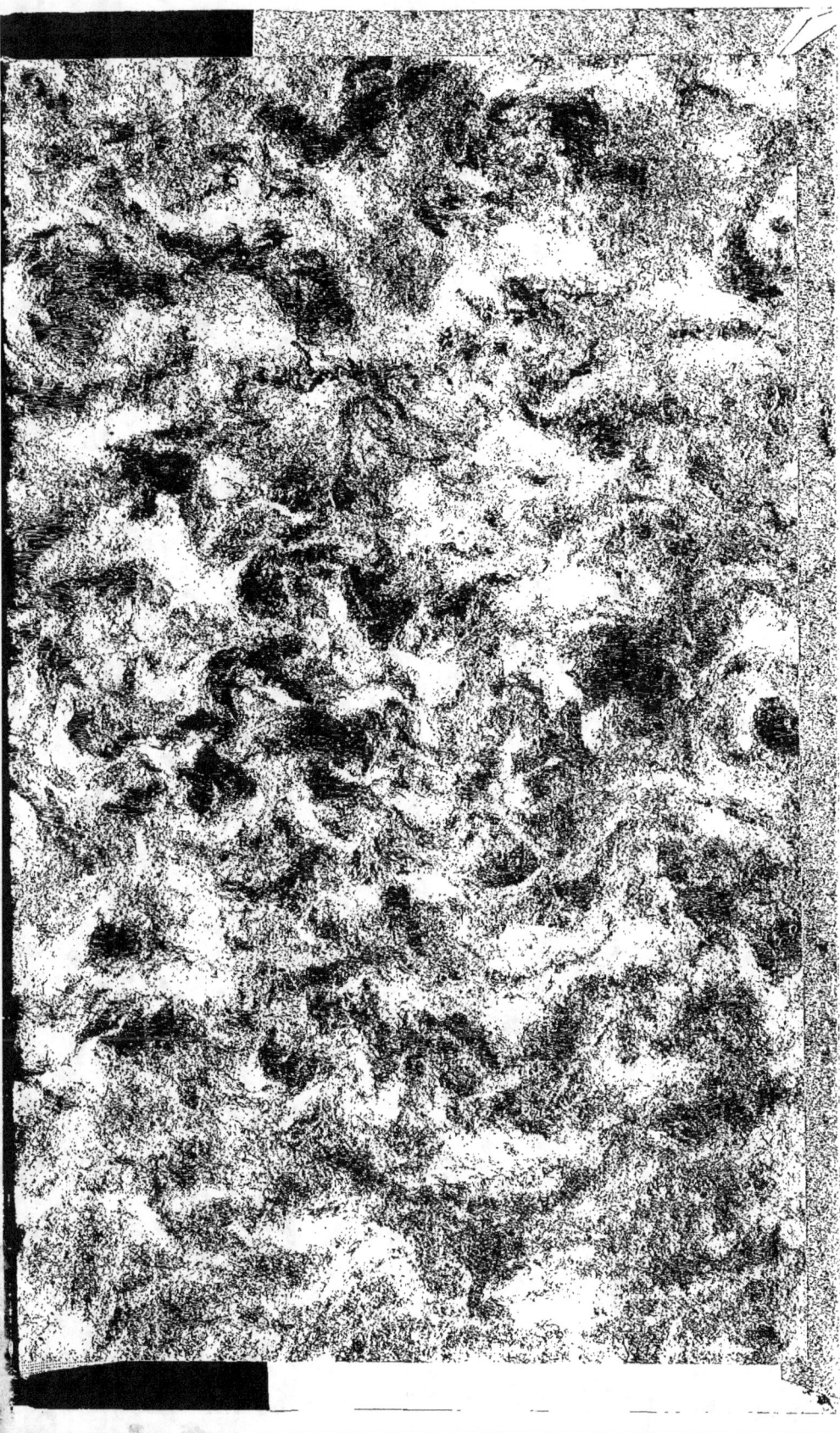

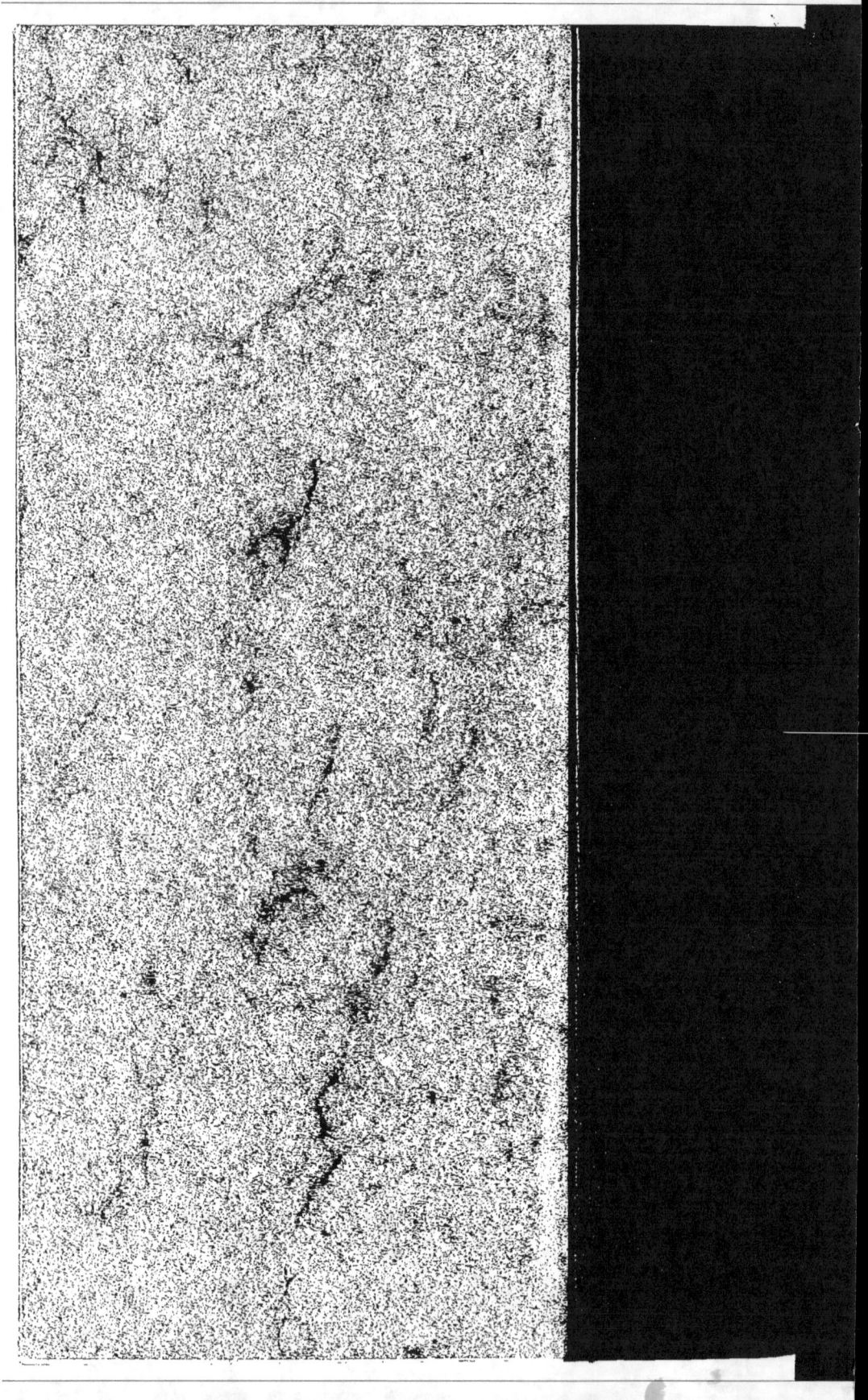

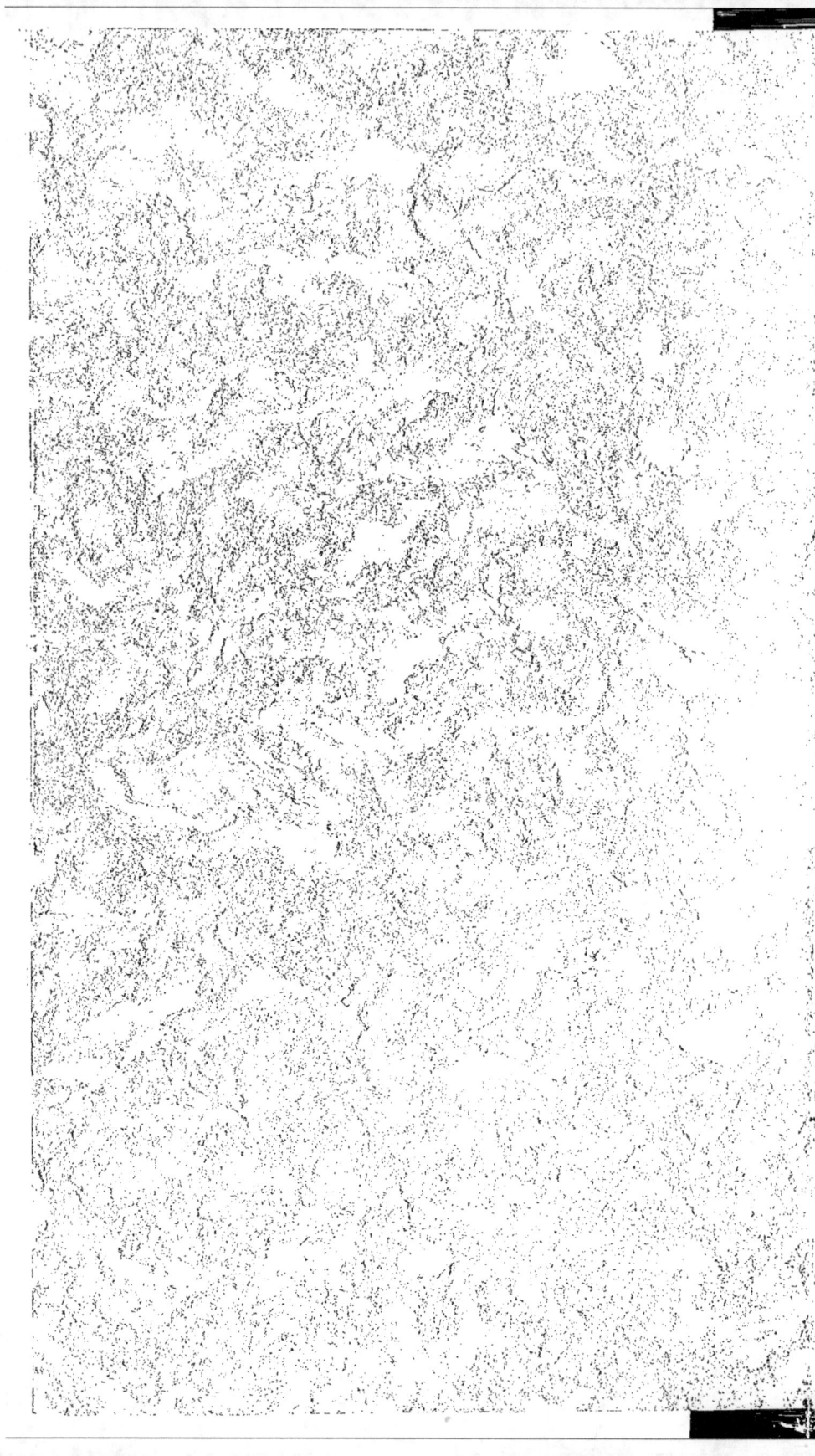

www.ingramcontent.com/pod-product-compliance
Lightning Source LLC
Chambersburg PA
CBHW060548230426
43670CB00011B/1741